运营升阶笔记

张亮 著

解决运营日常难点的 100 个问答

中信出版集团 | 北京

图书在版编目（CIP）数据

运营升阶笔记 / 张亮著 . -- 北京：中信出版社，
2022.6
ISBN 978-7-5217-4201-5

Ⅰ.①运… Ⅱ.①张… Ⅲ.①网络营销－问题解答
Ⅳ.①F713.365.2-44

中国版本图书馆 CIP 数据核字（2022）第 055256 号

运营升阶笔记
著者：　　　张亮
出版发行：中信出版集团股份有限公司
　　　　　（北京市朝阳区惠新东街甲 4 号富盛大厦 2 座　邮编　100029）
承印者：　　天津丰富彩艺印刷有限公司

开本：880mm×1230mm　1/32　　　印张：12　　　字数：332 千字
版次：2022 年 6 月第 1 版　　　　印次：2022 年 6 月第 1 次印刷
书号：ISBN 978-7-5217-4201-5
定价：69.00 元

献给我可爱的一双女儿

专家推荐

《运营升阶笔记》的内容非常落地，同时诚意满满，凝结了亮哥近些年对运营方法论的思考和实操经验。

书中的问题来自亮哥公众号的读者。亮哥耗费多年创作、整理解答内容，将答案回馈于全行业的运营人，覆盖了运营人日常工作、职业成长和行业热点的方方面面。这本书可谓运营人居家旅行与项目实操的指南。

别晓峰

美业颜究院 & 数美链联合创始人

在互联网公司，大家都说："产品经理是妈，负责生孩子，即设计产品功能；运营是爹，负责养孩子，即负责从用户拉新留存到变现等工作。"可见运营工作非常复杂，并且工作内容经常发生改变。如果你想通过看书学运营，我推荐你来阅读亮哥的这本书，它从问题出发，帮你弄懂运营的底层逻辑，举一反三，应对变化。

曹成明

人人都是产品经理、起点学院创办人兼 CEO

一个人既要在自己的领域接住这么多的问题，又要将问题拆细，追问每个运营动作背后的原因，没有点分量是招架不住的。具有运营人气质的亮哥很容易和产品经理与程序员们打成一片，而万千运营人又可以引发亮哥对专业更深入和前瞻的思考，二者是互相成就的关系。

感谢亮哥一直以来对在阿仁加速器中和我们并肩奋战的创业老板们的指点。

蒋晓捷

阿仁加速器创始人、人生幕僚私董会小组发起人

职场人都很忙，运营人更是如此，很难沉下心来看书。但这本书不一样，它不是帮你"学以致用"，而是帮你"用以致学"。当工作遇到困难时，翻翻书中相关的问题，说不定就可以找到答案，推荐你在手边放一本。

苏杰

产品创新顾问、"人人都是产品经理"系列图书作者

张亮老师的《运营升阶笔记》涵盖了运营的方法论、思考方式和价值主张。不仅适合运营人看，也适合销售、人力和每一个爱思考的职场人看。这里既有细致问题的解决方案，也有问题背后的逻辑原理，还有更本质的方法论。既授之以鱼，又授之以渔，问题层层递进，有种看锦囊妙计的快感！

隋宗呈

IEQ 品牌创始人

想要成为运营高手，不仅需要系统地学习运营知识，搭建自己的知识结构，还要注重在实践中历练，总结经验与教训，因为系统知识可以为你提供思路，而经验教训可以帮你解决问题。张亮老师的这本书就是一个装满运营经验与教训的百宝箱，为你提供一个又一个可落地的解决方案，帮你用小成本获取大价值。此书在手，加薪你有！

王大川

数据智能开发者社区 DataFun 创办人

移动互联网的崛起给消费领域带来了翻天覆地的变化，所有的互联网公司要想长期存在，都离不开运营的持续迭代。张亮老师是互联网运营领域的专家，他不断升级自己的经验、方法。我相信《运营升阶笔记》能帮助更多的传统行业呼啸成长。

朱小斌

dop 设计、设计得到、材料美学馆创始人

推荐序

第一次见张亮是在哪一年的什么场合，我已经记不清了。印象最深的是 2017 年我在上海举办新书签售会，请他来帮忙支持。

那天下了很大的雨，堵车很厉害，张亮从家开车到现场用了一个多小时，神色匆忙。加上我们在上午和下午各安排了一场活动，而且还不在同一个地方，时间很紧，张亮开车拉着我赶场，到了以后匆忙吃了几口盒饭就上台了。

我们不在同一个城市，在这次活动之前基本没见过面，不能算特别熟，过去主要是"以文会友"。文字认同的背后，是对运营能力和价值观的认可。在全民自媒体和人人都可以出书的时代，我感受到的不仅有追逐红利市场和商业变现的"大氛围"，也有张亮和我这种彼此认可的"小友情"。

当然，张亮在圈内的朋友不止我一个。他个性豁达开朗、乐于助人，并且具备专业的运营经验，很多从业者都喜欢和他交流问题。多年来，他积累了很多粉丝和行业内资源，也收集了海量的运营问题。正是这些庞大的实战信息，让这本书的问世成为可能。

这已经是张亮出版的第三本书了，不管是出书的速度还是书籍的质量，都很让人吃惊。我特别想问他，为什么在成立 80 分运营俱乐部之后，还能做到持续输出，秘诀到底是什么。在《从零开始做运营》这本现象级运营工具书出版之后，他依然持续研究运营，不断加深、迭代自己的认知，真的很了不起。和我每次写东西都在社交媒体上叫苦连天不同，张亮每次都是悄无声息地完成了内容创作。

本书与《从零开始做运营》和《从零开始做运营 2》相同的是，都在讲运营的方法和理念，都是很接地气的实操内容。不同的是，讲述的方式变了，更强调问题发生的场景。最重要的是，张亮对运营的理解再次加深了。无论是否看过张亮之前的两本书，都不影响对本书的阅读。三本书之间不存在递进关系，也没有任何重合的部分。

这本书中的 100 个常见的运营问题包含概念理论，也涉及实操问题，而且覆盖了从互联网到传统行业等不同领域。我换位思考了一下，即使只列出问题，我大概也凑不够 50 个，更别说给出详尽的回答了。由此可见，必须要长期且高密度地与一线从业者交流，同时持续不断地学习和思考，才能保持这样的业务敏感度，积累足够量级的信息，并且给出解答。

最让我好奇的是，张亮要用什么方式来回答这些问题，以及他会怎么表达。同样作为一个老运营人，我知道很多问题描述起来很简单，但要讲清楚逻辑，需要具备深厚的知识储备，并进行深入的思考。

这本书最有价值的地方在于：通过案例来解答问题，几乎每个问题都有对应的案例。

这种表达方式有两个优势。第一，案例更容易被理解，更具可读性，也更容易记忆。第二，很多问题是没有假设条件和场景描述的，如果直接归纳成共性理论，读完也不会有什么感觉；而如果举出了案例，就能带出项目背景信息，再做解答就会令人有所感触。

我要给读者朋友们提个醒，虽然这是一本运营工具书，并且是以问答形式呈现的，但不能把它当作说明书来使用。不能简单地认为，遇到类似问题，照搬这本书的方法就能解决。每个问题都有很复杂的背景，有很多制约因素，基本上找不到两个完全相同的问题，因此照搬肯定行不通。

你要透过本书中的案例去理解背后的思路，然后再试着转化成自己的理解。具体可以这样做：选出那些有感触的问题，把自己的思考记录下来。暂时不用梳理条理和逻辑，只描述单点信息就行。坚持做下去你会发现，如果能积累几十条自己的观点，再进行整体拉通和拼接，不知不觉中就可以完成多个方向的研究。

这就是这本书最合理的使用方法：以书中的问答为线索，牵引思考并进行沉淀，再将多个碎片化沉淀拼接起来，组成自己的知识体系。

读书是启发思考最有效的方式之一。我在读这本书的时候，经常有被点亮的感觉："噢，原来他是这样思考这个问题的啊！"正是因为作者和自己看待问题的方式和角度不同，才会发生碰撞，引导我们走出之前固有的思维模式，发现看问题的新视角。这种豁然开朗的感觉，就是读书的快乐。

希望这篇序可以帮助大家更好地阅读这本书，找到属于自己的快乐！

韩叙

网易、快手前运营总监，《超级运营术》作者

目　录

第二章　职业生涯难题

第三章 运营思维方式与价值观

第四章　运营方法论

第五章　关于增长的话题

第六章　其他行业思考

前　言

　　2017年10月23日，我的公众号"张记杂货铺"的关注人数突破了6万，我当时就想和我的读者一起做一个共创产品，完成一件有趣且有益的事。

　　我的第一部作品——《从零开始做运营》，源自当年我在知乎被问了很多关于运营的问题，不想重复回答，所以无心插柳地完成了一本现在看起来似乎很经典的互联网运营入门读物。于是，我想和读者一起再完成另一本书，主题是关于运营的100个问题：我从公众号的读者提问中选取100个有代表性的问题做出回答，再进行汇编。

　　2020年1月3日，100个问题终于回答完毕。

　　虽然这本书的基础是公众号上的100个问题，但我对其中的很多问题都进行了精练，或重新写了答案，甚至在给出版社提交了成稿后又撤回继续改进。这100个问题，可以说涵盖了运营工作的方方面面——当然，不敢说100%覆盖，因为互联网始终在发展，新的玩法、新的行业一直处在变化中。

　　我试图通过对这些问题进行归纳与分类，来满足不同层次的读者的需求。

　　"运营初阶知识"模块，主要是回答一些偏基础、偏技能、偏行动准备的问题。

"职业生涯难题"模块，主要是回答经常困扰运营人员的职场发展、面试、个人成长等问题。

"运营思维方式与价值观"模块，主要是回答一些关于思维方式、底层逻辑方面的问题。

"运营方法论"模块，主要针对一些具体的问题进行方法论层面的解答。

"关于增长的话题"和"其他行业思考"模块，表达了我对最近几年比较热的一些概念的看法。

这些模块，有些面向的是刚入行的人员，有些面向的是有具体业务问题的人员，还有一些试图去扭转我们看待概念、行业、事物的固有认知。

我没有寄希望于这本书能达到怎样的高度，只希望读者在自己的职场中遇到问题的时候，能够借用这本书中的一些回答，找到一些力量与方法。如果读者看完这本书，不觉得它没有价值，我就非常欣慰了。

第一章

运营初阶知识

Q1 运营为什么像打杂

其实，运营本来就是打杂的。让我们回顾一下历史。

1994 年，互联网进入中国。在那个时间点，不管是中国还是美国，都没有叫作"运营"的岗位。原因非常简单：还不需要。

人们常说，互联网是一种基础设施。如果我们把互联网想象成一条公路，那么互联网上的各种应用就是这条公路两边的商家。有了商家之后，公路就不仅仅起到连接作用，而且可以形成商业圈，带来人气和商业价值。

早期，公路刚刚建成，路两边是没有商家的，但是在路上的人有各种需求，这些需求都需要被解决，此时就出现了商业机会。在解决需求的初期，讲求的是快速建设，也就是你先在空地上画个圈，然后把房子建起来，这个时候就需要大量开发人员来造房子，于是技术岗位上的人成了第一批进入互联网的工作者。

房子盖好了之后要装修，需要做个招牌，刷上不同的颜色，于是设计岗位上的人也进场了。早期设计岗位上的人叫美工，别的不做，只负责刷毛坯，把招牌弄好。

装修好了，房子里面不能空着，得进货，谁来干呢？早期的编辑。他们负责上货，塞满屋子。有了货品还不够，路上这么多店，每家店铺差不多，客人凭什么进你们家店呢？于是，策划出现了，他们负责吆喝，做活动，吸引路上的人进到店里来。

当路边的商店越来越多，竞争就开始了。好比有一条美食街，一开始街上的餐厅都是中餐，竞争特别激烈。突然有一天，有个人想到：都是做饭，我不能做西餐吗？非得做中餐跟大家一块竞争吗？于是产品差异化成了竞争中最先被看到的优势，那得找个人专门弄出产品差异化啊。让谁来做合适呢？

看看美国是怎么弄的，哦，有个产品经理！行，那我们也叫产品经理，于是创造出了这个岗位。

早期的产品经理有开发出身（偏技术）的、设计出身（偏交互）的，还有市场出身（偏商业化）的，因为这是刚刚创造出来的职位，没有标准，只能从现有岗位的人员中选择可转岗的人。

产品经理解决的是，对于同样的需求，如何通过不同的产品设计予以满足，也就是实现产品的差异化，一开始这种做法很容易被受众接纳，效果很好。但是等产品差异化竞争到了一定程度时，也出现了瓶颈。如何找到突破口？硅谷想到的办法是，把开发、市场、产品人员攒起来，让他们去想办法，于是增长黑客出现了。国内想到的办法是，另立一个岗位，让专人负责这件事，于是"运营"出现了。再次说明，这个岗位出现的最初目的就是要开拓开发、市场、产品都不碰但又必须有人做的领域。

所以早期的运营和产品经理一样，各种背景的人都有，有开发、美工、市场出身的，还有编辑、策划出身的，甚至有从产品经理转岗来的。不同背景的人解决问题的思路和方法也不一样，于是，100个运营就有100套运营方法甚至100种运营逻辑。

早年的时候，大家会讨论"运营和产品有什么异同"，现在会更多地讨论"运营和市场的定位有哪些差别"。由于运营这个岗位上的人是从不同背景转岗而来的，因此有很多差异需要去定义与解决。

其实，现在很多公司的运营已经不打杂了，而是做高度专精的工作，有朋友曾和我感慨，某巨头电商公司居然在招专门负责横幅广告位的维护和排期的运营，简直不可思议。

这件事倒不稀奇，十多年前一些大公司就有这样的岗位安排，因为横幅广告位是很值钱又有些讲究的资源，如果不让专人来做，就会出现各种利益冲突。产品的广告位是有限的，但大公司的业务是无限的，让哪个产品哪天上，用什么素材，都必须要有个说法，只有这样才能平衡不同业务的需求。

但是，很多小公司看到大公司这么做，自己也跟着做，就会出问题。

很多人入行时是新媒体人员，吭哧吭哧地写文章，3 年之后还是新媒体人员，还在吭哧吭哧地写文章。写到最后，短视频的风口一来，立马感到自己的职业发展受到了挤压。

对新媒体运营来说，这就是专精。但专精的结果是什么？就是沦为螺丝钉，技术一升级，自己可能就成了废品。

这也是为什么近年来很多公司招业务方向上的操盘手很困难，不是因为做运营的人不行，而是因为行业过分追求精细化，导致螺丝钉太多，覆盖面不足。

所以，出于个人发展的考虑，运营就应该打杂，而不是追求专精。在打杂的过程中，运营通常会广泛接触各种业务模块。对任何岗位来说，能够广泛地接触不同的业务模块，熟悉并了解业务运行的规则，都是特别好的一件事。

Q2　不同平台的运营究竟有什么区别

曾经有朋友问我，从微信运营转向淘宝运营，有什么需要注意的。

其实这是两个小问题。第一个小问题是：不同平台、不同种类的运营究竟有什么区别？第二个小问题是：如何增加跨平台甚至跨工作内容转岗的可行性？

首先回答第一个小问题，以一些运营岗位为例。

先说**公众号运营**。很多人认为做公众号的运营需要文笔好，能够写出足够多的文章。其实这是一种误解，因为不同规模的公司对这个岗位的要求是不同的。

在大公司，公众号是由一个团队来运营的：分别有人负责写东西、修图和排版。写文章需要排期，要开选题会，一个选题可能有 3 个人写，通过内部比稿选出最好的，落选的稿件就攒下来备用。

一个完整的新媒体运营的工作职责，仅从写文章这个角度考虑，就包含了"选题—撰写—评审—发稿—总结"这个流程。

除了写文章，新媒体运营还要与用户互动，思考如何设计活动。除此之外，对数据分析提出需求、提供支持，也是运营必不可少的工作。

80 分运营俱乐部私享会小组里曾有一位成员，他只用了 3 年时间就从新媒体编辑晋升为运营总监，我和他有过多次长谈。他在总结新媒体的工作时说，新媒体编辑的工作要从定位公众号开始，精确描绘你的用户画像，并深入了解他们的偏好，通过一些方法来确定选题，再去锻炼遣词造句的能力，设计阅读心流，最后完成写作。数据是验证标准，但不是考核标准。

与大公司的情况不同，小公司的公众号运营或许只有一个人，他可能兼编辑、商务、设计于一身，从选题、作图到排版都一个人搞定。同时，由于小公司可能请不起专门的市场团队做文章投放，这个人还得具备筛号、谈判、监督投放效果的能力。

不同体量的公司，对公众号运营的能力要求可能完全不一样。

再来看**电商运营**。我们可以粗略地将电商运营分为平台的运营和商户的运营两大类。

平台的运营，就是运营电商平台的人员；而商户的运营，则是平台入驻商家的运营人员。

平台的运营要考虑规则、平台活动、补贴策略，对平台的流量、商户入驻数量和质量等指标负责，简单地说，就是让用户在平台上有东西买，让商户在平台上能够把东西卖出去。

所以，平台的运营更多地考虑规则层面的运营。譬如，天猫"双11"的活动期看起来只有2周，但实际上"双11"的运营基本从上一年"双11"结束后最多3个月就开始准备了，通常在次年的9月10日前后启动。

商户的运营首先要理解平台规则，然后借助平台提供的工具开展运营工作，比如卡券系统、画像选型、营销工具配置，还要考虑自己的运营成本，提升从平台上获取的流量，并更多地转化为自己的订单；商户的运营要对平台搜索引擎优化规则、广告展示规则等了于心，同时可能还要做客服之类的工作。

一般来说，商户的运营通常从客服或者运营助理起步，年复一年地"升级打怪"，做出业绩，才能不断晋升。不夸张地说，每一个优秀的电商店长都是用真金白银"喂"出来的。

所以，同为电商运营，也有很多差别。

接下来回答第二个小问题。

运营岗位的优势是通用性，它可以体现在技能上，所以运营技能是可以跨行业迁移的；但运营岗位的弱点也是通用性，因为一些运营人员会忽视行业纵深，所以当他们跨行业迁移的时候，如果不能对行业保持敬畏，通常结果都不太好。

运营始终为两件事服务：用户规模和收入规模。也就是说运营的效果要么落在用户规模扩大上，要么能够给公司多挣钱。

不管是哪个行业的运营，其工作目标都具有通用性。

而运营技能的通用性，主要体现在以下几个方面。

1. 文案能力，也就是写文章、写标题、写推荐语、写活动规则……的能力。

2. 洞察力，也就是分析数据的能力和洞察需求的能力，包括知道要看什么数据，如何从数据中挖掘出优化方向。

3. 执行力，也就是看到机会、发现优化方向之后的快速执行落地的能力。

4. 节奏感，也就是控制运营节奏、把握全局的能力。

不管运营的岗位被切割得多细碎，譬如内容运营、活动运营、用户运营、数据运营、新媒体运营……上述技能都贯穿于这些岗位的发展路径，随着工作的不断深入，能力要求也不断提升。

技能迁移说的就是这些技能的迁移，也就是说，原先的工作所带来的经验，到另一个公司、另一条产品线，或者另一个行业还能用，但前提是要经过公司、产品线、行业的适用性改造。

原先你是新媒体运营，对新媒体的用户增长和阅读量、转发量负责，现在要对电商的销售负责，这是巨大的转变。如果我是你，我会这么分析。

首先，对销售负责意味着要关注订单量和客单价。客单价的提升大概率与销售行为相关，与个体原先的经验无关，可以把经验先放一放。要想提升订单量，就要去研究怎么让商品详情页更吸引人，怎么让评论更丰富翔实，怎么让头图更清晰明确，以及怎么让视频内容更精准，从而提升从浏览到下单的转化率。此时，你的文案能力就有了用武之地。

其次，要考虑流量的打开。标题的优化和关键词的替换，也要用到文案能力。新媒体运营或多或少都做过投放和换量，因此这部分也是可以迁移的能力。你至少要对投放时间、投放位置的投入产出比有所了解，否则没法做。

最后，再去考虑学习新的知识，如优惠活动怎么设计，如何去理解平台规则，如何让售前客服掌握一套完整的销售话术等。

所以跨行业的技能迁移是可行的，但要快速找到需要学习和进化的部分，不断提升自己的能力，这样才能做得久、站得稳。

Q3　什么是流量

我相信很多人从进入互联网开始，甚至在加入互联网公司之前，就已经听过无数遍"流量"这个词。

在漫长的工作生涯中，出于各种各样的原因，一些人会误以为用户就是流量，流量就是用户。

但二者并不等同。流量的英文"traffic"最常见的意思是"交通"，它也有其他名词性含义，譬如：路上行驶的车辆、（沿固定路线的）航行、行驶、飞行，运输，人流，货流等。

这是早期互联网里的一个概念，它的背后有一系列判断网站健康程度和商业可能性的指标，我们常说的页面访问量、独立访客数是流量指标，用户的访问深度、页面停留时间也是流量指标。

当一个人访问了一个站点，对站点来说，这个人就是流量，但流量并不等于人，流量可以是虚假的，但人必须是真实的。

互联网里有一个观点叫作"流量为王"，这么多年它一直没有被淘汰，而且不断被进化。如果一款产品拥有大量的流量，那么它就有商业化的机会。流量越大，其优势越大，如果一款产品拥有互联网上的所有流量，那么它就是当之无愧的王者。

互联网运营的所有理论、方法、思考方式都与流量密切相关。

在 Web1.0 时代，"流量为王"的代表是搜索引擎。搜索引擎天然具有吸引流量的能力，因此百度和谷歌都把广告作为变现工具。

在 Web2.0 时代，"流量为王"的代表是电商与社交媒体。

进入了移动互联网时代，"流量为王"的代表是上两个时代的庞然大物，以及算法推荐平台。

不管以后的世代如何进化，我们只要搞清楚流量的本质，就完全可以从容不迫地展开自己的运营生涯。

什么是流量的本质？我们来做一道数学题。

水池装有一根排水管和若干根每小时注水量相同的注水管。注水管注水，排水管同时排水。若用 12 根注水管注水，8 小时可注满；若用 9 根注水管注水，24 小时可注满；若用 8 根注水管注水，多少小时能注满？

关于流量的问题，就如同这道数学题一样。

当我们运营一款产品时，不能只关注拉新获客这一个指标，因为如果产品有巨大缺陷，就好像同时打开了一大堆的排水管，拉新效率越高，产品"死"得越快，因此，除了拉新获客，我们还需要考虑留存问题。如果产品有缺陷，就要推动改进；如果产品没问题，就要考虑留存策略。同样，不能只考虑如何把水留在池子里，还要考虑如何让这些已经留在池子里的水发挥出最大价值，这就走到了商业化的层面，也就是转化问题。

要想留住很早进入池子的水，从用户运营角度来看，要靠老客户维系和忠诚度建设；从商业化角度来看，有满满一池水可以让你去做商业化实验，这是很有意思的一件事。

如果产品是一个容器，那么注入流量，并让流量停留在这个容器中，甚至付钱将它们留存住，就是运营人员的工作方向和工作重点。

Q4 如何理解流量分发

"流量为王"之所以成立，是因为如果产品拥有巨大的流量，就可以分发流量。

互联网巨头之所以能取得商业化的成功，是因为它们拥有流量并具备分发的能力，而商业化成功的持久力则来自两个方面：第一，持续聚合流量的能力；第二，持续分发流量的能力。

什么是聚合流量？就是让流量到自己这里来，这是分发流量的基础。

在互联网时代，搜索引擎是巨大的流量聚合地，因为人们记不住网址，或者懒得记网址，于是，他们把记住无数个网址的任务简化成了只记住某一个网址。一些产品为了聚合流量，甚至会主动去修改用户的默认打开网页。

在 Web 互联网时代，搜索引擎几乎没有危机意识，或者说不需要有危机意识。因为对搜索引擎来说，在那个时代，只需要做好算法，让用户可以搜索到他们需要的内容，就可以依靠竞价排名、广告联盟和品牌专区完成商业化的各种目标。

但是，移动互联网颠覆了这些逻辑。移动互联网把互联网切割成了一个个 App（应用程序），用户无需通过搜索引擎，只需要下载并在手机上打开 App，就可以使用自己需要的服务。

这样一来，搜索引擎的流量骤降，过去搜索引擎的工具属性被发挥得淋漓尽致，以至于它们还没有准备好统一的账号系统、深度的内容资源和优质的信息服务，就要被迫去迎接挑战。

从这个层面来说，移动互联网打破了原有的流量格局，从而让一大批公司获得了和大公司竞争的机会。

从运营者的角度来说，"流量获取的第一站通常是搜索"这样的认知被打破了，大家开始去寻找新的流量入口。

微博、微信以及拥有优质内容的论坛产品，都成了运营们获取流量的途径。像微信这样的产品也拥有了广告变现的能力，而这在 Web 互联网时代是无法做到的。

国内有两个超级流量大户，第一个是腾讯，第二个是阿里巴巴。

腾讯通过服务用户的社交关系链，创造出了一种非常神奇的流量留存能力——用户使用腾讯产品的时间越久，越难以从产品中离开，只要有社交关系在，腾讯就可以持续获取免费流量。

阿里巴巴则是通过聚合卖家来面对消费者，卖家多了，消费者来了，它就可以通过广告营销服务去为商家分配流量。卖家和买家形成了飞轮效应，阿里巴巴的流量从 Web 时代就不需要通过搜索引擎获得，同时，也不会分散给其他外部产品。

流量分发的能力已经都在上文中提到了，它们分别是：

| 搜索分发 | 社交分发 | 人工分发 | 算法分发 |

搜索分发：利用产品的搜索能力，将聚合的流量分发给其他产品或其他企业。

这方面的典型代表是百度、淘宝、知网等。它们都拥有非常强的搜索能力：用户上百度搜索自己想要的信息，买家上淘宝搜索商品，学生、学者上知网搜索论文。搜索是一种主动行为，代表着明确的用户需求，通过搜索获取的流量较为精准，所以转化率通常比其他渠道更高。

社交分发：利用产品的社交能力，将聚合的流量分发给其他产品或其他企业。

这方面的典型代表是微博、微信以及其他带有社交属性的媒体平台。这是一种由用户背书产生分发的逻辑，分发的主力是用户，通过激励用户或者用户自发去对他人进行推荐，完成产品、内容的分发，是从用户的社交关系链里找流量。

对于社交分发，1947 年，库尔特·勒温在《群体生活的渠道》一书中明确提出：在群体传播的过程中，存在着一些这样或那样的守门人，并且只有符合群体规范或者守门人的价值标准的内容才能进入传播渠道。

因此，守门人的价值判断标准是社交分发的核心逻辑，这就是微信对外链、裂变严加看管的原因。微信这样做不仅仅是为了锁闭竞争，而是因为一旦微信中的个体传播内容的价值观不是由内容价值主导而是由利益主导的话，就会严重损耗微信平台的信用，从而导致社交平台中内容价值的崩裂，进而伤害用户之间的信任关系，导致整个产品的溃败。

人工分发：利用人的编辑能力，将聚合的流量分发给其他产品或其他企业。

人工分发是一种特别古老的分发手段，在传统新闻媒体出现之前就已经有了。互联网上的人工分发叫作"编辑推荐"。

从有门户网站起，人工分发的影响就一直存在，现在的新媒体也遵循人工分发的逻辑。典型产品如论坛、内容平台、音视频产品。一言以蔽之，只要是通过编辑识别、组织、推荐的产品，都具有人工分发流量的能力。

人工分发未来可能会越来越少，因为人工分发有其固有的缺陷，譬如，人力成本高，依赖编辑的品位和对内容质量的甄别能力，分发的流量精准度具有不确定性，以及可能存在暗箱操作的空间。因此随着技术的进步，人工分发逐渐向算法分发演进。

算法分发：利用用户数据，通过机器学习，判断用户偏好并进行推荐，从而将聚合的流量分发给其他产品或其他企业。

典型的代表就是今日头条、抖音等一系列产品，以及加入了算法推荐的新闻客户端和电商平台。

算法分发规避了人工分发的一些缺陷，但也带来了一些其他问题，譬如可能造成信息茧房，以及用户在长时间使用后由于缺失新鲜感而降低活跃度。但长期来看，随着算法的进化，算法分发应该会做得更好。

以上分发方式代表流量分发的两面，社交分发、人工分发、算法分发都是"信息找人"，而搜索分发是"人找信息"。

"信息找人"，从商业逻辑上说，这是"行商"，将信息主动递交给那些可能感兴趣的用户，用户本身未必有需求，但是可以通过信息主动去激发用户的兴趣。

"人找信息"就是用户的需求非常明确，他知道自己要什么，主动去寻找。信息就在那里，从一定意义上说，这是"坐商"，因为用户的需求很明确，所以搜索分发的流量相对来说更加精准，也更容易被转化。

对运营来说，理解流量分发的逻辑，意义重大。

搜索分发由于用户的精准度高，且流量价格较低，所以比较容易获得更具性价比的规模用户，但需要具备比较强的搜索引擎优化能力和搜索引擎营销能力。

社交分发只要能够找到性价比高的关键意见领袖和关键意见消费者，配合高质量的素材，就有可能快速获取用户，并转化到私域中进行维系。

人工分发并未完全消失，如果利用得当，可以实现短期内爆炸式增长。

算法分发需要通过用不同素材面向不同人群包，低价测试并验证效果，之后再决定是否大量投入。

理解不同类型的流量分发的逻辑，可以帮助我们更好地完成运营工作，因此有必要认真研究这方面内容。

Q5　如何刺激用户多消费

80 分运营俱乐部的年费会员群里有一个人在二手电商平台工作，他问有什么方法可以刺激用户多消费，他想通过模糊前端价格，向用户传递自家商品销量很好的信息，从而刺激用户消费。

对于这个问题，我觉得可以延展一下。首先，我们思考一下，商品的各级页面和呈现数据究竟如何影响用户的消费决策。

商品列表页显示的元素及其作用如下。

- 商品名称：如果关键词命中了用户的需求，那么用户就会点开看，转化交给详情页。
- 商品价格：如果这个价格具有吸引力，那么用户就会点开看，转化交给详情页。
- 商品图片：如果图片拍摄得很诱人，那么用户就会点开看，转化交给详情页。
- 销量展示：如果销量数据很有冲击力，那么用户就会点开看，转化交给详情页。

商品详情页显示的元素及其作用如下。

- 商品细节展示：让进入详情页的用户通过商品细节的展示，来决定是否直接完成下单。
- 商品对比展示：让进入详情页的用户通过与其他商品或竞品的对比，来决定是否直接完成下单。
- 商品适用信息：让进入详情页的用户通过商品适用信息，来决定是否直接完成下单。
- 已购用户评价：让进入详情页的用户通过他人对商品的评价，来决定是否直接完成下单。
- 已购用户评分：让进入详情页的用户通过他人对商品的评分，来决定是否直接完成下单。
- 已购用户展示：让进入详情页的用户通过他人使用商品的展示，来决定是否直接完成下单。

实际上，我们需要了解的，就是用户是谁以及他想看到什么。

如果你拥有决定权，就可以去设计不同的策略，让下面的人去执行，看看如何呈现能够最大限度地打动消费者，使他们做出购买决策；如果你是执行者，就需要执行并优化策略，帮助自己完成KPI（关键绩效指标）。那么，我们做什么、怎么做才能达到预期的效果呢？

1. 把自己当作用户。

我们需要把自己当作用户，来感受在什么情况下会成功完成决策，产生消费动作，并通过不断地测试来验证这些假设的真实性。

2. 与用户深入沟通。

将用户分层，选取不同类型的用户，和他们深入沟通，保留原声，理清事实，然后从事实中推导出假设，再想办法去验证假设。

Q6 什么是服务运营

早两年，很多社区团购产品高薪招募服务运营，有朋友问我怎么看，我觉得这件事值得展开来说说。

社区服务从表面上看是个以社区居民为主体的团购服务，但如果回顾一下千团大战，当年只有做服务的美团和拉手最终走到了决战，而美团此后也一直努力在服务上不断提升。

我们来回顾一下千团大战的转折点。2010 年，团宝网率先推出"随时退"服务，2011 年，美团和拉手相继推出"过期退"服务，而糯米直接推出了"7 天内未消费无条件退款"服务。

按理说，"随时退""7 天内未消费无条件退款"比"过期退"对消费者更友好，为什么团宝、糯米没有活下来呢？理由很简单：服务是双向的。平台不能只考虑消费者的感受，还要考虑商家的感受。

对消费者来说，"随时退""7 天内未消费无条件退款"肯定是更好的选择，但这增大了羊毛党和冲动型消费者毁约的可能性，对商家的伤害很大。而"过期退"则同时考虑了商家的感受，因为给过期没有使用团购券的用户退款，对商家来说是可以接受的，毕竟没有在约定的服务期内发生服务交付。

这个服务升级，打败了一批团购产品。接下来美团在移动互联网流量上下重注，一边快速切入移动互联网，一边疯狂采买移动互联网的用户流量，很快就和其他竞争对手拉开了差距。并且，从用户角度出发，美团对上架商品与服务的内容要求更高，页面也更精美，消费者体验更好，商家也觉得更有面子。所以请记住一个判断：做服务，一定要考虑面向多边客户的服务。

当然，美团的胜出不能简单地归结于服务能力和拥抱移动互联网，但在整个团购产品的竞争中，服务起到了不容忽视的作用。

接下来谈谈我分析业务的思路。当我分析一个业务的时候，我很喜欢运用凌海（原盛大游戏总裁）提出的"产品、营销、服务"三角。在社区团购业务中，产品几乎不存在对标空间；营销也很明朗，可以采取推出每日特价或精选商品的方式；只有服务存在持续提升的空间。

服务看起来很虚，但要做得很实。"1小时达"看起来是个口号，但背后需要很多的数据累积，要派单给最合适的骑手，确保他能在客户下单后一小时内送达，也需要服务产品的支撑。"坏就赔"看起来也是个口号，而它需要以对SKU（库存进出计量的单位）进行品质控制、损耗成本控制的方法为支撑，不但要做好服务产品，还要做好服务SOP（标准操作程序）。

服务运营看起来是做服务，但服务的落地需要以大量的服务产品、服务SOP、战略定力做支撑，需要付出时间、物力、心力。

另外，做服务运营不仅仅要考虑面向消费者的服务，也要考虑面向商户的服务，譬如，提升商户的数字化能力，扩大商户产品的覆盖区域，提升商户的服务水平等。

说说我服务的一家公司。这家公司的产品以训练营为主体为用户提供服务。之前去公司时，我发现运营团队很迷茫，不知道自己的职责是什么，老板天天在说SOP，可迭代了好几个版本，他都不满意。

我和他们说，基于产品目前的状况，运营要对用户感受负责。用户的感受好了，就会持续参加训练营，不仅自己来，还会邀请朋友参加。核心在于，你怎么让训练营里的用户满意。

至于老板所纠结的SOP，一个为期21天的训练营，应该关注的不是要做多少场活动，要把群内活跃做到什么样子，而是与用户体验直接相关的动作应该如何下发。

譬如，当用户有疑问时，多长时间能有人接待？多长时间能给出回复？如果用户提出的问题太难了，社群运营人员解决不了，要上升到哪个级别？在解决过程中，应该如何安抚用户？从表面上看，这些似乎是客服要做的事，但并非如此，因为要打造良好的用户感受，需要多种要素的共同支撑。用户有问题，要及时响应；用户有困惑，要及时解答；做活动要把规则设定得简单一些，给予用户成就感；做课程要为用户营造价值感和获得感。

用户在社群内能得到什么，如何体现在交付中，这些才是构建服务

SOP 要思考的东西。为了构建这样的服务 SOP，需要以一整套产品逻辑为支撑。为了确保回复的及时性，可以构建一个信息流转的后台，帮助管理者确认社群运营工作人员准确按要求做到了及时回复；为了确保课程能给用户带来价值感，可以确定一个检查清单和交付标准，来校验课程本身的质量和交付逻辑。这些都是做服务运营的人需要思考和执行的动作。

所以，不要小看了服务运营，服务运营看起来是做服务，核心则在于如何把服务按要求完整交付。如果需要产品支持，就要提产品需求；如果需要构建 SOP，就要梳理流程、优化体系。

举个例子，万豪酒店集团是全球首屈一指的酒店管理集团，其服务遍及 60 多个国家和地区，管理超过 2 800 家酒店，拥有约 490 500 间客房，共有员工约 128 000 人。这样的大型酒店集团，要做好服务，必然要遵循一定的标准，它的标准细化到了什么程度呢？

我曾查到一个沈阳万豪前厅部的 SOP 文件，一共 51 页。其中关于登记和结账程序的内容，一共有 3 页，规定了有预订的客人和没有预订的客人如何处理；如果客人修改预订要如何处理；如果无法判断客人要不要入住，要如何处理……细化到了每一个步骤，并且提供了标准话术、行为指引、表情控制的方法等。

你可能会说，有必要吗？当然有，因为服务运营规定下来的 SOP，是不管员工如何变更，业务如何更迭，都可以长期实施下去的一套标准。

因此，千万不要小看"服务运营"这四个字，它们背后隐含的可不仅仅是服务，还包括一系列的运营策略和具体要求。

Q7 什么是用户认知

首先，我们要先理解"认知"，认知在心理学上是指通过形成概念、知觉、判断或想象等心理活动来获取知识的过程，即个体思维进行信息处理的心理功能。

在认知的定义里，有概念、知觉、判断、想象这4个关键词。放到互联网的产品里，"用户认知"就是用户面对产品时，对产品和运营信息进行处理的心理功能。

概念：这个产品是什么？

知觉：在用户的感受中，这个产品大概是什么样的？

判断：设计成这样的产品可能有什么用？

想象：除了产品已经提供的功能，它还能帮我做什么？

比如，当你看到下面的页面时，你会有什么感受？

我估计你的感受非常直接：这就是要让人买东西嘛！没错，但更具体一些，在消费者的认知里，这样的页面是可以同时买一堆东西的，因为它有一个"加入购物车"的按钮。

但是，如果看到下图这样的页面：

那么，消费者可能就知道在这里不能一次买很多东西，但是和别人一起买会更便宜。

在上面的例子中，用户根据页面展示的信息形成了认知过程。

概念：这是一个卖东西的页面。

知觉：这两种页面不一样，一种有购物车，一种有拼单键。

判断：有购物车的页面可以一次买很多东西，有拼单键的页面和
别人一起买更便宜。

想象：有购物车的页面应该也可以只买一件商品，有拼单的页面
应该也可以选择不拼单。

这就是页面上的信息传递给用户的认知。

我们来看一下概念、知觉、判断、想象都从哪里来，以学钢琴为例。

学钢琴有两个部分：乐理和技巧。假设你要演奏一首曲子，你必须识谱，譬如，这首曲子是什么调，几拍子，什么速度，左手弹什么，右手弹什么，要不要踩踏板，作曲者是谁，风格是什么时期的，强弱关系是什么，演奏时有没有什么表情记号。

看懂谱子，就是建立对这首乐曲的基本认知的一个基础要求。如果你没有乐理知识，你看到的不过是各种符号、字母和数字，并不能把它和乐曲联系起来。以下图为例，你能说出这是哪首曲子吗？

来源：中国曲谱网

如果没有学过钢琴和乐理，你肯定回答不出来；但如果你学过，可能就会试着哼唱一下旋律，然后说："哦，这好像是舒曼的《梦幻曲》。"

这里的认知，不同的人会有不同的表现。有乐理基础的人，可能会经历这样的过程：识谱→试唱→判断。没有乐理基础的人可能觉得在看天书。

所以，认知就是在对一件事物具有知识储备的基础上进行体验、实践，从而获得的一种判断和想象的能力。

那么，概念从哪里来?

1. 自己学习和理解到的知识。

2. 别人告诉你的东西，这些东西进入了你的知识储备。

你可以自己去学习简单的乐理知识，譬如认识五线谱，也可以让别人告诉你五线谱上不同位置的音符代表什么音，从而产生概念。

那知觉呢? 知觉要通过概念去延伸，通过你自己的体验来了解。譬如你知道了五线谱上不同位置的音符代表什么音，接下来就可以试着去哼哼看，感受整个旋律的走向，然后判断这是哪首曲子。所以，判断是通过体验的积累来完成的。

最后，是想象。想象是针对"未视之物"的。你知道这是《梦幻曲》，你哼唱的音也是对的，你就会在音乐的律动中去想象这首曲子唱起来是否真的有梦幻感。

这是一个递进的过程，随着对上述四个步骤的重复，你的认知会得到巩固。

再次强调，认知就是在信息的基础之上，通过反复的体验所建立的一种判断和想象的能力。

从小到大，你听过的话和看过的文字、图片、视频都是信息的输入。有了信息的输入，你就可以进行各种操作与体验，当操作与体验给了你对应的反馈，你就会形成初步的印象与概念，它们会在你接下来面对类似的场景和问题时被直接调用。

所以，我们经常会听到用户就一些运营动作做出直觉性的反馈，譬如"不要去抽奖，肯定抽不到，都是骗人的""积分没什么用""别邀请我砍价，根本不可能免费拿"。

用户认知的建立，来源于信息与体验。

信息的传递来自两个方面：一、宣传；二、评价。

宣传是官方自己做的，包含页面上呈现的元素、对用户的说明与承诺等；而评价则是用户做出的，用户实际体验后，会对比官方的宣传，再对其宣传做出一个评价，这个评价是用来表达个人观点的，会影响他人。

由于用户更相信其他用户的评价，而不那么相信官方给出的宣传，所以官方需要付出的信任成本往往比其他用户更高。

对产品的运营人员来说，寄希望于建立一个正确而客观的用户认知，是不现实的，因为所有的认知都包含主观因素，所以，更务实也更可行的做法是确保官方宣传与用户体验的一致性。也就是我们常说的"最有用的运营套路其实是没有套路"。

你当然可以吐槽同行们不好好做事情，整天搞噱头，弄得自己真心诚意为用户设计的运营策略无法展开，但更核心的问题是：如何才能改变用户已经根深蒂固的认知？

Q8　什么是用户心智

用户心智和用户认知，经常是前后脚被提起。和产品经理讨论某个活动页面的按钮时，会聊到某个按钮应该叫"点我试试"还是"点击抽奖"，这就涉及用户心智的问题。

资源充分的公司可能会做 AB 测试（多版本测试），结果发现"点击抽奖"的效果更好，于是复盘时认为抽奖这个词给予了用户明确的感知。从用户认知上说，用户很清楚这个按钮点击下去会发生什么，至于用户点不点，就看用户心智上对抽奖是什么看法了。

这种反馈通常是人们第一时间做出的反射性的直觉反应，譬如一说起抽奖，有一些用户就会直觉性地做出正面反馈，另一些用户就会直觉性地做出负面反馈。

如果一个用户的心智对抽奖的看法是正面的，即用户认为自己中奖是个大概率事件，有机会从中获得奖励，那么他就会去点击按钮；反之，如果一个用户的心智对抽奖的看法是负面的，认为"抽奖 = 赌博 = 骗人的活动"，那么他可能就不会去点击抽奖按钮，甚至会告诉身边的亲朋好友，碰到这种活动都不要参加。

用户心智和用户认知很像，都建立在过往的经验与体验之上，大量认知的积累会构建出用户的心智。

拿上面的例子来说，不管是对抽奖持正面看法，还是持负面看法，用户的认知都是从自己过往参加抽奖的经历中积累起来的。

假设持正面态度的用户和持负面态度的用户，过去都参加过大量的抽奖活动，譬如说，在某个产品里，持正面态度的用户和持负面态度的用户都参加过 10 次抽奖活动，我们分析一下这种分歧出现的原因，就可以获得以下假设。

1. 对抽奖的态度可能因为是否中过奖而有所不同。譬如：A 和 B 都参加了 10 次抽奖活动，但 A 中过奖，B 没有中过奖，那么，A 就可能对抽奖持正面态度，而 B 就可能持负面态度。

2. 对抽奖的态度可能因为中奖次数的不同而有所不同。譬如：A 和 B 都中过奖，但是 A 抽了 10 次中了 10 次奖，可 B 抽了 10 次只中过 1 次奖。那么，A 对抽奖的态度就会比 B 更积极。

3. 对抽奖的态度可能因为奖品的价值不同而不同。譬如：A 虽然 10 抽 10 中，但奖品总价值加起来不到 100 元，B 只中了一次，但中的是一台笔记本电脑，那么，B 对抽奖的态度就有可能比 A 更积极。

以上 3 点是从抽奖结果来分析的，还有其他假设。

你可以立足于领奖逻辑来分析，虽然 A 和 B 都中过奖，但领奖过程实在太复杂了，导致 A 没有走完流程，而 B 走完了完整流程，成功领取奖品，那么 B 的评价就会比 A 更积极。

用户的心智是通过各种具体实践带来的认知，经过长期的反复巩固之后形成的固定模式。

用户心智一旦形成，就很难被改变，或者说，用户心智的改变需要花费更长的时间和更多的努力。

Q9 如何影响用户认知与用户心智

用户认知是用户心智的基础，用户心智一旦形成就很难被改变，而用户认知还有改变的机会。事实上，不管是认知还是心智，想要改变都需要很长的时间的积累。而我们能做的是产生影响。

以拼多多为例，大量用户对拼多多的认知，在 2020 年之前，可以说聚焦在"便宜""贴牌""五环外"，但是从 2019 年到 2020 年，这个认知被悄悄地改变了。有些用户开始信赖"百亿补贴"的品牌商品了，同时，也有很多用户开始尝试拼多多的会员产品，因为确实可以省钱。

一些人的认知变化过程是这样的：底价单品"入坑"→充话费划算→百亿补贴真实惠。

他们往往会先在拼多多试水两类产品：纸巾和水果。选择纸巾是因为单品比较标准，且价格便宜，不管纸张质量如何都能派上用场。选择水果是因为很多店坏果包赔。他们通过低价单品建立了对拼多多的初步认知：东西便宜，但送货不太快，然后开始转向生活相关的服务——充话费。话费是一种在任何地方都做不到足够低折扣的服务类商品，因此拼多多 1 元、2 元的便宜就能吸引用户的注意，当用户发现在拼多多充话费到账的速度不慢，价格还比其他渠道便宜时，就会将拼多多作为话费充值的渠道。

拼多多在 2019 年推出了"百亿补贴"活动，进一步拉高了它的品牌地位。拿我自己的经历来说，我之前基本不敢在拼多多买东西，开了公司之后，需要采购笔记本电脑、录音笔等设备，找了一些企业服务公司，发现我们购买量小，拿不到优惠价格，于是就考虑从电商平台购入。这时候拼多多的"百亿补贴"优势就体现出来了，我发现拼多多上的笔记本电脑价格很实惠，就去问在拼多多工作的朋友，他说，"百亿补贴"的产品质量有保障。我尝试了之后，发现该开的发票照开，商品也没有什么瑕疵。后来我在朋友圈里陆续发现，原来大家很早就盯着"百亿补贴"买手机等数码产品了。

我曾经问过一些朋友对拼多多的看法。大多数人的反馈都是，在"百亿补贴"推出之前，觉得拼多多是个便宜的大卖场，主打低价；但有了"百亿补贴"之后，他们觉得拼多多很实惠。

这个 2015 年上线、被互联网人"鄙视"了好几年的电商平台，通过"坏果包赔""标准品便宜一点点""百亿补贴"三套打法，用了一年多的时间，逆转了人们对它的认知。

逆转认知的结果是什么？那就是，在用户心目中，拼多多从"在电商平台卖便宜货"的代表变成了"电商平台真实惠"的代表。于是当用户要选择电商购物的时候，其决策心智就发生了改变。

过去的决策心智是："买 3C（信息家电产品）上京东，买衣服去淘宝，买书找当当。"现在的决策心智加了一条："如果不着急，可以去拼多多看看能不能更便宜。"

这种用户决策心智的变化并非瞬间完成的，但是只要商家下定决心去做，假以时日，就会看到效果。

另外，要想影响用户认知与用户心智，还需要关注细节。

我曾接到某理财公司打来的一个电话，对方说："张先生您好，我是某某公司的小王，您是我们公司某保险业务的长期用户。前两天，我们的财务顾问给像您这样的优质客户发送了一条福利短信，我在后台看到大多数人都确认了，但您这边没有确认，我想问问，是不是您没有看到短信？"

这套话术设计得很有意思，明明是想让我买理财产品，但是句句不提理财产品，而是告诉我，和我一样的一群人都迫不及待地接受了公司发放的"福利"。打这个电话不是让我买东西，而是想了解一下为什么我没确认，是没看到短信还是有其他原因。

我相信，这套话术是公司做销售促进的人员以大量的录音和最终的销售结果为样本分析出的方案。它让你的认知从一开始的以为对方是想掏自己的钱，转变为认识到这是个福利，然后试图利用从众心理让你爽快地达成交易。整个过程的设计、话术的包装都在细节上下了功夫。

所以，要想影响用户的认知和心智，就必须从细节上下功夫。同时，要有良好的定力，以推进长期战略。

道理非常简单，就是去击碎用户已有的认知，再重新建立新的认知，从而完成对用户心智的重塑。对不同的产品来说，这个过程中使用的方法可能会有所不同，但底层逻辑是相通的。

Q10 做活动必须靠脑洞吗

有朋友问我，在做活动时，如何做到推陈出新。我想我先问一个问题：做活动是否必须不停地设计新花样？

如果你的回答是"不知道"或者"对，需要脑洞"，那么就请继续看下去；如果你的回答是"不需要"，那么就可以跳过这篇问答了。

下面继续提问：你对哪一个活动印象最深？

可能很多人会说"双 11"、"集五福"、春晚红包……不管是什么，请思考下一个问题：在这个给你留下深刻印象的活动中，哪个部分让你印象最深？

我先说说我的看法。说起"双 11"，我印象最深的点是：不管规则怎么变，这一天上淘宝买东西可能最划算；说起"集五福"，我印象最深的点是：不管加入多少元素，集齐"五福"才能拿奖励；说起春晚红包，我印象最深的点是：不管是哪一家来做，一定会在晚会的不同环节插入互动抢红包这个游戏。

一个活动之所以能给你留下印象，通常是因为它有一个独特的记忆点，这个记忆点就是它想要展示给你的核心要素：天猫"双 11"不管活动规则如何变化，如何复杂，它要你记住的核心要素就是一年之中这一天买东西最便宜，所以，"错过等一年"；"集五福"也是一样，不管是扫福字，还是找好友交换，反正要凑五张不同的福，凑齐了就能分奖金。

事实上，越是重要的活动，越要强调它的核心要素，核心要素不断被重复、被强化、被用户所认知和接受，就会使一个活动成为节日。你要做的是，重复活动的核心点，利用时间反复强化用户对核心点的感知，利用市场放大你传递这个核心价值的音量。

看到这里你可能会问："就算大型活动应该遵循这个原则，我们日常做的小活动也应该考虑用户的记忆点吗？"没错，只要是活动就需要考虑用户的记忆点。不管是大活动、小活动，也不管活动的目的是什么，所有活动的形态都一样，那就是：**给用户一个理由去完成系统指定的动作，让他们通过完成动作来交换奖励。**

通常来说，一个活动的结构基本是这样的：

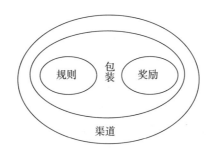

内核是规则与奖励，中间层是包装，外层是渠道。

规则与奖励构成了活动的核心，包装是一层皮，渠道是触达用户的关键路径。所以，一个活动从里到外要满足的条件有以下几点。

- 一个行之有效的能够让用户操作的规则。
- 一个具有吸引力的可以让用户积极参与的奖品设置。
- 一个可以激发用户认可的活动主题。
- 一个可以通过有效传播扩大规模和影响力的渠道。

你现在思考的是哪几层？你把主要的精力花在了第几层？你能控制的是哪几层？

以我的经验来说，绝大多数的活动运营会思考规则、奖品设置和主题，有些活动运营还会对渠道提出很多的建议和想法，但通常把主要的精力花在了主题上。如果你也处于这个阶段，那么你刚刚入门。是不是有点反直觉？

如果你喜欢玩游戏，请想一想，如果你为一款游戏花钱，你是为了什么花钱，你花钱的理由是不是总结起来就这几点：我要变强！我要变美！我要变强还要变美！其实核心只有一件事：我要玩得爽。游戏对付费点的包装——无论是首充优惠、限时充值活动，还是别的什么，全基于一个推导，叫作：

因为花钱可以买到体验，所以，付费玩家获得的体验会比未付费玩家更好，如果我成为付费玩家，那么我就可以玩得很爽。

促使你的手指按下付钱按钮的一定不是这个思考过程，而是当时打动你的那个欲望，是什么激发了你的欲望呢？并不是游戏的背景、角色的建模，而是付费后获得的反馈。因为，充值意味着获得更多游戏利益的可能，你的欲望来自那个"可能"。

以拼多多的邀请朋友帮忙砍价的机制为例。你并不知道要邀请多少人才能把一件商品从原价砍到免费，但你知道每邀请一个人，这个商品就会便宜一些，所以，你不停地邀请好友来帮忙砍价。你不会在意这个好友砍完价之后，会不会成为拼多多的用户，因为你的着眼点不是这个。你的着眼点就是以便宜的价格买东西，而拼多多的着眼点是让更多人成为拼多多的用户。

那么，你的活动是否能够让用户忽略你的目的，为了他自己的利益而选择参与呢？这个问题是由活动主题来解决的，还是由规则和奖励机制来解决的呢？

如果你明白了规则和奖励机制才是决定活动效果的关键，就不会把主要的精力花在活动主题上了。

正确的做法是：**不断尝试不同的规则与奖励机制，并反复测试，从而得到能使活动效果最大化的确定模型。**这才是做好活动运营的第一步。

那么，如何去反复测试呢？每次只调整 1 个变量即可。譬如，原规则是："每邀请 3 个用户，即可获得 1 次抽奖机会。"

当你测试的时候，可以采取以下做法。

"每邀请 5 个用户，即可获得 1 次抽奖机会。"（效果有提升，参与者不减少，拉新效果更好。）

"每邀请 10 个用户，即可获得 1 次抽奖机会。"（效果没有提升，参与者减少，拉新效果变差。）

"每邀请 3 个用户，即可获得 1 个奖品。"（效果有提升。）

"每邀请 5 个用户，即可获得 1 个奖品。"（效果继续提升。）

你需要对每一次的规则调整和奖励方法进行探索，从而找到最佳模型。然后，你要固化这个模型，并审视你的活动主题。

活动主题可以通过以下渠道确定。

- 新浪微博的热搜、热门话题，百度风云榜，这些都是可以找到话题的渠道。

- 知乎上有个"大 V"叫波旬，他每月都会做当月的营销节点梳理，可以关注他。

- 百度百科的"历史上的今天"可以为你提供灵感。

- 微信的"看一看""搜一搜"，可以帮你了解朋友们在关注什么，微信的用户都在搜索什么。

总结一下：如果你是活动运营，应该把主要的精力花在寻找一段时间内最有效的规则与奖励模型上，而不是活动主题的策划上。因此，开脑洞是加分项，但不是必需的。

Q11　活动运营需要具备哪些知识

下面是我认为做运营时需要知道的知识，它们可以应用在活动层面，但不局限于应用在活动层面。

1. 交易效用。

在实际工作中，减 50 元的券，如果把使用条件标示为满 100 元全场通用，那么用户会很积极地凑单，购买总价加起来正好 100 元的商品，并且会认为获得了实惠，对活动的策划者赞不绝口，认为是真正地让利于用户。而如果把减 50 元的券的使用条件标示为满 100 元可用，仅限购买 iPhone（苹果手机）12，大多数用户不但不会积极地凑单，还会嘲笑活动策划得没有吸引力。

这里的关键就在于，50 元的优惠对于不同价格的商品所呈现出来的对应价值是不一样的。这符合 1985 年理查德·塞勒教授（2017 年诺贝尔经济学奖得主、行为金融学奠基者）提出的交易效用理论。这一理论是用来解释生活中很多人因为优惠而购物的现象的。

交易效用理论提出，消费者购买一件商品时，会同时获得两种效用：获得效用和交易效用。

其中，获得效用取决于该商品对消费者的价值以及消费者购买它所付出的金额，而交易效用则取决于消费者购买该商品所付出的金额与该商品的参考价格之间的差额，即与参考价格相比，该交易是否获得了优惠。

简而言之，对 100 元的商品来说，使用 50 元的优惠券相当于打了对折，因为实际只需支付 50 元；而对一件最低价 8 388 元的商品来说，使用 50 元的优惠券，实际依然要支付 8 358 元，从交易效用上来说，根本不算是优惠。

如何设计出让用户觉得"必须参加，否则就吃亏了"的感觉，是活动设计者必须要考虑的问题。

譬如，针对高价商品，优惠券如果只能抵扣很小的金额，发挥的作用就不大。所以，要想用优惠券来刺激交易，就必须让用户觉得占了商家的便宜，这样一来，金额和有效期的设置就成了关键因素。

2. 禀赋效应。

既然买 iPhone 12 送 50 元优惠券行不通，那么，如果换一下做法呢？

比如买 iPhone 12 送快充头。这个时候，似乎没有用户会去纠结快充头的品牌了。毕竟，能够用在 iPhone 12 上的快充头，怎么可能只值 50 元呢？

不论是哪个品牌的，这个快充头的包装一定要好。因为当用户收到货品时，如果快充头的包装非常精美，那么占便宜的获得感的反馈会更加直接。

因为大多数用户收货后，不会直接去搜索这个牌子的快充头卖多少钱，而是会凭直觉做出反应：这个快充头的包装如此精致，绝对不是 50 元的商品。哪怕商家只付出了 10 元的成本，用户的直觉反馈也是一样。

可能有人会说："其实我就是为了去抢 iPhone 12，这种附送的玩意儿，谁想要谁拿去好了。"你可以试试和他说："既然如此，你送我好了。"他可能会回答你："这是我买 iPhone 12 送的，你给我 100 元，我就给你。"这个人绝对不会白送出去的。这种心理符合禀赋效应，禀赋效应是指某人一旦拥有某一个物品，在他心目中，该物品的价值就会远远高于从前。同样，这个理论也是由理查德·塞勒在 1980 年提出的。

通过下面这个例子，你会更加清楚这些效应是如何被运用到活动中去的，请看下面的文案，回忆一下你是否见过一个类似的。

恭喜你！离获得半价购买 iPhone 12 的机会只差一步了！现在只要邀请 10 个好友加入战队，就有机会获得 iPhone 12 半价购买权。

如果让用户觉得自己已经获得了好处，只需要很少的成本就可以保证这个好处不会旁落，他就一定会想办法做出更多符合你期望的动作。

3. 沉没成本。

2001 年诺贝尔经济学奖得主约瑟夫·尤金·斯蒂格利茨教授在《经济学》中说：如果一项开支已经付出并且不管做出何种选择都不能收回，一个理性的人就会忽略它。这类支出就是沉没成本。

斯蒂格利茨教授说的是"理性人"，但事实上你会发现，豆瓣上有人给正在热映的电影打了一个极低的分数，但这些打低分的人并没有在观看烂片的中途离开电影院，因为他们都付了票钱，所以即便片子再烂，也基本不会直接离场。

我们可以继续上面的活动案例。在用户拉了 10 位好友之后告诉他：

恭喜你！离获得半价购买 iPhone 12 的机会只差一步了！

目前你的排名是总榜第 34 名！进入前 10 名就可以获得 iPhone 12 半价购买权，继续加油吧！

如果你反复诱惑用户还差一步就能拿奖，或者已经兑现了部分权益，那么用户可能会为了最终的那个权益持续参加活动，直到活动结束拿到奖品，或者拿到另一个看起来不错的奖励。原因是，为了这个奖品他已经付出了很多的努力，现在"只差一步"了，他一定会再努力"最后一次"。沉没成本往往是让用户不忍心放弃，而选择继续去尝试的重要的动因。

总结一下，做活动这件事，或者说，做运营这件事，本质上是在和人的心理、人性展开对话。

所以，如果可以，希望你尽可能多了解一些行为经济学、行为金融学的知识，这些知识对做运营或者做活动都是有好处的。

Q12　如何预估活动效果

做活动策划的时候，经常会被问一个问题："这个活动的效果会怎么样？"

活动还没有开始，显然不可能知道确切的效果，于是只能预估，那么要怎么预估呢？

我们首先要明确一个基本点：任何一个活动要上线，必然要提交策划，交给领导审批，获得领导的许可和对应的预算，那么就要有合理的理由。

所以，活动效果是无法回避的一个重要指标。我们可以从两个路径考虑活动效果。

1. 花小钱办大事，追求 ROI 的效果体现。

2. 花大钱办更大的事，追求活动的规模效应。

第一条路强调 ROI，只要活动效果能够提升 ROI 就可以；第二条路强调规模，就要考虑在尽量压低 ROI（但避免达到红线）的情况下，扩大规模。通常，第一条路更适合有收入的活动，第二条路更适合拉动用户增量的活动。但是，不管是哪条路，都需要考虑如何去定指标，可能有三种情况：

情况 1：之前做过类似的活动。

这种情况最好办，对照此前类似活动的投入与产出比去定效果就行。需要注意的就是，不要定过高的指标，充分考虑当时活动前、中、后的数据变化，采用类似的变化曲线就好。

情况 2：这是第一次做活动，产品之前没做过活动。

这种情况也好办，自己确定某个指标在活动期间的增长率就行。这就是讨价还价的过程：你定了一个效果指标，老板不满意，给了你一个新的，你觉得做不到，双方就要唇枪舌战、彼此妥协，最后达成一致。

情况 3：这是第一次做这个类型的活动，以前没做过类似的活动，但做过其他类型的活动。

这种情况最麻烦，因为你会更倾向于自己定一个指标，但老板会拿以前活动的效果来要求你，你很难去讨价还价了。这时你可以盘点一下支持活动的资源和渠道，自己先算清楚能保障指标做到什么程度，然后再去计算如果要达到预期还需要哪些资源和渠道，和负责人一次性谈妥，再去落地。

至于你所需要的数据的维度，大概是这样：有收入的产品盯 GMV（商品交易总额），GMV 体现在新购与复购数额上；没有收入的产品盯用户量，用户量体现在新客与留存或者活跃指标上。

需要注意的是时间维度，要把环比和同比都拉出来看看——环比拉活动前一段时间的数据（前1周、前2周）；同比拉上个月、去年同期的数据。

Q13 去哪里找图片素材

有一天，有位朋友告诉我，他们公司收到了律师函，原因是使用的图片素材没有事先申请授权。当时我有点惊讶，就问他们的图片都是从哪里找的，为什么会涉及授权问题。他摆摆手说，不知道手下员工从哪里找的，平时就用在公众号里，没想到有些图片居然需要授权。

在这里，我分享一下找免费图片素材的方法。

首先，在我们使用图片素材之前，必须要搞清楚，任何素材都是有使用条件或者遵从某些规则的。而能够让我们免费使用的图片，通常都遵循"CCO 授权协议"。

CCO 是成立于 2001 年的非营利性组织 Creative Commons 提出的一种增加创意作品的流通可及性，作为其他人据以创作及共享的基础，并寻找适当的法律以确保上述理念的授权协议。不管是音乐、图片、音效、文字，还是视频作品，只要声明了遵循 CCO 协议，就可以无偿使用，甚至用于商业用途。所以，我去找图片素材的时候，就看它的版权声明是不是遵循 CCO 协议，如果是，基本就可以直接拿来用。

有两个网站是我用得最多的。

一个是 pixabay.com。它的优势有 7 个。

1. 有中文界面。

2. 支持中文搜索。

3. 内容包含图片、插画、矢量图、视频。

4. 每一张素材都有多个尺寸可供下载。

5. 每一个素材都清晰地列出了使用限制，譬如：

Pixabay License
可以做商业用途
不要求署名

看到这些说明，我们就知道这张图片的创作者不要求署名，而且可以把它用于商业用途。

当然，也有一些素材会标明要求署名，不可以用于商业用途。这是因为创作者没有遵循完整的 CCO 协议，而是遵循了有使用限制的 CCO 协议。

6. 主要靠编辑推荐找图，也可以通过关注创作者找图。

7. 采用分页呈现的方式。

但 pixabay.com 也存在劣势：在国内打开有时候速度会比较慢。

另一个素材网站是 unsplash.com。它不像 pixabay.com 那样，对每一张图片都标明了遵循什么协议、有什么限制，但是，官方的声明表示只要是在 unsplash.com 上发表的图片，使用者都无须询问站方或者创作者，可以直接免费使用，甚至用于商业用途。

unsplash.com 的优势如下。

1. 速度快。

2. 找图不靠推荐，靠标签。

3. 对部分素材分年龄管理。

4. 界面很好看。

劣势如下。

1. 无中文界面。

2. 不支持中文搜索。

3. 不能选择下载的图片的尺寸，只能按原图尺寸下载。

4. 瀑布流展示，非常酷，但瀑布流也会带来浏览疲劳。

此外，做 PPT（演示文稿软件）有时候需要图标，我常用 icons8.com 来寻找图标素材。这个网站需要注册，支持语言切换，也提供了离线的软件包。

最后，还有一个想和大家分享的神器，就是 PPT，如果你有充足的时间和想象力，可以利用 PPT 做出各种东西，这方面经验我会在下一个问题分享。

Q14　如何使用 PPT 画图

2015 年，我用 PPT 为公司做了一张信息图，然后突然发现，原来 PPT 是可以画画的！这个发现相当重要。

当然，我说 PPT 可以画画，并不是说拿它画人像、风景，而是说可以画图标之类的。譬如说，下面这几个图标：

它们都是用 PPT 画出来的。用 PPT 画图标非常简单，只要学会运用形状，并且发挥想象力就可以。譬如，Excel（电子表格）图标使用了大量的矩形和流程图中的一个图形；PPT 图标的画法和 Excel 的图标类似；Photoshop（图片编辑软件）的图标就是圆角矩形加上一些字母。这些可以说是基本操作。

那么，更难的图形呢？譬如，我们要画一辆卡车。

仔细观察图形，你会发现这辆卡车是由矩形、圆形和不规则图形组成的，这些图形在 PPT 的图形库里都有，只要调节一下颜色和大小，把位置放好，就可以做出来了。

利用 PPT 可以制作出很多无法通过外部渠道下载的各种有趣的小图标，这些图标也可以用在我们的工作中，并且能规避侵权风险，何乐而不为呢？

Q15　如何有效运营自媒体账号

有人问我：

> 我刚转行到新媒体运营，我们公司是主推烘焙培训课程的。主要目标人群包括烘焙兴趣爱好者、烘焙创业者。目前公司没有什么有效的运营渠道。我曾在面试时表示自己只有短暂的知乎运营经验，总监说让我把知乎这个渠道运营起来。我昨天发了一篇推文和一个回答，但没什么反响。我应该怎么办呢？怎样才能通过知乎有效运营起来呢？

事实上，不管是知乎还是任何其他自媒体平台，运营好一个自媒体账号的方法都可以用一句话概括：**在平台规则允许的范围内坚持输出。**

这里的关键词，一个是"规则允许"，另一个是"坚持输出"。对于"规则允许"，主要就是做好以下几件事。

1. 明确规则的边界，也就是规则管什么、不管什么。

2. 贴合规则行事，既包括按照规则的激励来创作内容，也包括巧妙应用规则的边界去迎合或扩散。

3. 明确对违规处理的承载力。

剩下的，就是"坚持输出"的问题了。拿减肥来说好了。因为2019年我要出版《从零开始做运营2》，当时预计在下半年可能会参加一些公开活动，年初自己的体重已近90公斤，我觉得这个状态去参加公开活动不太好，于是开始减肥。我拜托张展晖老师给我制订了一个方案，他要求我工作日每天把体重数和三餐拍照发给他打卡。2个月之后，他让我去买块表，每周要完成规定时间、心率的跑步任务。我一一做了。

7月底休假回来时，我的体重降到了77公斤以下，也就是说大概4个月减了20多斤。

我和展晖老师聊天，聊到打卡减肥这件事，展晖老师很感慨地告诉我说，以他指导超过10万人减肥打卡的经历来看，极少有人能够坚持每日拍照打卡超过2周，更别说坚持2个月的了。然后我突然就明白了，为啥嚷嚷着要减肥的人这么多，但真的能减下来的没多少。因为，坚持是件特别难的事。

这个问题问的是以知乎为代表的自媒体，接下来我们继续说知乎平台的事。

在知乎这个平台上有很多大号，由于知乎平台的特性，大致可以把这些大号分成以下几类。

1. 明星。他们在进入之前就已经拥有了自己的流量，在社会上拥有广泛的知名度，所以进来之后，只要发声，极易被传播和关注，如：佟大为（5个回答，13万关注）、刘昊然（4个回答，38万关注）、郎朗（17个回答，1篇文章，41万关注）、陈佩斯（6个回答，19万关注）。他们中有些人可能会持续回答，有些可能会潜水，但是不妨碍他们一发声就会被人发现。

2. 热门人物。譬如，在动画电影《哪吒》很火的时候，该片导演饺子注册了一个账号来回答关于《哪吒》的问题，他的一个回答就得到了近13万的赞同、近8 000的评论，超过4万人关注，还获得了编辑推荐。

3. 领域达人。譬如，李开复（107个回答，34篇文章，108万关注）、马化腾（1个回答，18万关注）、雷军（12个回答，5篇文章，42万关注），以及知乎的创始团队都是平台上令人瞩目的焦点。

4. 素人耕耘者。譬如，chenqin（数据帝，281个回答，33篇文章，104万关注）、李弱可（电影话题优秀答主，412个回答，88篇文章，26万关注）、李暘（球评专业户，2 083个回答，247篇文章，19万关注）、田吉顺（医生，523个回答，122篇文章，105万关注）。

如果你现在要进入知乎"玩耍"，并且希望做出成绩，只要你不是明星、热门人物或领域达人，就必然要以素人身份进入，所以素人耕耘者的做法就是你要学习的东西。

Chenqin一直坚持参与数据类的问题讨论，并且通过翔实的数据进行透彻的分析，从而让人在知乎提到数据就想到他，于是被称为"数据帝"。

李弱可早年一直坚持发表对电影，尤其是香港电影的评论，后来虽然参与其他话题，但主要还是在谈电影，于是人们说起电影、香港电影甚至《无间道》就会想到他。

李暘和田吉顺我都很熟，也都是我的好朋友，李暘主要写足球比赛的赛后评论和战术分析，田吉顺最早在知乎贡献妇产科相关的内容，这两位也是由于在各自专注领域的深耕，获得了用户关注。

这四个人原先都是素人。由此可见，素人要想在知乎这样的平台崭露头角，需要在一个领域长期和持续地贡献内容。

所以，在知乎这样的平台最重要的是坚持输出，因为只有坚持才有可能让你被持续地曝光。

除此之外，还有一些细节需要注意。

1. 个人账号比机构账号更容易运营，因为机构账号获得信任的成本更高，也更难突破品牌的限制去做用户互动。

2. 参与热点话题，多与人互动更容易被发现，被关注。要善于使用@功能友善地与他人互动。

3. 要善用想法引流，多参与话题下的公共编辑。

4. 不要在回答中过多地展现品牌，但可以多利用签名、资料、打赏寄语所提供的空间。如果开设了专栏，也尽量使用标签，而不要直接植入广告，以免惹人反感。

对于其他的平台，自媒体能做的也差不多，一般情况下，如果能够做到：**坚持输出＋友善互动**，在一段时间之后都可以达到比较好的效果。

比起如何去做，更重要的是管理老板的预期。

很多人并不理解在不同的平台上运营自媒体账号有什么差别。拿知乎来说，我曾经看到过把知乎当论坛做的，也看到过把知乎当微信公众号做的。问答社区有问答社区的特质和规律，如果不尊重这些规律，就无法获得预期的效果。

尊重和学习不同平台的特质与规律，是在不同平台上做好自媒体的前提，也是非常关键的因素。

再说一个罗振宇的案例。

罗振宇一开始做"60秒"音频的时候，出现了很多质疑的声音，有人说这是哗众取宠，有人说这是割韭菜的预备动作。但是，在我写这本书的时候，罗振宇已经坚持录制了2 900多期音频。超过8年，风雨无阻。这就是为什么他能够留住一批忠诚度极高的用户，持续为罗辑思维和得到贡献流量和价值，并建立口碑。

无论你运营自媒体账号的目的是打造个人品牌，还是积累变现的势能，都需要深刻地认识到，坚持输出才是实现目标的唯一途径，其他的方法都不足以打造核心竞争力。

Q16　如何建立用户画像

有人问过我这样一个问题：

用户画像应该怎么梳理？比较精准的用户行为统计应该记录用户在什么时间做了什么样的动作，耗时多久，但是如果这些数据都记录的话，需要的数据库太庞大了。我现在区分不了哪些是必要的，哪些是不必要的。

首先，我们要讲清楚，用户画像与用户行为统计有关系，但二者并不等同。

其次，要讲清楚，这里的用户画像的讨论范围，是 profile（以用户数据勾勒用户需求），不是 persona（典型用户模型）。

很多从业者并没有搞清楚 profile 和 persona 之间到底是什么关系，来看一下这两张图：

profile 示例

040

| 用户画像

年龄：27　　性别：女　　学历：本科
未婚　白领
工作在一线城市　租房（无房无车）

独立，手机上瘾，宅，喜欢美好的事物，比较文艺，
崇尚小资生活，追求生活美学，怕麻烦，重享受

痛点：1. 生活节奏快，工作压力大
　　　2. 每天三点一线，生活单调
　　　3. 想要改善生活，但苦于没钱没时间
　　　4. 作为一个外地人，在当地无房无车，没有安全感
　　　5. 单身，生活圈太窄

目标：改变现状，追求品质生活，从自己兴趣出发，
在平凡的生活中，发现一点点的不同，提升自己，
对自己好一点，也让自己优秀一点

persona 示例

profile 是基于真实的用户数据（包括人口数据、行为数据等一系列数据）的集合，它反馈的是人群的信息；而 persona 描述的是理想状态下的个体用户，persona 既可以提取自 profile，也可以是脑补出来的一个虚拟形象，这个形象具有产品典型用户的特征。

用户画像具有何种特质？

我来做一下"张记杂货铺"的用户画像。

根据微信公众号后台的统计数据，截至 2020 年 1 月 31 日，共有 94 710 名读者订阅了"张记杂货铺"。

1. 在性别分布上，男性用户占比 42.32%，女性用户占比 57.65%，还有极小一部分用户的性别无法确定，但是这部分用户的数量太少，对性别分布几乎没有影响。

2. 在终端分布上，苹果用户的占比超出安卓用户近 10 个百分点。

3.在地域分布上，北京、上海、深圳、杭州、广州排在前列。

4.用户通常在文章发出后的 3 个小时内有明显的活跃阅读，下午 4 点和晚上 9 点后，转发和朋友圈来源的阅读量会有一定的提升，用户在晚上 6 点和 10 点后以及上午 9 点左右可能会从"看一看"进入阅读。

这里面既有用户的信息数据（性别、地域、终端偏好），又提到了行为数据（阅读活跃时间分布和来源）。

所以，一个完整的用户画像应该包含用户的信息数据，或者说人口数据，以及行为数据。但这里有一个隐藏的细节是：此时我们并不是在讨论用户个体，而是在讨论群体的行为。

所以，要明确一点：**用户画像是为你提供更多用户样本的一致性行为，从而做出跟进动作的一个参考要素。**

接下来就要去讨论不同数据的优先级了。

首先是人口数据。如年龄、性别、籍贯、工作地、财产收入、婚姻、子女状况、社会经济地位、星座、属相、受教育程度……

这些数据中，哪些对群体画像有决定意义？年龄？可能有。性别？肯定有。所在地？可能有。其他的需要结合你的业务去思考和决策。对群体画像有决定意义的数据，要通过产品和运营去收集并且录入数据库中。

接下来是行为数据。行为数据无法展开讲，因为不同业务的行为数据的要求并不一致。假设我们讨论的是一款电商产品，那么可以把整个用户流程拆解成下面几个大块：

这样做的好处是，快速定义出用户的行为漏斗，同时，方便我们弄清楚，究竟哪个环节是我们最关心的环节。

假设，当前阶段我们更关注付款，那么，我们就要去拆解与付款相关的流程动作。

用户在完成购买决策后，就要进入付款环节了。此时会出现多种情况。

1. 用户只在 1 家商户买了 1 件商品。

2. 用户在某 1 家商户买了多件商品。

3. 用户在多家商户买了多件商品。

在思考付款环节的问题的时候，应该优先思考以上的场景吗？

我认为需要思考，但不是优先思考。作为运营，我更关心的不是前面这些场景，而是用户点了付款按钮之后，是否完成了付款。也就是付款成功的比例。

如果没有完成付款，是卡在了哪一步？

■ 付款方式？

■ 跳转到了支付页面，但是用户超时没有支付？

■ 跳转到了支付页面，然后用户直接关闭了页面？

先统计在每一种可能性下对应着多少用户，然后转到"这些用户有哪些共性"这样的问题上来。

而之所以这样思考，是因为我们需要掌握会影响到我们关注的核心指标的相关行为，从而去寻求优化。

如果产品在现在的阶段并不关注转化，甚至它是一款不考虑转化的产品，那么关注点可能就变成每日用户注册和 T + x 的用户留存率了。

当关注这两个值的时候，我们需要关心的问题是：

■ 从哪里来的用户最多？

■ 从哪里来的用户最活跃？

■ 从哪里来的用户留存的时间最长？

以上三个问题指向的是渠道来源监测。

我们同时要关心的问题是：

■ 离开的用户都访问过哪些页面 / 使用过哪些功能？

■ 留存的用户与离开的用户在同类页面 / 同类功能上的使用差异是什么？在其他页面 / 其他功能上的使用差异是什么？

这两个问题指向的是对用户访问行为或者使用行为的监测，譬如，留存的用户对某一功能的使用超过了流失用户使用的时长或者频次，那么接下来的策略就是引导所有用户都去使用留存用户使用过的功能，同时保持使用强度一致。

假设我们正在运营某个新闻 App，当前有如下数据，我们可以采取怎样的策略？

1. 用户属性数据

    a. 用户注册时间

    b. 用户性别

    c. 用户所在地

2. 用户行为数据

    a. 每日每人阅读的新闻条数

    b. 每日每人打开 App 的时长

    c. 每日每人的评论数

3. 用户兴趣数据

    a. 用户最常阅读的新闻类型

    b. 用户最常阅读的作者

    c. 用户订阅的新闻账号

如果我们希望用户阅读更多的新闻，那么运营可以请 BI（商业智能）把用户的兴趣数据分析出来，给用户打上标签。

用户群 A：喜欢时政类新闻，最常阅读新闻账号 1、3。

用户群 B：喜欢时政类新闻，最常阅读新闻账号 2、3。

做一次推送，给用户群 A 推送新闻账号 2 的新闻，给用户群 B 推送新闻账号 1 的新闻。这就是最简单的"关联推荐"。

> 用户群 C：喜欢娱乐新闻，最常阅读有关周杰伦的新闻，手动标记不喜欢 TFBOYS 的新闻。
>
> 用户群 D：喜欢时政新闻，最常阅读新闻账号 4，同时也经常阅读有关 TFBOYS 的新闻。
>
> 用户群 E：喜欢娱乐新闻，最常阅读有关张学友的新闻，手动标记不喜欢有关周杰伦的新闻。

这个时候，你可以尝试对 C 推送新闻账号 4 和张学友的新闻，也可以尝试对 E 推送 TFBOYS 的新闻，还可以尝试对 D 推送张学友和周杰伦的新闻，测试用户的反应。但绝不能对 C 推 TFBOYS 的新闻或者对 E 推送周杰伦的新闻，这个是"协同过滤"。

电商领域也采用了类似的做法，譬如，之前有人说："我平常只看数码产品，为什么淘宝要给我推二次元的内容?！"因为有一些喜欢数码产品的人同时喜欢二次元的内容，所以，淘宝想看看你是不是也对这方面的内容感兴趣。

当然，画像也有其他的用处，譬如说，画出对产品使用最频繁的用户和其来源渠道的分布，从而去开辟新的用户池，并且通过市场和营销的手段去获客。

这些都是有了产品和用户之后的做法。如果你要做一款新产品，没有用户，也可以采用这种做法。

譬如你是卖奶茶的，但是你还没有进入市场，那么，在选址时，你可以通过推出一个二维码或者小程序，让用户扫进来或者打开，一来就送个优惠券，然后告诉他们店铺正在选址，如果愿意的话，希望他们填写自己大概的住址，以便你进行分析。根据用户填入的地址，后台就可以判断出哪些区域的用户对你这个奶茶店的产品感兴趣，潜在用户最密集的区域就是你应该考虑优先选址的区域。

画像不是运营的事，但利用画像是运营的事，而利用画像要明确这件事会落实到业务的哪一个部分，因为运营工作和业务息息相关。

在我看来，为了画像而画像是没有价值的，而应该着眼于业务的实际情况，圈定用户特征。

Q17 如何去做用户需求挖掘

有一个朋友问了这么一串问题：

> 如何挖掘用户的需求和心理？做用户需求挖掘时，用什么样的思考框架？常用的手段有哪些？

这串问题其实不太好回答，原因是：**需求挖掘属于产品经理和用户研究的工作范畴，一般情况下并不是运营关注的点。**

对产品人员来说，用户需求挖掘是一种手段，目的是在进行产品设计时，可以很好地抓到用户的痒点，解决用户的痛点。通过需求挖掘，可以持续改进产品，对产品进行优化。

有一些公司有负责用户研究的人员，他们通过进行需求挖掘以及用户心理研究，去提升交互感受，完善产品细节，优化功能设计。

运营大多数时候是围绕已有产品去做动作，从而实现 KPI。需求挖掘和心理研究只是帮助更快、更好地达成运营目标的工具。

角色不同，出发点和终点也不同，以下回答仅围绕运营所需做的需求挖掘和心理研究展开，不涉及产品和用户研究相关的内容。

你可能见过这样的例子：当一个在线教育网站需要用户留资的时候，通常会做一个"腰封"的设计。

这个"腰封"通常在第一屏不展现，但是当用户向下滚动页面超出一屏，它就会跟随用户，始终固定在底部。

为什么这么设计呢？因为用户很懒，而且建立信任需要时间，用户刚刚进入落地页都会持观望态度，当他被站点的内容打动之后，要第一时间利用他的冲动让他完成留资动作和转化动作，而不是要他重新滚动到有留资和转化模块的那个页面，因为数据表明大多数用户不会这样操作，他们可能会离开页面。

再举一个例子，每次打开饿了么 App，会出现一个类似这样的浮层：

这个关闭的点击位放在了不太显眼的地方，而你只需要点击浮层之外的区域，浮层就会关闭。那么，为什么要这么设计呢？

第一，是出于美观的考虑。对不规则浮层来说，放一个关闭符号上去很难看。你可能会说，放一个"不领取"的选项不是也可以吗？这就引出了第二点。

第二，使用户只需要进行一个操作就能关闭浮层。这符合用户的"Don't make me think（别让我思考）"的心理。

那产品经理会怎么做呢？我举几个例子。

盛大当年有专门的易用性实验室。所谓易用性实验室，就是去研究界面要如何设计才能吸引用户的注意力，操作要如何设计才能让用户不需要动脑筋，按钮要如何摆放才能让用户做决策最快。所以，盛大旗下的产品并不是通过了可用性测试就行，如果易用性实验室判定某个产品的设计不过关，这个产品就不能上线。

扫描全能王经常会邀请用户到公司和产品经理进行面对面交流，产品经理会询问用户的使用感受，并且向用户提供新版本，同时观察用户的使用过程，看新版本的设计是否能被用户察觉到，是否能让用户无障碍地完成操作。这些事情在大厂通常由产品部门或用户研究部门去完成。

还可以用眼动实验来验证页面上的哪些元素更容易被用户注意到，哪些区域会更吸引用户的视线，由此来优化页面的设计和元素摆放的位置。

这些是产品、用户研究的工作，那么，运营有什么可以做的吗？

运营需要通过分析用户的需求和心理去推测用户的待办任务，并帮助用户去完成待办任务，通过数据来完成"待办任务是什么"的假设，用测试来验证假设是否正确。

2018年，在运营一款产品的时候，我和同事们采用了一种看似老套但其实很有用的冷启动方法。采用这个冷启动方法主要是为了验证两件事。

1. 产品针对的客群是否会为了线上的课程付费。

2. 用户的传播是否可以有效带来新的用户。

这时候，我们首先需要假设：我们设计的产品是可以帮助用户实现他的待办任务的。既然是线上课程，那么我们要做的就是让用户学习他想要学习的知识，并完成付费。

我们设计了一个 14 天的活动，前 7 天是购买报名期，如果用户被课程介绍和课程设计打动，通过购买课程完成报名，会有专门的运营人员进行点对点服务，同时邀请报名者入群，通过社群去了解用户在课程中还需要学习什么；后 7 天是集中学习期，每天完成一个章节的学习，学习完成后用户会获得一张海报，可以分享到朋友圈进行打卡。如果用户连续 7 天完成打卡，活动结束后全额返还课程费用。我们会验证用户分享的海报是否能带来新的下单用户。

你可能会困惑：如果团队制作的课程确实是用户所需要的，能够帮助用户解决他亟须破除的知识盲区，他肯定会付费，这个假设可以通过用户对课程的购买来完成验证。为什么要设计打卡返学费的流程？

事实上，我们希望了解，对于学习知识这种类型的待办任务，用户究竟会把它定义为竞争还是共享。

如果用户愿意分享并且拿到学费返还，说明共享带来的利益是用户认可的；如果有利益却不愿意分享，说明这件事对用户来说，反馈了自身待办任务的稀缺性。因为不论是用户出于藏私的目的不愿分享，还是由于懒惰不愿分享，我们都不应该通过激励用户分享来获得新用户。

这个实验得出了两个结论。

1. 这种方法对于拉动短期 GMV 有非常显著的效果。

2. 这种方法并不利于拉新。但出乎意料的是，用户并不是出于竞争意识而不愿分享，而是因为不希望让朋友圈的学生家长产生错误认知——这位老师的专业能力不够强，因此他们即便做了分享动作也会屏蔽绝大多数人，并且很快就删掉朋友圈。

在整个过程当中，我们在不断分析我们服务的客群对课程本身有什么需求、对分享是什么心态，以及如何深化他们对这个平台的认知，从而搞清楚他们的待办任务是什么，不同的待办任务有什么差异。

用户研究这件事的关键就在于，如何设计去围绕什么问题做研究。

在这里，我分享一套基本的操作思路。

1. 提出一个假设。

2. 基于这个假设，延伸出多个其他假设。

3. 找到一个实现方式，它需要能验证这些假设是否成立，以及成立的条件。

4. 利用数据表现、问卷设计，来获得我们需要的用户反馈并推测其需求与心理的变化。

在这个思考框架下，可以考虑做一个活动，也可以设计一套问卷，还可以找热心用户做面对面的访谈。方法有很多种，关键在于要解决什么问题以及如何解决这些问题。

Q18 什么是用户生命周期

如果你从事用户运营工作，可能会经常听到"用户生命周期"这个词。它是一个过程概念，描述的是产品拥有处于各个过程节点的用户。

我们来想一想，一个用户从不知道有某款产品，到因对该产品感到厌倦而离开，会经历怎样的旅程。

首先，当他还不知道有这么一款产品的时候，他的需求已经产生了。为了满足他自己在这方面的需求，他会去寻找能够帮助他解决需求的产品，这个时期，我们称之为**"考察期"**。

处于考察期的用户，可能通过搜索引擎去搜索，可能请朋友推荐，也可能会点击一些看起来能够满足自己需求的广告链接。这些用户被称为"潜在用户"。当然，并非所有的潜在用户都已经开始主动去寻求解决自己需求的方案了，有些人还不清楚自己是否有这方面需求。没关系，我们后续可以根据潜在用户的需求烈度去进行分级。在这方面，传统的 CRM（客户关系管理系统）也有相关的设计。

如果潜在用户的需求烈度较高，并且已经获得了一些供他挑选、使用的产品，他就会去体验产品。有些产品会规定潜在用户注册后才能体验，有些产品则无论潜在用户注册或者不注册都开放给他们使用。

在考察期中，潜在用户可能只是去访问产品的相关介绍页面，也可能会去下载安装应用，进行简单的体验。一旦潜在用户觉得产品符合他的预期，就可能会在产品中留下来，增加使用频次。

潜在用户完成了注册，并留存在产品中，就进入了**接触期**。接触期的时间可长可短，体现在产品数据中就是"次日留存""七日留存"等和留存相关的指标。

当用户通过接触，觉得产品确实对他有价值，就会逐渐增加打开产品的频次和在产品中的停留时间，成为忠诚用户，此时用户进入了**稳定期**。进入产品的频次增加，在产品中的停留时间增多，就会成为日活跃用户和月活跃用户。只要用户进入产品即可视为活跃，因此，活跃用户并非都是忠诚用户，但忠诚用户一定是活跃用户。

稳定期的用户会为产品贡献稳定可靠的价值，其中一部分用户会比其他用户贡献的价值更多，后续对用户进行分层时，我们会将这部分用户视为产品的重要价值用户，给予更多关注。

用户的稳定期也可长可短，没有一个固定的值可以参考。决定用户稳定期时长的关键因素有两点，一个是产品本身的价值，另一个是运营帮用户沉淀的价值。如果产品本身的价值降低，或者运营没有通过有效的手段帮用户沉淀价值，那么用户可能就会进入**撤退期**。

撤退期的用户会逐步降低使用产品的频次，最后离开产品，甚至卸载应用。当用户离开产品，也就是用户流失了，我们要使用一些方法重新召回用户。

需要注意的是，并不是所有的用户都会经历完整的生命周期，用户可能在任何一个阶段流失，体现在数据上，就是与留存指标相对的用户流失率。流失率指标还可以进行细分：短期的流失，譬如 7 天未登录，可以通过一些手段去尝试唤醒用户；但长期的流失，譬如 180 天未登录，基本上采取召回手段也不会起太大作用。所以，把精力花在用户流失预警上比花在挽回流失用户上更有价值。

我们之所以需要了解什么是用户生命周期，是因为用户运营工作基本就是围绕用户的生命周期而展开的。

了解用户的生命周期划分，可以帮助我们更好地理解产品的相关运营数据，及时采取对应的运营策略，实现"用户运营就是管理用户生命周期"的目标。

Q19　如何搭建流失预警模型

从用户行为角度去看，用户一般会经历以下过程：

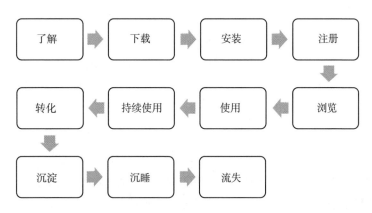

这是一个大概的描述，对于不同类型的产品，中间过程可能会有些许差别。但一般来说，用户必然是先了解产品，再使用产品，觉得产品不错，才会有持续的活跃与留存，甚至付费。

任何产品都有生命周期，所以，用户最后必然会流失。说到这里，我问个问题：很多人认为微信抢了 QQ 的用户，你觉得对吗？

答案其实是，微信和 QQ 一直在互相抢各自的存量，同时也在做彼此的增量。

中国是一个人口大国，QQ 和微信的用户都在增长，这是彼此都在做增量。但同样，这两款社交软件的用户关系链也在向彼此迁移。

通常认为，QQ 的低龄用户较微信更多，但由于用户在不同年龄阶段对社交圈的使用需求不同，所以当 QQ 用户长大后会向微信迁移，但同时也存在微信用户迁移回 QQ 的情况。

一旦用户出国，他们可能还会开辟新的社交、通信工具。

在上述例子中，不同个体在 QQ 和微信的产品生命周期中所处的节点是不一样的，因此我们需要知道一件事：**不是所有的用户都会遵循同样的生命周期。**

用户 A 在 2011 年受邀注册了知乎，当时他并不在互联网行业工作，也不打算创业，他认为知乎上的内容对他没有价值。于是半年之后，他就流失了，其间他没有提问过，也没有做过任何回答。

用户 B 在 2013 年注册了知乎，当时知乎刚刚开放，他非常开心，积极回答问题并维护社区环境。于是，6 年后他成了大 V，至今还活跃着。

用户 C 在 2015 年注册了知乎，关注进入知乎的明星们，明星们的回答他都点赞，有时候还会去回答问题。但是 3 年后他卷入了一场论辩，他觉得知乎没意思，从此再也不来了。

A、B、C 三位用户，经历的并不是相同的生命周期。用户 A 从进入到离开，用了 6 个月；用户 B 在 66 个月后仍然活跃；用户 C 在 36 个月后流失。他们在各自的生命周期中的行为表现也不同。

针对个体讨论生命周期问题，是无法讨论出便于操作、具有规律的行为特征的，也很难针对个体去做延长生命周期的动作。所以，我们讨论生命周期，讨论拉新、促活、提留存、唤醒或召回的时候，永远不是在讨论某一个用户个体，而是在讨论用户群体。

所有的产品都有自己的魔法数字，譬如：推特发现新用户如果在 30 天内关注超过 30 个对象，那么该用户持续活跃的可能性将大大上升；领英发现新用户如果在一周内添加超过 5 个联系人，那么该用户的留存率会提升 3~5 倍；多宝箱发现新用户只要使用了一次文件夹功能，那么该用户的留存率会大大提升。

把这些故事里的一些要素反过来，就是搭建流失预警模型要考虑的内容：如果一个加入了推特的新用户没有在 30 天内关注超过 30 个人，那么该用户可能会沉睡或者流失；如果一个使用领英的新用户没有在一周内添加超过 5 个联系人，那么该用户大概率会流失；如果一个使用多宝箱的新用户没有使用过文件夹功能，那么该用户很可能会流失。

提升留存和预警流失，就像是一枚硬币的两面。

提升留存需要促进用户做出对应的动作，对流失预警来说，当用户没有做出对应动作的时候，就要实施干涉，否则用户就有可能流失。明白了这个道理，建立流失预警模型就变得很简单了。

第一步：我们需要知道留存用户的典型特征，从中提取出共性。

简单来说，就是要把事件、时间、频次这三个维度搞清楚：在多长的时间周期里，什么事件重复发生了几次，让用户留了下来。

在这一步中，我们可能会获得多个不同的事件，所以需要明确导致用户流失的最关键事件是其中的哪个或哪些。

由此，进入第二步：用留存用户的共性事件去对比已流失的用户群体的特征，找到关键事件。

譬如说，共性事件有以下五项。

1. 用户补充了完整信息。

2. 用户关注了 20 个其他用户。

3. 用户自注册之日起的 7 天内有连续登录行为。

4. 用户在这 7 天中每天都发布至少一条动态。

5. 用户在至少 1 条动态中与他人发生过互动。

而我们发现，在流失用户群体中，95% 以上的人补充了完整信息，98% 的人已经关注了 20 个其他用户，但是 90% 的人只连续登录过 3 天，

60%的人没有发布过任何动态，50%的人没有在动态中与他人发生过互动。这个时候，我们就可以将后三件事作为假设的关键事件。

第三步：针对假设的关键事件，对用户进行预测流失分层。

这一步的关键是通过第二步获得的几个事件去建立推测模型，再按照模型把用户分成留存活跃层（主要是符合会留下来的事件条件的用户）和疑似报警层（不符合上述事件条件的用户）。将这两种用户放入不同的用户池中。

第四步：拟定预警措施并进行测试，最后固化预警模型。

做完前三步，你已经了解了一些可能会流失的用户群体，接下来你需要去设定预警措施。

假设，某个产品的某位社区运营人员根据前三步拟出了下列假设模型。

模型一：用户注册后7日内每日未浏览超过3篇文章。

模型二：用户注册后7日内未关注超过10位作者。

模型三：用户注册后7日内未发表超过3篇评论。

模型四：用户注册后7日内未获得10人以上关注。

模型五：用户注册后7日内发表的评论未被他人回复。

接下来就是测试。引导模型一到模型五的用户在注册后7日内实施对应的条件，看哪一个模型最能推动用户活跃和留存，实施后使7日留存率上升比例最高的那个可能就是最有效的。

在测试的过程中，同时需要测试什么方法的召回效果最好。最终固化下来的，通常除了模型本身，还有召回策略。

第五步：将模型应用到激励体系中去，促进留存与活跃。

虽然我们之前测试了召回效果，但流失预警并不是为了测试召回手段的有效性，而是为了尽量避免进入召回阶段。

考虑到召回动作的性价比很低，所以，当你的流失预警模型、召回策略有效的时候，你应该赶紧使策略固化成用户激励体系的一部分，让它们帮助你更好地去促进新用户的留存与活跃。

如果产品中存在积分体系，那么可以增加积分获取的任务：用户每浏览一篇文章 +10 积分，发表评论 +10 积分，每关注一位作者 +10 积分等。用户 7 日内浏览 21 篇文章、关注 10 位作者，发表 3 篇评论能拿到 340 积分，可以换 1 支小米新出的巨能写中性笔。

这时就完成了从召回用户向让用户更加活跃的转换。

从运营的动作来说，不应该割裂看待每一步针对用户的动作，而是要想办法把不同的目的融入同一个动作中去，这样才能减少每一步的运营投入，提升运营的效率。

Q20　如何在上线初期做好产品的口碑

任何产品都要经历下面的生命周期：

当然，有些产品还没成熟就会衰退，甚至还没发展就消失了，但这并不妨碍标准的产品生命周期按照以上流程进行。

上线初期的产品大概率处于产品的初创期，它已经面向用户了。这个时期的产品来源于产品经理对市场上存在的用户需求的理解，譬如用户拍照之后，多半需要美化，所以滤镜类产品就是一个基本的用户需求；再往细挖，人像类的还需要磨皮、美白、红唇之类的效果，风景图可能需要有各种色调、模仿各种镜头和风格的效果滤镜。

一般而言，当一个简单产品开始叠加更多的功能时，往往意味着它结束了初创期，开始进入发展期。因为发展期的产品会自觉或不自觉地加入更多的功能，以满足日益增长的用户带来的复杂场景和复杂需求。在这个阶段，产品的体积会变大，功能的上线和下架会更频繁。产品经理在这个阶段会非常关注竞品，竞品的一举一动都会牵动产品经理的心。

成熟期的产品功能会趋于稳定，产品经理不会也不敢去改动产品，因为用户体量已经达到了一定程度，只要产品本身的数据不发生大的波动，用户反馈不激烈，那么迭代就会关注优化而不是创新。同时产品经理会继续关注竞品，但由于壁垒已经形成，这种关注更多会放在特色层面。

进入衰退期，产品经理会逐步撤出，不再继续进行维护。用户传递给运营人员进行转接和着陆。

问题问的是导入期，其实产品的导入期的概念是从传统商业来的，传统商业认为，产品的生命周期有五个阶段，分别是：导入期、上升期、成长期、成熟期、衰退期。

回到之前说的初创期，导入期和上升期都属于这个时期。

而我所理解的产品的导入期是指：**一个全新的产品刚刚进入市场，尚未被认知，市场没有显现需求的时期。**

在需求还没有显现，认知还没有建立时，如何打造口碑呢？杰弗里·摩尔在他的书《跨越鸿沟》中提出了鸿沟理论：高科技企业的早期市场和主流市场之间存在一条巨大的鸿沟，跨过去，就能活下来，甚至成为一代枭雄；跨不过去，就关门大吉。

早期市场和主流市场之所以存在巨大的鸿沟，是因为这两个市场上的角色是不一样的。早期市场的主要角色是早期使用者和内行人，而主流市场的主要角色就是普通消费者。书中提到，早期的使用者和内行人都是帮助产品在导入期获得帮助，进行启动的角色。早期使用者属于那些特别愿意去尝鲜的人群，而内行人要么需要调研竞品，要么需要发掘潜在的明星产品，因此这两种人群会非常频繁地体验各种新产品。

在导入期，你应该尽可能去接触你的早期用户，从中识别出谁是内行狂热者，谁是早期愿意尝鲜的大众，并且进行分类。内行人是你需要非常在意的对象，因为他们要么会把产品带到沟里，要么会让你的产品获得下一次迭代的原始建议。早期的使用者是很有耐心的人，这批人是你未来口碑真正的启动者，因为他们是大众的一员，只是比其他人多了一些决策动力，这群人往往会成为高科技公司整个生命周期中非常重要的一部分。

所以，如果内行人夸你，你不要感到开心，因为有可能接下来他就会把你带进沟里；但如果是早期大众来赞扬你，你就可以放心了，因为这意味着早期口碑真正形成了。

那么应该怎么做呢？

1. 定位人群。

人群定位分为两种，一种是产品经理或创始人设计产品时假设的人群，另一种是产品实际使用过程中的真实用户。

是根据产品上线后真实进入的用户的需求来建立口碑，还是坚定地继续去寻找之前假设的用户画像去建立口碑都可以，从商业角度来说，是否符合假设的用户人群并不重要，重要的是可以形成商业模式让产品活下来。

完成最初的人群定位后，接下来就要去靠近群体了。

2. 靠近群体。

靠近群体有很多种做法，譬如在早期，小米曾营造粉丝的参与感，蔚来曾贴近潜在车主做运营，知乎创始人曾主动联系内容创作者。

靠近群体的目标有两个：第一是倾听真实的用户声音，从中找出用户需求；第二是改善用户在使用产品过程中或过程外的体验，提升用户口碑。

3. 识别亮点。

产品、功能、服务，哪一块是你的亮点？把亮点找出来，然后让这些群体看到、接受，并且乐于去分享和传递这些内容，让更多的人感知到。

识别亮点既可以采取用户研究的方法，也可以让运营通过简单的问卷和与用户交互过程中的直觉反馈找出来。

4. 快速响应。

既然已经靠近用户并识别出亮点了，接下来就应该快速响应用户的期待。我在 80 分运营俱乐部的运营实践中做过类似的案例。

起因是我们一直希望和用户共建一个运营人的组织，所以我们主动发起了圆桌，请用户来吐槽和提建议，并且在经过整理后逐步去落实这些建议。当然，并不是所有的用户建议都会被采纳，但是我们会告诉用户哪些我们采纳了，正在做相关的迭代；哪些迭代完成了，已经可以去体验了；还有哪些目前可能没有时间去做。

并不是说只有你响应得很好，用户才会觉得好，有时候一个诚恳的态度就可以让用户感受到你用了心。

但这一切都建立在快速响应的基础上。

5. 引爆流行。

做完以上这些动作，就要思考如何让产品获得的好口碑在小圈子里被引爆。

不同的小圈子之间并不一定有关系，但我们要想办法找到有关系的几个小圈子，一起引爆。比如，互联网人群的圈子和创投圈子以及媒体圈子，看起来没什么关系，但是互联网高管圈子和互联网创投圈子以及科技媒体圈子有关系。

以博客、微博和知乎为例，这三个产品在导入期都获得了良好口碑。博客的时代早于微博，微博的流行早于知乎。

博客在导入期收获了科技媒体人的青睐，但是因为博客写作的门槛较高，所以它并未真正流行，仅仅在一些小圈子里风靡一时。

博客没火，但是微博火了，因为微博降低了用户参与的门槛，不需要写很多字就可以发表意见和观点。同时，早期微博由于可以帮粉丝拉近与偶像的距离，获得了不错的口碑，加上传播事件的速度和热度，它一度成了热点事件的发源地。

知乎早期是个封闭的社区，等到开放之后，流量变大了，内容质量降低了，但是知乎实现了商业化。

只有解决鸿沟问题，导入期的产品口碑才能真正在未来产生价值。

Q21 如何构建用户体系

用户体系是一个相当大的话题，近代最早的用户体系，出现在零售业。据说 1793 年美国的一个商人为消费者设计了一个非常简单的奖励体系。消费者每完成一次消费，就可以获得一定数量的铜板。消费者只要一直在店里消费，就可以不断累积铜板。当铜板累积到一定数量之后，消费者就可以在店内兑换相应礼品。这可能是已知最早的用户体系，这个体系利用"消费获得铜板，铜板兑换礼品"的方法将用户分成了三类。

潜在客户：尚未购买，但可能购买的人群。他们可能是从亲朋好友的口中知道这家店买东西送铜板，于是很好奇；也可能是看到了报纸上的广告或者报道，知道有这么一件事。

买家：发生过购买行为的用户。不管是路过店铺买了包香烟，还是经常过来找老板闲聊顺便买瓶酒，只要是消费者，都是买家。

常客：经常发生购买行为的用户。经常来店里消费的客人，可能就住在这家店旁边。

我们要说的是构建互联网企业的用户体系，而不是传统零售业的用户体系，但我希望你记住上面这个例子，因为其中的底层逻辑和互联网企业的用户体系建设并没有什么不同。

和传统零售业一样，互联网并不是从第一家公司出现时就已经开始涉足用户体系了，实际上，早期的互联网公司大多数只是将用户切分为注册用户和访问用户。

这很好理解，在 Web 互联网时期，如果用户不注册，那么他仅仅是一串 IP（网际协议），对这串 IP，其实没有什么可操作的。所以，早期互联网构建用户体系的第一步，是要求用户注册，使他们从 IP 变成 ID（账号），这样才能展开后续的运营动作。一些小说站点、软件下载网站、论坛会强制要求访客以注册用户身份登录，否则就无法使用其核心功能。

换句话说，早期互联网用户体系的第一个重运营动作是：引导用户完成注册，从而建立用户的唯一标识。这就是互联网的用户体系1.0，它的核心就是识别用户的身份，确保该身份不会与其他用户相混淆。

随着时间的推移，运营不断深入，游戏和电商这两个行业率先发现不同用户的产出价值是不同的：有些用户付费比其他人多，活跃度比其他人高，而活跃、付费这些特征是存在相关性的。那些在产品中停留的时间更长的用户，更容易创造更多价值。

很显然，对这些能够创造更多价值的用户提供更深入的运营和服务，更容易获得确定性的回报，于是用户体系的2.0——用户分层就产生了，它是构建用户体系的第二步：识别并维护高价值用户或高潜力用户，从而更好地支撑商业化的路径。于是，RFM模型作为一种用户价值分析模型被引入了。之所以说是"被引入"，是因为RFM模型并非互联网的原创，它早就被广泛应用在零售领域了。

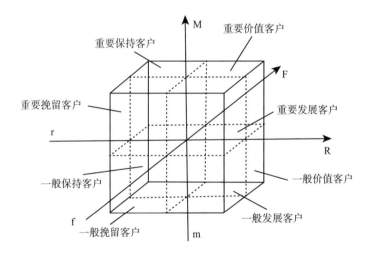

在互联网商业模式的演进过程中，游戏和电商是最早可以衡量用户直接贡献的领域，它们对用户进行了分层。对提供更高直接贡献的用户给予更多的奖励，是企业必然的选择。

从分层开始，接下来就进入了构建用户体系的 3.0 时期：针对不同层级的用户规划并实施不同的运营方法，以达成运营目标。这部分需要去思考公司的资源情况。

你有以下两种策略选择。

1. 即时反馈。

当用户完成了业务期望发生的行为时立即给予反馈，无论采用何种方式，反馈越及时，用户体验就越好。即时反馈需要更多的资源支撑，如果资源不够充沛，可以考虑采用延时反馈。

2. 延时反馈。

和即时反馈略有不同，延时反馈并不是立即给用户反馈，而是稍后再对其完成的行为表示支持与赞赏。

在完成策略选择之后，你还需要去思考如何将策略分解为做法。

业内常见的做法有两种。

（1）基于用户运营策略构建激励体系。

（2）基于用户运营策略构建成长体系。

先举几个激励体系的例子。

① 知乎为了激励内容创作者，为他们提供了勋章、认证等方面的激励体系；同时也为他们设立了创作者中心，根据创作者在内容生产方面的贡献搭建了等级、权益等成长体系。

② 淘宝推出超级会员，京东修改会员体系条款，用京享值取代原先的会员分级，都是希望把利益分配给对自己有直接贡献的用户，而不是分给以前贡献现在不贡献或贡献少的用户。可以预料的是，未来会有更多的企业选择这种玩法。

当然，最保险的还是去购买会员服务。譬如亚马逊允许用户付费购买 Prime 会员，京东允许用户付费购买 Plus 会员。

你可能会认为，交易型公司可以从进度、频度和额度定义用户贡献，但对于非交易型的公司，这种做法就不太可行，因为贡献值没那么容易衡量。

这种想法没有错，但并非不可解决。举几个例子。

a. 工具型产品在免费版、付费版之外，还可以推出高级账户版本（如：名片全能王、扫描全能王）。

b. 服务型产品可以通过降低成本维持用户原有的服务使用行为，比如共享单车企业为转嫁成本而采取的合作月卡模式。

c. 采取介绍人机制，这种成本可控的获客方式越来越流行。

对用户进行分层没有固定的方法，因为各项业务和面向的用户并不完全一致，直接套用别的分层体系的效果是不可控的。

举例说明，你可能每天都在家门口买包子当早餐，但你可能不会每天都去饭店吃饭。你可能每个月都添置新衣服，但可能一年才换一次手机。因此，你家门口的包子铺不会刻意给用户分层，但高端餐厅往往采取预约制或会员优先的方式。卖衣服的可以按照月度消费频次区分高频消费用户和低频消费用户，甚至以每月专属优惠券的形式推动用户持续消费，但做3C的每月给所有用户送消费券就不如按照设备更换周期给指定用户发福利的效果好。

对用户进行分层，是为了激励用户做出我们希望他完成的行为，为产品提供价值，因此，激励系统应该遵循下列原则：激励高价值用户持续提供高价值，可以简单理解为"维持"；激励次高价值用户贡献更高价值，可以简单理解为"增效"；清洗无价值用户，节约资源，可以简单理解为"节流"。

激励的方法有很多，用户体系就是其中的集大成者。因为用户体系做的是：对用户进行分层、资源倾斜、激励干涉。

附：构建用户体系的基本方法

构建用户体系有一些基本方法。

第1步：梳理用户贡献。

这一步是把业务梳理清楚，明确你的价值用户，然后在用户可能会产生贡献的点上埋下数据，归纳用户行为的贡献程度。

譬如，做内容平台的运营，内容贡献者是你的有贡献用户，可以通过看活跃程度、内容数量和内容质量来衡量他们的贡献；做供需平台的运营，最关键的是你的供需两端的活跃度和供需总量，这个要基于你自己的业务去做梳理。

第2步：定义权益池。

做用户体系不可避免地要采取向某些用户倾斜的做法，因为你能提供的平台资源是有限的，所以必然要把更多的资源提供给高贡献度用户。于是，要重点考虑权益池的相关问题，怎么去归拢资源，怎么去分配资源，分配给谁，到什么程度，都是需要去关注的，而且从一开始就要考虑好。原则上，权益池只能扩充或替换，而不能削减。

第3步：划分等级。

如果不向某些用户倾斜就没办法划分不同层次的用户，进而做针对性的运营。用户的等级划分要非常慎重，不管你用什么方法去划分等级，都可以参考RFM模型。RFM模型在《从零开始做运营》和《从零开始做运营2》中都有提及，有需要可以找来看。

建立完模型后，下面的步骤很关键。

第4步：跑数据与试运行。

模型建好之后，需要按照真实数据在后台跑一段时间，最短也要跑3个月，跑这么长时间是为了看基于用户的真实动作，用户会呈现出怎样的分布状态，以及为了配合这样的分布状态，你的资源成本大概是多少。

可以正式上线的标准很简单：能做到资源向有贡献的用户的有层次的倾斜，同时成本可控。

第二章
职业生涯难题

Q22 我是否适合做运营

有很多人向我提出过"我是否适合做运营"这个问题。

刚毕业的大学生想进入互联网行业，他们觉得这个叫"运营"的岗位看起来好像门槛稍微低一些，可是又对这个岗位所需人才的特点和未来的职业发展有困惑，于是提出了这个问题。

已经工作了几年的运营人员感受到了压力，这些压力或许来自行业变化所带来的阻碍，或许来自职业发展的瓶颈。他们想知道自己入行做运营的选择究竟是否正确，希望旁观者可以给自己信心或者提供解决方案，于是提出了这个问题。

还有一些人工作了好些年，觉得和自己目前的行业相比，互联网行业实在太诱人，于是想转行进入互联网公司。他们觉得运营工作的通用性比较强，自己有些技能可以复用，而且这份工作看起来好像没有什么难度，转行的成功率不低，于是提出了这个问题。

我先不回答这个问题，先来说个故事：

某公司分管电话销售的副总裁对候选人的要求很高，他认为一个合格的候选人得从技能到价值观都与现有团队匹配，才可以加入他的团队。所以，他面试时对人很挑剔，导致电话销售这样的基层岗位的录取率降到了10%，在很多人看来，这简直不可思议。

招聘推进得并不顺利，人员缺口的填充也极为缓慢。

又一个月过去了，当月销售量完成了月环比300%的增长后，他改变了对人才的看法——只要不口吃、智商正常，就先招进来，如果做不好，大不了淘汰掉。

我想通过这个故事告诉你的是：对于"人才"，从候选人的角度出发和从用人者的角度出发，看到的结果并不一致，甚至连验证过程也不一样。

当你提出"我是否适合做运营"这个问题时，站的是候选人的角度；可当用人单位阅读你的简历或者面试你的时候，对方思考的是"如果让你来做运营，能不能满足我对人才的要求"。因此，"是否适合"的衡量标准，要从面试官的视角来考虑。

当某家公司亟需运营人员的时候，可能会选择把投了简历的人先招进来，如果试用期发现能力不够，没有潜力，再淘汰掉。

当某家公司商业模式成熟，转入精细化运营的时候，可能会变得非常挑剔，应届生非"985"、"211"的不要，社招的没有亮眼业绩或者价值观不符合企业要求的不要。

从候选人的角度考虑自己"是否适合"有三层意思。

第一层，我的个人素质是否适合从事运营工作？

第二层，我能否胜任我想要获得的职位？

第三层，怎么让面试官认可我适合正在面试的职位？

前两层属于自我判断的范畴，第三层属于他人判断的范畴。对自我判断的范畴内的问题，我们可以通过一些方法来进行自我检测；对他人判断的范畴内的问题，我们需要通过学习表达来展示自己具备的优势和与职位相匹配的细节。

下面展开来说。

1. 如何判断我的个人素质是否适合从事运营工作?

要解决这个问题,我们首先要明白运营到底是一种什么样的工作。运营这个工作的核心始终只有两件事。

(1)扩大产品的用户规模。

(2)扩大产品的收入规模。

这两件事可以只做一件,也可以两件都做。这两件事需要人们具备什么样的个人素质呢?如下表所示。

个人素质		应用领域
通用素质	执行力	快速落地实施的能力
	抗压能力	无惧资源、成本等各种压力, 想办法做出成果的能力
	人性洞察能力	理解人性,并使它为己所用的能力
	沟通协作能力	推动资源共享、协同推进的能力
	逻辑思维能力	对因果、相关性进行推理和演绎的能力
专业素质	文案写作能力	撰写文案的能力, 广泛应用于用户接触的模块
	活动策划能力	活动包装、规则制定、流程控制、数据回收的能力
	数据分析能力	基于运营需求提取所需数据,清洗并分析数据的能力

在这个表格中有两类素质。一类是通用素质,只要你进入职场,就需要具备这些素质;另一类是专业素质,与运营工作息息相关。当你进入运营行业时,专业素质决定了你的下限,但通过积累实操经验,在提升这类素质的同时,也可以提升你职业生涯的上限。

你可以结合这个表格里所罗列的个人素质进行自查。

执行力:我是不是一个说到做到的人?上学时,老师布置的作业我是否可以完成?答应别人的事情,我是否可以坚持做到?

抗压能力：如果我要做一件事，能否排除一切阻力去做到？

人性洞察能力：我能否一眼看出某个事件背后隐藏的人性？譬如，当我看到一条广告的时候，我能否说出这个广告是针对什么人的什么需求而设计的？

沟通协作能力：我能否说服别人和我一起做事？如果这个人对这件事并不认可，我能否调动他的积极性，让他保质保量地完成我需要他帮忙完成的部分？我能否以同样的态度帮助他人完成工作？

逻辑思维能力：我能否将一件事的前因后果、影响范围梳理清楚？

文案写作能力：我能否把一件事讲清楚？在讲清楚这件事的同时，我能否把它讲得生动有趣？除了用嘴说，我能否用文字表达？我的头脑里有没有画面感？

活动策划能力：我是否组织过活动？我是否参加过别人组织的活动？当我组织活动的时候，我最在意什么？当我参加活动的时候，我能否发现活动中还有一些模块可以被优化？

数据分析能力：我对数据的认知是什么？我是否知道怎样用数据还原一个人的行为？如果让我来运营某个产品，我会关注什么数据？我为什么关注这些数据？

如果你自查后发现自己具备这些素质，可以说你基本适合做运营。

但是，仅有这些素质并不够，因为不同的岗位对这些素质的要求不一样，要求的程度也千差万别。所以，在发现自己具备这些素质之后，我们需要看自己个人素质的程度是否能够匹配职位的要求。

2. 如何判断我能否胜任想要获得的职位？

当我们讨论能否胜任的时候，讨论的是我们具备的素质能在多大程度上匹配职位的要求。那如何确定我们的个人素质是否匹配职位的要求呢？

有一个非常简单的方法，叫作JD（职位描述）分析。

JD 可以告诉我们某个职位需要我们做什么。以下面这个岗位为例。

用户增长运营（1万~1.5万）

岗位职责

（1）挖掘增长点：挖掘 App 目标用户群的需求，不断寻找新增／转化／留存等各个环节中的增长点（如裂变拉新、新增转化、功能渗透等），输出可落地的运营实验方案或产品工具优化方案。

（2）实验测试：基于挖掘的需求点以及猜想等，快速推进增长方案，落实执行，通过数据复盘验证方案的可行性。

（3）活动策划：通过调整奖励、引导优化等精细化运营方式实现裂变增长的收益最大化；或结合功能或节日策划活动，利用各种推广方式有效刺激平台用户和外部用户参与，持续提升新增用户数量。

（4）行业洞察：实时跟进行业、竞品的有效增长策略，进行快速实验。

任职要求

（1）3年以上用户运营或活动策划相关的工作经验，有成功的用户运营案例者优先。

（2）有较强的数据分析能力，能通过数据发现问题并进行优化，高效复盘项目。

（3）具备较好的沟通能力，能够协同开发、产品、设计和运营推广等多部门的工作。

（4）以结果为导向，能够较好地把控工作节奏、推动方案落地。

下面我用一个表格来分析这个 JD 透露了哪些信息：

JD 文本	隐藏信息
用户增长运营（1万~1.5万）	这个岗位要负责用户增长，月薪资下限是 1 万元，上限是 1.5 万元，offer 给出的薪资通常是上限的 80%
职责1： 挖掘增长点：挖掘 App 目标用户群的需求，不断寻找新增／转化／留存等各个环节中的增长点（如裂变拉新、新增转化、功能渗透等），输出可落地的运营实施方案或产品工具优化方案	1. 候选人应该有比较丰富的数据分析经验 2. 候选人需要从数据中提出假设并完成测试方案与正式方案的设计 **要求具备数据分析能力与策划能力**
职责2： 实验测试：基于挖掘的需求点以及猜想等，快速推进增长方案，落实执行，通过数据复盘验证方案的可行性	1. 对方案落地的速度提出了要求 2. 对数据复盘验证提出了要求 **要求具备执行力与数据分析能力**
职责3： 活动策划：通过调整奖励、引导优化等精细化运营方式实现裂变增长的收益最大化；或结合功能或节日策划活动，利用各种推广方式有效刺激平台用户和外部用户参与，持续提升新增用户数量	1. 除了日常的增长，还需要负责节日相关的活动策划 2. 提出精细化运营，因此对成本控制有要求 3. 懂推广渠道与用户洞察 **要求具备活动方案写作与执行能力、数据分析能力、用户洞察能力、沟通能力**
职责4： 行业洞察：实时跟进行业、竞品的有效增长策略，进行快速实验	1. 一定的行业人脉 2. 竞品分析能力 3. 信息收集能力 **要求具备执行力、信息收集能力、行业资源、竞品分析能力**
要求1： 3 年以上用户运营或活动策划相关的工作经验，有成功的用户运营案例者优先	1. 工作经验限制 2. 经验领域限制 3. 业绩限制 **要求具备指定领域的工作经验，并提出了业绩要求**
要求2： 有较强的数据分析能力，能通过数据发现问题并进行优化，高效复盘项目	**要求具备数据分析、数据洞察能力**
要求3： 具备较好的沟通能力，能够协同开发、产品、设计和运营推广等多部门的工作	**要求具备沟通协作能力**
要求4： 以结果为导向，能够较好地把控工作节奏、推动方案落地	**要求具备项目管理能力，隐藏了 KPI 导向的要求**

首先，这个岗位多次强调了数据分析能力和执行力，所以如果你的数据分析能力、执行力不够强，很可能无法通过面试。

其次，公司分配给你的资源不是专属的，而是公共的，所以这里强调了沟通协作能力，那么你就需要思考自己有没有说服别人并获取支持的能力。如果缺乏这部分能力，那么推进起来可能会比较痛苦。

这个岗位要求具备3年以上相关工作经验，因为它默认了候选人如果之前没有这么长时间的经验，上述能力可能是有缺失的。进入面试后，面试官会重点考核以上能力。

通过拆解JD，我们可以了解这个职位的关注点，以及自己需要重点关注和评估的能力，同时，为争取面试官的认可做准备。

在这个环节里最重要的并不是评估，而是评估之后对简历进行优化和梳理。

关于简历怎么写，我会在接下来的问题中详细展开。

当你分析JD、自查对照完毕之后，大概率会明白招聘者需要什么样的候选人，这时你可以研究一下自己的简历，在研究过程中需要考虑下面两个问题。

（1）对于这个职位重点考察的技能，你在简历中有没有进行充分的展示？

怎么算是展示充分呢？首先，打开简历能够很直观地看到与职位要求相匹配的经历与经验；其次，你对这些经历与经验的描述简洁而清晰，没有歧义，还能让人产生详细了解的兴趣。

（2）对于这个职位的加分项，你的经历中有没有可以拿出来展示的内容？

什么是加分项？譬如上面那个JD里，行业资源、项目经验就是加分项。加分项是指虽然写在了JD里，但反复提及的次数少，如果有的话就可以增加竞争优势的技能和经验。

如果你知道自己有这些加分项，那么一定要以数字形式清晰地进行展示。

当你按照这个方式改完简历，就可以去准备面试了。

3. 如何让面试官认为你适合正在面试的职位？

充分表达与展示你自己就可以了。关于这部分内容，我会在后续回答里详细展开。

Q23 一页纸简历真的是标准要求吗

有很多读者会在后台给我发自己的简历，想让我看看有什么可以提升的点。最让我觉得不可思议的是，有人坚定地认为"好简历只需要一页纸"。

我不知道这个观念是如何形成的，但这真的是一种误导。我身边就有这样的人，为了追求一页纸的简历，省略了很多项目的经历，结果导致与他非常想要抓住的职业机会擦肩而过。而他最后才知道，他为了把简历控制在一页内而省略掉的那部分内容，正是获得那次职业机会的关键。

所以，请先记住结论：**简历的篇幅与简历的核心竞争力一点关系都没有。**

那什么才是简历的关键呢？请你回想一下你每一次应聘的步骤：

第一步，更新简历；第二步，要么你主动投递，要么是 HR（人力资源人员）或者猎头来找你，邀请你参加面试；第三步，完成面试；第四步，谈薪；第五步，确认 offer（录取信）；第六步，入职。

简历就是让你能够被招聘单位邀约面试的工具。所以，能够让 HR 或者猎头认为你过往的经验和经历足以胜任某一个正在招聘的工作岗位的简历，就是好简历。胜任的核心要点只有一个——匹配。

你做了 3 年的新媒体运营，但是要面试电商的活动运营主管，你觉得你的经历与你的目标职位匹配吗？不匹配啊！所以如果你去应聘某电商行业的活动运营主管，但你的简历写的是具有 3 年新媒体经验，大概率是无法获得面试邀约的。

你的简历投出去之后石沉大海，大概率是因为看简历的人没有从中发现你的经历与他所需求的岗位之间有联系。

没有联系，不能匹配，自然没有机会。

2020 年 5 月，罗振宇说得到 App 要招管培生，于是我在朋友圈发了这条消息，结果很快就收到了 200 多份简历。其中有一部分我并没有给罗振宇，而是给了快刀青衣（得到 App 的产品与研发的负责人），为什么？

因为这些投递给管培岗位的简历凸显的是他们的产品实习经验或者研发、数据分析的经验，与内容生产领域没有交集，这样的简历交给罗振宇也无法达成匹配，投递的成功率肯定不高，而交给负责产品与研发的主管，可能有希望获得产品或者研发岗位的实习机会。

很多候选人是在考验自己的运气，希望自己运气好，HR 会仔细看简历。但如果运气不好，简历就会被跳过去。你换位思考一下，HR 一天可能要处理上千份简历，你得有多么好的运气才能让他特别仔细地阅读你的简历？

你的简历一定程度上是你对自己的总结，总结得好不好，关系到你自己的前途与未来。明白你能做什么，不能做什么，知道你能把什么事做到最好，并且把这些信息呈现出来，才是简历应该重点关注的内容。

你应该把简历当作产品，匹配合适的用户，做到换位思考，这样才能让简历有价值。

你可以用以下几个步骤来对自己进行聚焦和总结。

1. 在职业生涯中，你的高光时刻与哪些公司、哪些职位、哪些项目有关？

2. 在这些公司、职位和项目中，你是否处于主导地位？你的参与程度是否由浅至深？

3. 这些高光时刻对应的是什么技能，需要拥有哪些知识与经验？

把这些总结出来，你就能找到你的核心竞争力。

看到机会的时候，你要判断是否契合，契合的就去投，不契合就放弃。

同时，你要设计用户体验，突出你的优势。譬如，在简历名上备注"千万级用户活动运营经验"、"主导过 GMV 每月增长 200% 的项目"。

投简历是为了被人看到，如果你投的简历都没有被打开，那就不会有后续了。

"标题决定打开，内容决定转化。"如果你辛辛苦苦把简历内容撰写得非常有竞争力，但简历的文件名却让人没有打开的欲望，不是白写了吗？

如果你不知道怎么总结你的优势，我告诉你一个特别简单的方法：挑一个你过往经历中做过的最好的项目，可以是成果最好的，也可以是公司知名度最高的，详细展开，说清楚你在项目中担任的角色、实施的行动与取得的结果就可以了。

Q24　如何"运营"一场面试

我在一次分享中说："你自己就是产品，运营的结果就是你最终能够取得的成就。"

放到求职的过程中来说，如果我们自己是产品，那么面试就是一个产品体验过程，能否让用户（面试官）在这个体验过程中感到愉悦，可能会影响到最后的结果——能否拿到 offer，offer 是否让你满意。

让面试官认为你适合正在面试的职位，是一个系统工程。它在一定程度上反映了你的运营能力。

假设你已经投递了简历，并且收到了面试邀约，那么，你需要把面试当作一款产品来进行运营。你运营的对象就是面试官，他往往代表公司或者业务部门来考察你是否与岗位相匹配。

一场面试，往往分为三大部分，我一一为你进行说明。

第一部分，自我介绍。开场的时候，基本都会通过自我介绍来热身，这个环节需要介绍的是你的姓名，有几年经验，大概在哪些公司工作过，当时负责的工作分别是什么，在上一家公司你负责什么业务，为什么想来这家公司申请这个职位，通常这部分会花费 5 分钟左右。在这个环节，你不需要具体展开你的每一份工作，但是你要给面试官描绘一张"地图"，让他可以利用这张"地图"来大概了解你的职业发展旅程。

在这个部分，你应该像导游带领游客一样，带着面试官探索你的职业生涯的发展过程。

导游意识要求：第一，承上启下，有承接、有故事、有感悟、有总结，能够让"游客"跟着走；第二，在整个过程中，表述清晰，并留出小悬念让对方想要继续探究。

第二部分，你问我答。完成自我介绍之后，一般情况下面试官会就他感兴趣的部分展开提问，这个环节通常会占据比较长的时间，在这个环节里，面试官希望尽可能多地考察你的实际情况。基本顺序是这样的：

上面这三个模块，基本覆盖了面试环节中最重要且耗时最长的部分，通常完整的时长在 30 分钟左右。

一般情况下，当候选人清楚地描述了自己的职业经历之后，如果面试官觉得有深入了解的必要，就会针对其中的某一段要求展开；如果这部分聊完了，面试官觉得还不错，或者希望获得更全面的信息，就会通过提问来了解候选人的价值观、思维方式等一系列其他方面的情况。

所以，在陈述职业经历、阐述项目经验的时候，如果有一套方法，能够让面试官清晰而准确地理解你做过什么，做得怎么样，就会为你加分。事实上的确有这样的方法，它只需要遵循一个非常简单的原则，这个原则就是"STAR 法则"。

"STAR"分别代表：Situation、Target、Action、Result。

Situation：（候选人在）什么样的情况、什么背景下

Target：（接受了）怎样的一个任务，制定了什么目标

Action：（为了实现任务）做出了什么行动，为什么这么做，是否还有其他尝试

Result：（行动）达成了什么结果，候选人从中总结出了什么

通过 STAR 法则，面试官可以非常清楚地了解面前的候选人的专业水平和职业素养。

譬如，面试官说："请简单介绍一下你的经历。"

你可以这样说："我是 2011 年以做工具类产品入行的，在某某公司做了 3 年，主导了产品的用户推荐计划，2 年内以平均 30 元一个用户的成本，为公司获得了 300 万注册用户，我在公司期间一共迭代了 10 个版本，至今这个系统还在线上继续为公司创造价值。"

面试官如果感兴趣，就会展开追问："为什么你要主导这个用户推荐计划？是什么驱使你构建这样一个产品？"

你可以这么回答："入职半年后，我发现公司一直通过投广告的方式获客，这种方式的确带来了一定流量，但是广告费用很高，折算下来获得一个注册用户要花费 80 元，而且精准度不高，从注册到购买的转化率只有 10%，折算下来获得一个付费用户需要花 800 元。我想学习一下海外产品的玩法，让用户推荐用户，所以向公司提出了开发'用户推荐计划'这个产品。"

说到这里，面试官大概率会继续追问："你刚入职半年就提出这个需求，应该需要说服你的上级，毕竟需要动用开发资源，你是怎么说服你的上级支持你做这件事的？"

你可以说："我当时分析了数据，发现我们的用户复购情况很好，说明用户对我们产品是认可的。于是我就想，能不能让用户成为我们的推广员，这样我付出很低的成本就能把整个新用户流量做起来，所以我就

先向领导申请做一个为期 1 个月的小活动，请老用户帮我们转发注册链接。每当有新用户注册成功，我们就往邀请他的老用户的账户里推送一张优惠券，这个优惠券可用于给产品续费。一共有 2 000 名老用户参与了活动，平均每个人给我们带来了 10 个新注册用户，转化率达到了 20%，也就是平均每个人可以给产品带来 2 个付费用户。我们的优惠券是 50 元抵用券，所以，累计发出了 100 万元的优惠券，带来了 20 000 个注册用户，每个注册用户的成本是 50 元。付费用户有 4 000 人，折算下来每个付费用户的成本是 250 元，远远低于市场投放的 800 元一个付费用户的成本。然后我就跟领导说，如果我们做成固定的产品，通过用户推荐计划，获客成本可以降低至少 30%，付费用户的转化成本至少可以同比降低 30%。"

这样一说，是不是把你做这件事的背景和目标解释得特别清楚，是不是把你在整个测试过程中实施的行动和取得的结果也表达到位了？

如果面试官继续追问，大概率会问你实际推进这个产品开发计划中所碰到的具体困难和解决方案。

利用 STAR 法则，你可以轻松应对面试官提出的关于职业经历和重点考察这两个模块的任何问题。通过了这两个模块，你就会来到价值观、思维方式的考察模块。

这时候你依然可以使用 STAR 法则，因为面试官通常不会直接问 "你的价值观是什么呀" 或者 "你平常解决一个问题的基本思路是什么呀" 这样的问题。面试官可能会问："你的缺点是什么？" 或者给出一个假设前提："假设老板让你 1 个月把一个新的公众号从 0 粉丝做到有 100 万粉丝，你会怎么做？"

这种问题就是在考察你的价值观和思维方式。

碰到缺点是什么的问题，你可以这么说："我做事情有时候比较着急，所以需求排不上期或者开发资源紧张、有延期上线的风险的时候，我会显得比较强势，不过我现在已经收敛了一些，因为我知道大家的目标都是一致的，所以我会让自己在着急的时候放平稳一些，并且学着去做风险控制的预案。"

这样的回答首先直面问题——我的性子是有些急的，然后把这个性子急放到情境里去——主要是因为我对影响目标的因素的耐受程度不太好，最后再说针对这个情况我如何应对——我开始收敛我的急性子，因为我知道大家都是在为同一个目标努力，所以我想了别的办法。

碰到假设性问题的时候，你可以这么说："首先，1 个月做到有 100 万粉丝确实很难，所以我会先和领导沟通，明确这 100 万名粉丝是什么样的用户，他们有什么需求，我有哪些可以吸引他们的点；然后我会做一个预算申请和运营规划，因为如果没有资源支撑，光靠内容去吸引用户，很难实现我们的目标；最后我会按照计划来一步一步执行。如果中间有问题而我自己无法解决，我会向领导提出需要支持；如果最终没有实现目标，我也会去总结原因，如果有机会，我将继续挑战目标。"

以上都只是举例，根据实际情况，你可以提前做一些准备，但不建议捏造事实，毕竟，面试官见过的候选人比你见过的面试官多，而且即使通过弄虚作假进入了下一环节，也可能在背景调查时被识破。

在第二部分的表现决定了你能否进入第三部分，并不是所有的面试都有第三部分，因为有时候面试官在第二部分就已经掌握了他需要了解的所有信息。

但是，有一些面试官会在他认为掌握了关于你的经历、能力、价值观、思维方式等方面的信息之后，换一种方式进行验证，此时，就会进入面试的第三部分。

第三部分，我问你答。进入这个环节的标志性话语通常是："我的问题问完了，你有没有什么问题想要问我？"

在这个环节，面试官希望通过你的提问来判断你最关心的问题是什么，这个过程大概会持续 5~10 分钟。这个提问的选择是比较开放的，但它也有一些技巧。

譬如，你可以问"这个职位的职责是什么""在开展这项业务时，我可以获得哪些资源""我会和谁在业务上打配合"等和应聘工作岗位有关的问题。

千万不要上来就问公司加不加班、有没有奖金之类的。这样会让面试官觉得你可能是冲着待遇来的，进而影响面试官对你的评价。

你在上面每一部分的表现都会决定你最终的 offer 内容，我刚才描述的整个面试过程大概是 45 分钟。没错，通常一次面试需要大概这么久的时间，不宜过短，更不宜过长，它需要遵循一定的面试礼仪。

如果你最近要参加面试，我建议你按照我上面说的内容好好做准备。

Q25 如何"运营"我的职业生涯

运营产品的时候，我们会经历这样的过程：

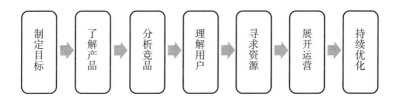

对于我们的职业生涯的运营，上面的过程一样不可缺少，只是它变成了：

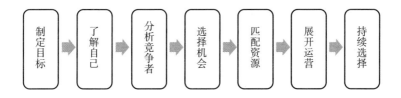

在"运营"我们的职业生涯之前，我们必须弄清楚自己想要的是什么，也就是"制定目标"。

你可以说希望自己 50 岁前能够实现财务自由，退休在家，无所事事；你也可以说希望自己不要成为 35 岁之后被干掉且毫无机会翻身的职场牺牲品。

但不管你怎么设立目标，不断进步一定是其中贯穿的主旋律。那么，我们需要知道，作为一名运营人员，在你职场发展的每一步会面临什么。

在这个阶段，最常见的是两个问题：一、不知道应该如何制定目标；二、害怕自己制定的目标过高，被其他人笑话。

说实话，作为一名运营人员，如果你希望在运营的道路上好好发展，就一定要学会大胆、果断地制定目标。

同时，你要明白，职业生涯是由职业规划和职业选择这两件事构成的。规划的是大方向，制定目标就是规划的第一步，而细节的每一步都是选择。我们先聊规划问题，然后再说选择问题。

1. 职业规划。

要做规划，我们必须搞清楚运营这个岗位可以划分成哪些级别，每个级别又分别对应什么样的要求。

从我的角度来看，关于运营岗位的级别，比较通用的划分方法是划分成下面这五个级别，每一个级别都有对应的要求，这五个级别对应的都是专业线的要求。

级别	要求
初级	可以执行领导交付的运营任务，需要培训和实操来提升经验
中级	可以独立执行较为复杂的运营任务，有用数据指导工作的意识，但经验不够丰富
高级	大多数时候可以独自完成复杂运营工作的落地，具备从 1 到 100 的能力，已经具备高度的数据意识，可以对产品提出需求

级别	要求
资深	独当一面，既可以带队打仗，也可以单兵作战，具备从 0 到 1 的能力，有数据驱动意识，具备强大的自驱力和领导能力
专家	某一运营领域的专家，有丰富的经验，可以指导他人开展工作

对应这些要求来看，通常来说，初级运营的入行时间是 0~2 年，中级运营是 3~4 年，高级运营是 5~7 年，资深运营是 8~10 年，而专家运营基本是 10 年以上。

如果你本科毕业入行，顺利的话大概在 32 岁可以做到专家运营岗位；如果研究生毕业入行，顺利的话大概在 35 岁做到专家运营岗位。当然，如果有成功案例的加持，成长的速度可能会更快。

但是，并不是只有做出了成功案例，才能成长得更快。运营这个岗位很有趣的一点是，想要做出成功案例，通常除了实力，也需要运气和际遇。所以，对大多数人来说，从失败中总结经验，避免重复踩坑，成长的速度会更快。

专业线的提升，通常需要一些条件。

（1）尽量在一家公司待得久一些，以便弄清楚业务的底层逻辑，并深入思考。

（2）养成时时复盘的好习惯，对自己所做的每件事有记录、有反思、有迭代。

（3）不要害怕失败，专注于追求"让下一次更好"，做好经验总结。

（4）不要等待资源，而要寻找打破资源依赖的方法，养成小步快跑的习惯。

如果你能够做到上面这四条要求，那么你的发展可能会顺畅很多。

接下来我们把专业线和管理线联系起来看。

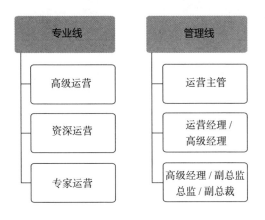

一般情况下，从高级运营开始就会肩负管理职责，一般的对应关系是：高级运营对应运营主管，带两三个人，能力强的可以带一个小团队；资深运营对应运营经理或是高级经理，带五六个人，能力强的带 10 多个人也没什么压力，但通常不会涉及多条业务线；专家运营对应高级经理或者副总监，甚至能够做到总监或者副总裁，这个级别不再强调他管理多少人的团队，而是强调他可以兼顾多条业务线，做到多线管理，通常这样的职位下面会配备相关的负责人来帮助他一起做管理。

到达专家级之后，管理线的选择一下子宽了很多，但并非所有的专家运营都能对应上总监或者副总裁，因为到达那些职位通常需要时机、运气、能力多方面的配合，不能一概而论。

管理能力是因人而异的，有些人的管理能力特别强，但业务能力并没有达到足够的高度，其实无伤大雅。

决定职位高低的不仅仅是入行时间，下面展开来详细说一说。

大多数情况下，我们会用入行时间来做职位的高低分界，因为不同的时间长度往往代表着不同的阅历和不同的行业认知深度。

譬如说，我是从 Web 时代开始做运营的，我经历过 Web 上各种产品形态的更迭和 App 上各种产品形态的更迭，以及后来的微信这样的超级应用下的运营玩法的更迭。这种阅历量化出来就是超过 15 年的工作经验，背后蕴藏着对运营的玩法和人性的深度理解。

获取流量的手段有市场投放、已有用户转介绍、同体量异业合作的流量置换，这些玩法从我过去的经历中都能找到对应的场景与策略。但是，移动互联网早期的其他玩法现在可能不多见了，比如说，与手机厂商联合做预装，甚至包装与API（应用程序编程接口）深度结合之类的玩法。

微信社群运营在论坛风行的年代就是论坛运营，在QQ为王的年代就是群组运营。这些形式在玩法上有差别，但核心并没有太多的变化。

如果另外一个工作超过15年的运营人员，并没有和我类似的阅历，或者没有做过一些总结和归纳，他是不是就不能理解这样的万变不离其宗？我认为是有可能的。还有另一种可能是，即便入行时间没有达到15年以上，但他作为用户触网的时间超过了15年，并且在这个时间长度内深度参与了很多产品的运营体验，那么他就有可能和我有同样的感受，甚至在一些运营动作和决策上和我有同样的思路。在这种情况下，仅仅考虑做运营的时间长度，就不太合理了。

不同层级的运营的技能或技术的分水岭，到底是什么呢？

第一个分水岭是执行力与理解力。 这个分水岭决定了你能不能入行，换句话说，你有没有机会成为初级运营。

很多人问我，没有经验要怎么入行，以及为了入行要看什么书，上什么课。答案其实并不复杂。

如果是校招运营，面试官会综合考虑能力与潜力，根据你在校时有没有实操过运营项目，有没有实习过类似岗位来判断你的能力，但很大程度上，是你的执行力决定了你当时的能力上限，而你的理解力决定了你潜力的下限。

社招要看经验，看过往经历。这个时候如果你没有类似的经验或者经历，就很吃亏。但如果你曾经在某个行业里摸爬滚打过，进行不跨大行业的转行往往会更轻松，因为你对大行业已经有基本的认知了，这个时候，你的理解力就决定了你能力的上限，而你的执行力则决定了你潜力的下限。

但如果你要跨大行业转行，能力和潜力都没有了对照的坐标系，你只能先想办法获得面试机会，再凭表达和运气去拿 offer。

总之，如果你想入行，就要从执行力和理解力上下功夫，而对这两点的培养都没有那么难。

如果你还在学校里，就尽量把你的课余时间用来做互联网项目的实习——哪怕是做自媒体也能培养执行力，而理解力则通过你以自己的方式去验证在实习或者实操中看到的、听到的、感知到的东西来获得。

如果你已经工作了，就尽量去提升你对目前行业的理解，譬如市场规模、大体量公司的运作方法等，而执行力体现在你如何去落实领导交办的任务，能否在执行任务的过程中有所总结，并映射到互联网的规则里去。

第二个分水岭是目标分解与分工协作。这个分水岭决定了你能不能从执行人员转为管理人员。

提到管理，很多人的第一反应是要管理很多人，让其他人完成目标。但我认为，管理不是管理别人，让别人完成自己的业绩，而是充分理解和分解团队目标，然后带领团队成员一起分阶段去实现这个目标，拿到结果。在过程中，要能够去申请和协调资源，帮助团队达成目标。而当目标出现问题时，也要能够为团队去争取更合理的目标并努力实现。同时，要培养梯队，确保 B 角存在。

在我看来，有三个指标可以检验你的管理做得好不好。

第一，团队业绩的完成情况如何？第二，你离开团队，团队成员会伤心吗？第三，你离开团队，B 角可以维持团队运转吗？

这三个指标分别代表带兵打仗的能力、凝聚团队的能力和团队建设的能力。三者缺一不可，管理者要不停地校验这三个方面的能力。

第三个分水岭是规划与决策能力。这个分水岭决定了你所能达到的管理层级。

第二个分水岭和第三个分水岭之间是有联系的，因为项目的阶段、团队成员的多少、业绩贡献的大小是可以有承接的。

到了第三个分水岭这里，你要问自己：对于负责的模块，成本和营收情况你明晰吗？对于未来的发展，你能细化到每一个阶段的核心问题吗？对于要实现的目标，你能既了解不同阶段的目标值，又准确评估关键项的影响吗？

换个角度来说，假设今天让你创业，你能明确地理出三年目标和最近12个月的工作重点与校验结果的评估指标吗？

从刚入行开始，你就需要设立一个明确的目标，然后每隔一段时间去更新自己的专业技能和管理技能的成长"地图"。你接触得越早、投入得越早，效果可能越好。

首先，找到你希望未来加入的公司或者行业的某岗位的岗位描述及其对工作时间长度的要求。

其次，对照这个岗位描述，来看自己有什么，目前还缺什么，列一个清单。

最后，想办法制订计划，在一定的时间范围内把自己的能力提升到这个岗位要求的范围里。

行业一直在往前走，对人的要求也在不断提升，所有的岗位要求都只在一定的时间范围内有效力，超过这个时间范围就会被更新掉。

2. 职业选择。

如果今天让你创业，你会选择具备什么特点的领域切入？

据说腾讯总裁刘炽平看待商业机会的逻辑是这样的。

（1）了解各行业的互联网化的程度。

（2）了解各行业的市场容量和资金状况。

（3）选择互联网化程度最低，且市场容量很大的行业切入。

对于职业选择，这个逻辑也同样适用。

（1）了解各岗位要求标准化的程度。

（2）了解各岗位的市场需求容量。

（3）选择标准化程度最低，且市场需求容量最大的职位切入。

所谓岗位的标准化程度，是指市场上有多少人出版了这方面的书籍，其中哪一本或哪几本被业内奉为经典，同时，书中内容的结构化程度是否足够高；或者，大学有没有开设这个专业，有没有人专门在学校里对这个专业进行教学与研究。

看岗位的市场需求容量，就是看在整个人才市场中，企业招聘最多的是哪个岗位。

2005年我入行的时候，没有多少直接竞争对手，但是现在不一样了，随便一个人从各种书籍和公众号里弄点东西出来，就有可能成为你的竞争对手。当今社会资源丰富、信息爆炸，人们可以便捷地获取各种信息和知识。但是，只有自己经历过、学习了、理解了的知识才是自己的，这就是拆书帮的赵周老师一直强调的"内化"过程。

什么是内化呢？就是你学了，吸收了，练习了，变成了一种直觉反应。它和理解能力不是一回事。

有些理解能力强的候选人很容易在面试时获得优势，因为他们善于引经据典，罗列各种案例，能够吸引面试官的眼球。但在实际操作中，面试官是希望你呈现细节的，所以怎么去梳理自己过往的工作，是非常有价值的问题，在接下来的回答中，我会着重强调这部分。

通常来说，面试官会根据你的面试表现来判定你的能力，这就是为什么利用STAR法则来复述你的经历特别有用。

我们接下来要谈的重点是选择。当我们真正进入选择阶段时，通常可以采取两种方法帮我们做判断。

第一种是正向选择，即按照职业发展的规划，依次选择行业、职位、薪资。你可能会疑惑，为什么职位排在薪资前面，其实用一句话就可以解释：如果不谈职位，薪资是一个波动范围很大的数值，但附上职位，就可以让薪资的波动落在一个相对可预测的范围内。所以，在职位和薪资之间，优先选职位。

另一种是排除法，把不喜欢或者认为不靠谱的排除掉就好了。排除法说来简单，但在操作中也有一些需要注意的事，我展开说几个注意事项。

（1）投递简历前，先了解目标公司。

打个比方，相亲之前两个人还要看看对方照片，听媒人聊聊对方的工作、薪水、人品之类的。投递简历之前，了解对方公司、产品的信息，也是一项必要的准备工作。

了解目标公司有很多种方法，一个比较简单的方法是：大公司看财报和公开报道；小公司看官网；不管大公司还是小公司，都可以借助天眼查、企查查这类工具查看公司情况。

如果是大公司，看财报和公开报道是为了搞清楚这家公司究竟赚不赚钱，赚钱的是什么业务，自己投递的岗位所属的部门和这些业务有没有关系，有什么关系。

如果是创业公司，看官网是为了搞清楚他们强调的是什么，是强调自己的核心竞争力还是强调自己是一家有希望的公司。

借助工商管理工具查看情况，是为了知道这些公司曾经发生过什么风险，譬如，有劳务纠纷，大概率会有劳动仲裁记录；有知识产权问题，大概率会有知识产权的判例，等等。

（2）面试时，多问面试官一些你在意的问题。

很多人不知道怎么去问面试官问题。我以前会问："这个部门在公司里是什么地位，主要帮公司解决什么问题？"现在会问："你需要我来帮你解决什么问题？"

如果面试官回答不出来，或者回答得很奇怪，那么就要慎重一些。

坦诚的面试官会告诉你，公司需要你来解决什么问题，设置这个岗位的目的是什么，有哪些资源可以供你使用，需要你在多长时间做出什么成绩。如果面试官说不出这些，就可能存在问题。

（3）谈薪资时，确保价格落在心理价位范围内。

谈薪需要方法，如果你不会谈，可以先明确自己要什么，不要什么。

以我为例，通常我会有一个心理价位，低于这个价位就不考虑。如果这个领域是我非常感兴趣的，我或许会考虑一下。

（4）万一你入职后才发现公司有一些你无法解决的问题，那么请在3个月内离开。

因为，入职不满3个月的经历，可以不写入简历。并不是说你需要隐瞒这段经历，而是一开始就写在简历里有可能会导致你被过滤掉，错过机会，所以，你可以在面试过程中大方地谈起这段经历，但尽量不要把它直接写进简历里。

掌握了这些细节，对你的职业发展会有一定的帮助。

最后，我想和你分享一个亲测好用的工作方法。

1. 准备一个本子。

2. 每天记录你做了什么工作，出于什么目的，设定了什么目标，你做的动作是什么，为什么这样决策。今天的数据表现证明你之前的做法是对还是错，如果是对的，你获得了什么；如果是错的，你打算如何优化。要持续记录。

3. 坚持半年到一年，再把这个本子从头到尾看一遍。

我相信如果你坚持做下去，最短半年，最长一年，不用翻阅这个本子，你也能明显感觉到自己的进步。

这些进步会成为你职业生涯发展中的坚强后盾，它们能支撑你的职业生涯，并为你未来的发展提供助力。

Q26　做运营有哪几层境界

我认为做运营有五层境界，分别是：做策划、理数据、构需求、带团队、拿案例。

第一层境界是做策划。

做策划很容易理解，就是完成各种策划案的写作，譬如做个活动策划、写个文案稿子之类的。做策划的阶段干的是执行的工作，在这个阶段别想太多，能踏踏实实完成领导交代的工作就可以了。

可能你会觉得，做策划就是写东西而已，很简单，没有门槛，但良好的工作习惯往往来源于最初看起来很不起眼的简单工作。在这个阶段，你需要关注和提升的是活动策划文档的规范性与文案写作的基础能力。

策划文档的规范性要求是指，一旦你完成了这个文档，其他人能拿着它直接去和开发沟通需求，而不需要你再做细节说明。具有文案写作的基础能力的表现就是，给你一个选定好的话题，你能以较快的速度完成一篇质量有保障的文章。

一般情况下，刚入行的运营人员可以在半年到一年内达到这个要求。

这一层境界的要求最简单，通过培训和看书的形式就可以达到。

第二层境界是理数据，主要有三层意思。

第1层是要知道数据的重要性，即"搭理"数据。"搭理"数据是说，这个阶段的运营人员明白了数据很重要，开始有意识地去寻找数据支撑，但是这个时候他未必明白数据与数据之间的关联性，以及数据、运营动作与业务之间的相关性。

第2层是要知道数据的影响面，即"理解"数据，这是指运营人员能够明白自己的行动与数据变动之间的关系，也能够理解数据和数据之间的关系，并且能够通过数据去评价业务。

第3层是要能够用数据解决问题，即"梳理"数据。数据是用来推出假设和结论的，它最终要用于指导业务，而不仅仅是用来评价业务。

从招聘者的视角来看，数据能力处于第一层的运营人员在描述自己的工作时，表达的是工作内容的数量；数据能力处于第二层的运营人员在描述自己的工作时，会更多地表达自己工作的质量；而数据能力处于第三层的运营人员在描述工作时，会清晰地表达自己工作的底层逻辑。

需要注意的是，理数据需要进行大量的实操与总结，它是一种需要投入很多精力才能精进的能力。

第三层境界是构需求。

达到第三层的运营人员，已经开始和产品产生关联了。

这个阶段的运营人员最常接触的东西应该是MRD[1]或需求表单[2]，这两种文档都是在PRD[3]之前的文档格式，用来说明为什么要从运营侧推动一个产品需求，这个需求实现之后，从营销角度来说会带来何种价值。

通常，走到这一层的运营人员，从技能上看，至少已经掌握了大多数运营技巧；从数据感知上看，至少已经非常清楚运营人员在产品里做的每个动作对数据带来的直接和间接影响了。因此，到了这个阶段，会出现运营人员向产品经理转变的可能性，从运营岗位向产品岗位转变通常发生在这个时间节点。

运营的第三层境界对逻辑思维能力的严密性的要求已经很高了。只会开脑洞的运营是走不远的。如果你只会开脑洞，第三层运营境界基本就是你的天花板了。但如果你顺利通过了第三层，那么接下来就有机会转向管理岗位了。

因为，能够到达第三层境界的运营人员，通常在每家公司、每条产品线里都是骨干员工，他们熟悉产品和面向用户运营过程中的各种细节，了解产品使用者的心态，并且清楚地知道每一种运营手段在什么情况下可以给自己的产品数据带来帮助。

这个时候，如果条件允许，你就有可能来到第四层境界：带团队。

带团队，意味着从执行岗位转向管理岗位。

有这么一个说法：

---

[1] MRD：市场需求文档，MRD通常是PRD（产品需求文档）的基础，PRD是在MRD基础上的具象展开。MRD之前还有BRD（商业需求文档）。

[2] 需求表单：以表单的形式描述需求的一种文件类型。

[3] PRD：PRD是由产品经理完成的，其特征是从之前的概念阶段进入图纸阶段，可以提交给后续开发、测试、项目管理和运营人员查阅使用。

判断一个优秀的管理者的标准是：当他休假 1 周时，公司的运作一如既往；当他休假 3 周时，公司的运作基本正常；当他休假 3 个月时，可以通过遥控支撑公司的发展；当他离开更长的时间时，公司的发展严重受挫。

这就是一个优秀的管理者的样子，但是，如果他离开 3 个月以后，公司一点问题都没有，说明这个管理者对公司已经没有影响力了。

带团队的核心就是管理，这意味着你自己可以不强大，但必须能够让团队成员强大，这样团队才能更加强大。做到了这一点，你就有可能进入第五层。

第五层境界是拿案例。

对于产品经理如何做出成功案例，我和苏杰持同样的态度，总结起来就两个字：随缘。专注做好手上的每一件事，加上一点运气，随缘做出成功案例的概率就有可能增大。

这就是我理解的做运营的五层境界。

Q27　如何面对领导的感情牌

有一个朋友在聊天的时候问我，怎么去面对一个喜欢打感情牌的领导。

这位朋友毕业 5 年，从事运营工作 3 年，以产品运营的身份入职一家新公司不到 3 个月，主要负责社区运营、内容运营，他对这两块运营工作的内容比较感兴趣，未来也希望继续在运营领域深耕。

入职没多久，团队内一位负责产品的同事怀孕了。因为没有招到新的产品经理，所以领导希望我这位朋友来接手这位产品同事的工作。

从个人角度来说，他不想接手，但是基于对领导的了解，如果他真的不接手，那位怀孕的同事可能会被辞退。

所以他很纠结。一方面，根据职业生涯的规划，他目前不想涉足产品工作，而且自己也没做过这方面工作，不擅长；但另一方面又担心领导会因他的拒绝而对同事不利，所以想听听我的看法。

首先，根据劳动法，公司是不能辞退怀孕的员工的，就算领导有这个想法，人力资源部门也不会支持他。所以，就不用担心自己拒绝会导致领导辞退这位怀孕的同事了。

那么，问题的核心就变成了，究竟如何拒绝领导对于分担同事工作的要求。

首先，我认为你应该与领导明确几个问题，方便你来建立边界。

1. 是暂代还是兼任？

如果是暂代，就是你先代这位同事处理她的工作，但与此同时，你的工作也需要有人接手。

如果是兼任，就是你既要帮这位怀孕的同事做事，也得做你的本职工作。

这是在确认工作范围，工作范围不同，工作职责和考核指标也不同。

如果是暂代，考核你的就是与那位同事的产品工作相关的指标，你的工作范围是接手她的工作职责；如果是兼任，考核你的既有同事的产品KPI，也有你自己作为运营的KPI。

先搞清楚工作职责的边界，才能判断它是否与你自己的规划有冲突，或者是否对你有帮助。

假如是暂代，从植入运营能力的角度来说，你会拥有较大的话语权，但你需要更多地站在产品层面考虑问题，这与你过去只从运营视角去看问题不太一样。同时，需要与领导约定暂代的时间长度以及结束暂代的条件，并且需要领导立下书面承诺，当同事回归或者新的产品经理入职之后，你要回到原先的岗位。

假如是兼任，你可能会不断切换看问题的角度，不停地在产品视角和运营视角之间做切换。需要与领导约定兼任的时间长度和对应的考核规则，不要造成一个人干两份工，拿一个人的工资，背两个人的KPI的局面。

这也需要立下书面承诺。

2. 明确工作优先级和绩效考核方法。

不管是暂代还是兼任，都需要约定工作优先级和评定工作业绩的规则，调整原先的薪资待遇。因为你的业务范围与之前的工作内容不一致，因此你的考核、待遇也要进行相应的调整。这也是我们必须先明确工作边界的原因。

把这两个问题都弄清楚，讲明白，立下书面约定，你的风险是可以排除的。

如果谈不拢，领导会知道这件事是推行不下去的，这个问题也就不存在了。

工作时间久了，难免会碰到打感情牌的情况，老板和下属都可能在某些场景下故意或不经意地打出感情牌，遇到这种情况要怎么办呢？

从我的角度来说，打感情牌，有以下几种可能。

（1）实在是没牌打。譬如，核心员工要离职，开出的挽留条件是升职加薪，但是公司不同意，时间紧、任务重，短时间找不到合适的替代人选。这时，有些领导会打感情牌来劝说下属留下。

（2）"欺负"老实人。譬如，下属有一天去找平时看起来很温和的领导要求涨工资，用的理由是家里的负担重，自己家庭地位低，心理压力大，这也是典型的打感情牌。

（3）感情牌好用，已经不想用别的方法了。

不管是哪一种情况，我都建议用下面的方式来应对。

（1）坦诚相告。讲清楚自己的想法，包括自己的感受、顾虑、期待，表达出你的观点，看对方有什么反应；作为倾听者，你要思考能做的承诺与反馈是什么，并且如实地告诉对方。

对领导和下属都要明确工作的边界，感情牌其实已经突破了工作的边界，是在用私交去扰乱公事。既然对方的感情牌已经打出了，你就应该非常坦诚地说明你的感受是什么。

譬如说，领导劝你考虑团队氛围别要求加薪，那你可以坦诚地说："我确实需要通过加薪来证明自己的能力，也需要知道公司和您对我的能力怎么看。"

譬如说，下属来和你谈涨薪，你要坦诚地告诉人家目前的时间点是否能做这件事，如果现在不能，什么时候能，你建议他怎么做。

（2）明确预期与底线。一定要明确地表达你的预期，最好有明确的方案，否则对方很难去判断沟通的效果。

譬如，作为领导希望下属留下来，但暂时无法加薪，你可以和下属明确地说："目前申请加薪确实有困难，我先去向老板提一个申请，如果你后续的业绩达到了某个程度，就能够兑现。你愿不愿意接受这个挑战？如果可以，我去和老板沟通，随时和你同步。"

（3）耐心且充分地沟通。不要觉得沟通会浪费时间，做好有些事情需要进行多次沟通才能有结果的心理准备，因为，只有进行充分的沟通，获得足够多的信息，才有可能拿到结果。

我希望你能够轻松地面对感情牌，也希望你尽可能不要去打感情牌。

Q28　如何与领导或者老板沟通

不管你是基层员工，还是公司的管理层，都要面对和你的上级沟通的情况，沟通的场景通常包括以下几种。

1. 工作分配，不管是你想做的、要做的，还是上级希望你做的。

2. 目标对焦，我们要做什么，做到哪一步了，下一步怎么做。

3. 资源探讨，目前缺什么，可以给什么，怎么才会给。

4. 任免沟通，发生了入职、晋升、降级、解雇、离职等变动。

如果我们想要掌握主动性，就必须把握机会，做好沟通。我们通过沟通能够影响老板的决策，按照我个人的理解，通常情况下，决策受会受到信息要素、个体偏好和对结果的预期的影响。

决策就是基于所掌握的信息去做选择题。之所以会出现不同选择，是因为人们的立场、角度、关注点存在差异。不同层级的人获得信息的途径、处理信息的能力不一样，所以做决策的结果也不一样。

作为一个组织，公司其实和人一样，先要实现生存，然后享受生活，也就是说，领导做决策的基本出发点就是"如何能够让组织活得更久、活得更好"。虽然不同的领导的决策风格不一样，思考的角度不同，但都必然落到"这个决策对公司的价值"，以及"这个决策对我的价值"上来，你无法说服领导去做一个伤害公司、危害自身的决策。

既然决策的出发点是"活得更久、活得更好"，那么它的首要目标，就是激发员工的积极性和生命力，让大家为组织的生存目标服务。作为运营人员，你并不会太在乎你所运营的产品的个体用户的感受，除非这个个体是超级用户。同样，公司也不会太在乎某个员工的感受，除非这个员工贡献了极大价值。

公司和领导不可能让每一个员工都觉得"完美""对自己好"，因为公司和领导并不从组织内每一个个体的感受出发来考虑问题。

当你明白了这些事实，你就会思考如何沟通才能让领导认可自己的建议和意见，从而做出对公司有利，对领导有益，同时也对你自己有利的决策。

第一，在提出你的问题前，请思考你的解决方案。

如果你是领导，你是喜欢提出问题后两手一摊表示"我没辙，你来想办法"的员工，还是提出问题并表示"我想了四种解决方案，您觉得我们应该选哪种"的员工呢？

很显然是后者，小公司和创业公司希望员工具有主人翁精神，可以"不把自己当外人"，这样，大家才能一起努力把公司的蛋糕做得更大。而大公司的员工数量很多，要想从同事中脱颖而出，就必须有承担责任的勇气和解决问题的方法，因此，在你向领导提出问题之前，请务必想好你的解决方案，即便这个方案需要额外的资源也没关系。

第二，给出方案时，应当让领导做选择题。

当你提出问题时，应该思考解决方案，但你不要只提出一个方案，因为这意味着需要领导做判断题。判断题虽然比填空题好一点，但并不足以让领导满意，因为这意味着信息匮乏，而解决问题需要足够的信息，如果输入的内容不够，那么输出的结果往往也是错的。

请至少准备好两个解决方案。怎么才能找出多个解决方案？

首先，要思考在没有额外资源的情况下，是否有其他解决方案。其次，如果你要求补充一部分额外资源，是否能产生新的解决方案？最后，如果你要求提供更多的资源，是否可以做出更丰富的解决方案？

譬如，领导说："上个月我们只完成了100万元的销售额，这个月必须完成300万元的销售任务，怎么办？"

你可以这样来思考。

目前预算有多少，系统功能支撑做什么样的运营动作？假设系统现在支持送优惠券，你可以说："我们可以在这个月做一场活动，只要用户完成一次下单，我们就送一张优惠券，本月有效。如果用户不希望自己的券过期，可能就会使用。送券的规则是，把用户订单的金额乘以3，然后以这个金额做满减的条件。譬如，用户提交了100元订单，我送他一张满300元减100元的优惠券，当月有效。这样，只要他使用，他就有可能多买300元的商品。"这是第一个方案，接下来我们可以发散思考。

"领导，如果有开发资源支持，我们可以研发一套推荐系统，让用户下单之后去晒单，我们通过发放优惠券给用户奖励，优惠券当月有效。这样，只要用户晒单，哪怕只拉一个人进详情页，也能带来转化的机会。"这是第二个方案，然后我们再思考，要是找老板再多要点资源呢？

"领导，我目前只有这两个方案，但我想，我们是不是可以号召同事们给我们出出主意，多收集一些方案？如果哪位同事提出来的方案被我们采纳了，那我们就给他1 000元奖励，怎么样？"这是第三个方案。

对老板来说，没有方案是填空题，有一个方案是判断题，有超过两个方案就成了选择题。如果你是老板，你更喜欢哪一种？

第三，就事论事。

就事论事说来简单，但并不是所有人都做得到。

当我们提出一个问题，或者说出一个想法时，要围绕这件事本身去说，不要跑题，不要跳跃。

譬如，我们想要和领导申请预算，领导觉得要多了，我们首先应该计算一下，然后再根据实际情况做后续的反馈。"这笔预算我计划这么用，请您看看我的算法对不对。如果不对，可否请您指导一下哪里有问题？如果算得没错，那么我们要削减哪部分预算呢？削减后如果影响了对应的工作，我们能接受这样的后果吗？如果能接受，那我就没问题了，如果不能，能否请您再考虑一下？"

但你不能说："领导，为什么您觉得这笔预算多？上一次您明明给了某某更多的预算！"因为这样说就不是就事论事了。

决策并不像我们看到的那么简单，有时候我们认为可以拿来对比的，往往没有可比性。

所以，我们要抓住某件事本身去沟通，要用数据说话，用逻辑说话，而不是跳跃到其他方面。

十多年前，盛大集团的企业文化是"讲道理"，要求"准确的数据、严谨的逻辑、规范的民主、负责任的独裁"。决策时的顺序是：谁有数据，谁说了算；如果没有数据，谁有逻辑谁说了算；如果没有数据也没有逻辑，谁负责任谁说了算。

在与领导沟通时，我们要从数据出发，从逻辑入手，敢于担当责任，这样很多事情的结果可能会有所不同。

Q29 如何做年度计划与年度总结

每年，运营人员都会碰到两件大事，第一件是年度计划，第二件是年度总结。

年度计划基本上都是基于上一年年底确认的未来一年的 KPI，来拆解这一年的重要工作节点。一般来讲，年度计划的编写要么在上一年年末确立完 KPI 之后，要么在来年的前两周敲定。

年度总结，就是回顾这一年有没有实现年度计划里的各项工作，具体做了什么，获得了什么结果，有哪些反思和经验积累。年度总结的编写时间需要结合公司的情况来考虑，有的公司会进行自然年的年度总结，有的公司会进行财年的年度总结，还有的公司不进行年度总结。

很多人会说，互联网变化这么快，计划有用吗？如果计划赶不上变化，何必要做计划呢？

事实上，做计划的价值，并不是让你一板一眼地完全照着做，而是让你基于目标去进行拆解，盘点所需的资源，规划可能的行动，并标识重要的节点。

计划和总结都有框架。

年度计划的框架是：目标、预算、打法。因为，所有的计划都要围绕这三件事情展开。总结的框架是：回顾、解析、展望。

所谓回顾就是要用数据回顾这一年的工作，而解析是要解答数据变化的趋势和原因，展望是要对来年的工作进行简单描述。

内容方面也比较明确。年度计划的内容应该包括：年度工作目标（拆分到月）、年度预算（拆分明细）、大节点计划框架（按月）、近三个月详细工作计划。

工作目标拆分到月，是要对整个年度的数据增长做出预期，相应的预算也要拆分到月；预算要拆分明细的意思是，活动、投放、营销都要列清明细和月度的预算金额。这一步需要对比年度和月度的同比与环比数据，不能凭空决定。

大节点拆分到月，不仅要求活动有节点计划，对应的配套产品建设也应该做出合理安排。要讲清楚开年头三个月的计划，因为这是整年的工作起点。

年度总结的内容应该包括：全年 KPI 和完成度回顾、季度和月度的数据走向（要明确造成其中的波峰和波谷的原因）、突出显示重大项目和重大进展、提出次年的目标和重点工作内容。

第一部分 KPI 和完成度的回顾是用来评定本年度的工作效果的，是一个"帽子"。

第二部分是详细拆解各个季度和月度的数据，要进行环比和同比，要知道波峰和波谷是什么事件造成的。这个工作其实不该等到年底才去做，而是要每个月都做，这样在做年度报告的时候，就可以直接拿过来用了。

第三部分是看整年是否有重大项目的结项，是否有重大进展。

第四部分要承上启下，基于今年的业务发展情况，下一年打算怎么做，预期的数据增长是怎样的，但这部分不需要充分展开。

一般来说，年度计划和年度总结都会做成 PPT，所以，务必使用公司规定的 PPT 模板，涉及预算、数据测算的部分应当另外提供 Excel 表格。

Q30 如何从新媒体编辑转为新媒体运营

一个读者做了很久的新媒体编辑，非常疲倦，想要突破，希望能够从编辑转为运营人员，问我应该怎么办。我说，核心办法只有一个，那就是：不要只会写。

以下两篇文章是我 2005 年以网络编辑入行之后进行的思考。

第一篇：网站编辑≠搬运工

做网站编辑也已经快两年了，从小编辑做到了频道责编。个人觉得有必要记录一下自己这一段工作经历带来的感悟。

网站编辑是什么呢？有一种说法是，网站编辑就是搬运工，每天在各大网站里搜索信息，转接到自己公司的网站上去。

前段时间去博客巴士面试，有幸见到了他们的 CEO 老横，老横的一句话让我觉得有点不开心，他说："网站编辑也不是什么复杂的工作。"

的确，在很多人看来，网站编辑就是什么人都能干的活，前提是，你会打字、会上网、会使用搜索引擎。

但在我看来，网站编辑的工作有更深层的意义。编辑，除了"辑"之外，还要"编"。怎么编？当然不是瞎编、乱编、随心所欲地编。

编辑，是要有自己的编辑思路的。

第一，在做编辑工作之前，必须很清楚自己的频道有什么栏目，建立这些栏目的目的是什么，你想通过栏目展示给用户什么样的信息，通过什么手段去丰富你的栏目内容。同时还可以凭借你与众不同的手段和内容使你的频道和网站充满黏性，将用户牢牢地固定在那里。

你要传达给用户的，不应该仅仅是直观的内容，更应该是满含着你的思路的信息集合。

第二，在工作的过程中，要从各种途径获得用户对你的栏目或频道的想法，他们对频道和栏目的看法很重要。用户是挑剔的，他们可能会提出各种各样的意见和想法，比如说，内容太杂乱、信息太繁复，找不到自己想要的东西；导航不清晰，网站的内容让人一头雾水，难以把握；网站的内容不是自己希望看到的，不是自己喜欢的，对栏目提不起兴趣等。

实际上，如何激发用户对网站的依赖感，如何使用户获得良好的网站体验，不仅是主编、市场专员、CEO 和董事长要考虑的问题。网站编辑是一线工作者，直接面对用户，掌握着第一手资料，往往可以通过进行数值对比，找到上述问题的答案。

所以说，网站编辑还需要有一定的分析能力和市场把握能力。

第三，网站不会一成不变地保持原貌，而是会经历很多次的改版、调整，在这个时候，我们在第二点提到的网站编辑对用户第一手资料进行分析的重要性就体现出来了，因为这很可能会成为对原定目标的非常有益的补充。网站编辑此时需要面对的不仅仅是更新的问题，也要接受和网站策划几乎同等的工作任务——内容策划。

一个恰当的内容策划提案可能会使网站实现质的飞跃，而且，内容策划意识应该贯穿于网站编辑的整个职业生涯中。你会发现，每一次好的内容策划都会给你带来丰厚的回报。

第四，对网络与客户资源的大量掌握。

好的网站编辑还应该是个敏锐的探索者和健谈的社会活动者。你拥有的客户资源越多，你的内容就来得越容易；你拥有的网络资源越丰富，你对客户的意义也就越大。

网站编辑似乎抢了市场部人员的饭碗，其实不然，市场部人员应该更多地承担客户开拓和用户维护工作，而网站编辑应该更多地维护现有的资源，并从现有的资源出发去寻找更多具有相同点的资源。市场部人员做的是前期投入，网站编辑做的是后期筛选与拓展，二者是形似而神异的。

另外，网站编辑的工作有可能会涉及项目负责管理等其他很多看起来和网站编辑没有任何关系的领域，而良好的适应能力可以帮助你获得意想不到的收获。

所以说，网站编辑并不是靠复制键和粘贴键就可以行遍天下的。

第二篇：网站编辑的策划精神

作为网站编辑，除了要具有出色的编辑能力，还应该具有相当强的策划精神。

这里所说的策划精神，并不是指策划专题或者策划活动的能力与精神，而是参与网站整体策划和运营策划的精神。

只要每天发发文章，写写专题，抓住当前的热点和焦点事件，就可以成为一个成功的编辑。但是，这样做会止步于编辑。

网站编辑是直接面对网站目标用户群的人，因此对目标用户群的喜好和心理的了解要达到一定的深度。如果你无法准确把握目标用户的喜好和心态，便无法有效地提升频道和栏目的点击率。

如何将你对目标用户群的理解提高一个层次，为你的职业生涯服务呢？这需要具备策划精神，以及对网站整体策划和运营策划的把握能力。

通常，网站的整体策划和运营策划由高层根据数据和经验决定，但是数据往往只能说明一部分问题。网站的生存需要靠三方面力量来支撑，一是投资方，二是用户群，三是合作伙伴。

一般网站编辑的能力都涵盖了其中两项，即把握用户群与合作伙伴，这是两个相当重要的部分。

为合作伙伴提供何种类型的服务和合作，需要掌握目标用户群的兴趣指向，在这一点上，如果对任何一个合作伙伴都一视同仁，显然是不恰当的，我们需要进行策划。如何策划？

第一步，分类。

对合作伙伴进行分类，分类的形式多种多样：根据对方的资质，可以分为战略合作伙伴与普通合作伙伴；根据合作是否带来利益，可以分为利益分成合作伙伴与无利益合作伙伴；根据合作的时间长度，可以分为长期合作伙伴与短期合作伙伴。

这样一来，我们可以很清晰地看到，对网站内容有帮助的合作伙伴有哪些，对网站盈利有帮助的合作伙伴有哪些，可以长期合作的合作伙伴有哪些。

分类的好处在于：对于对内容有帮助的合作伙伴，我们可以暂时不去计较盈利问题，因为网站不应该给内容提供商增加经济压力，当然，广告费用除外；对于对盈利有帮助的合作伙伴，我们只需要考虑如何组织、体现内容的商业价值；而长期合作伙伴通常在这两方面都有一些帮助，所以我们应该设想如何将双方的利益最大化，如何将内容的组织合理化。

第二步，制定策略。

对内容提供商给予最大的优惠。与盈利分成商进行最亲和的沟通交流。对于承担潜在利益分成的内容提供商，可以制定双赢或多赢的商业策略。

第三步，实践。

在实践中，你可以发现各种各样的问题，因为很多情况都处在不断地变化发展中，你不能以固定的眼光去观察变化的现实。很多问题会显现出来，同时，很多机会也会隐秘地出现在各个不起眼的地方。

实际上，在分类的过程中，我们已经涉及网站整体策划的部分了，那就是对合作商的定位策划。

现在，我们来谈谈对用户的策划。

用户策划主要考虑的是用户对网站的依赖是否足够深，网站是否具有足够的黏性来抓住用户。

各个网站都会把自己的忠实用户群当作与合作商谈判的筹码。所以，是否具有足够强大的黏性，是网站自我衡量的一个重要标准。

如何进行用户策划？

第一步，对用户进行分类。

区分你的用户群，他们对网站的忠实度可以从很多方面体现出来，比如，登录人数、单一用户的登录次数、编辑文章的浏览次数等。我们可以把用户分为：非常忠实用户、普通忠实用户与偶然进入用户。

第二步，提交定向策划方案。

一般来说，留住用户的方法是提供用户喜爱的内容，或是让他们觉得来网站可以得到好处。这个好处并不是说你需要给用户什么奖励。每个人上网的目的不同，有的人想广交朋友，有的人想交流经验，有的人只是纯粹的浏览，还有的人是想获得新奇的体验。这些需求都需要通过定向的策划来满足，不用写很长的篇幅，但至少要在脑海里保留一个明确的指向。这些定向策划是需要提交的，以便上一级负责人与其他部门共同确定定向用户服务拓展的事宜。

第三步，实践。

不断在实践中发现新的情况，始终保持清醒的头脑，是网站编辑应该具有的特质。不但要对内容敏感，也要对用户体验敏感。

以上便是两篇旧文的内容。我们都知道，网站编辑的职责就是对内容进行编辑。"编辑"是两个字："编"是创作，"辑"是归纳。其职责既包含原创又包含转载，还要做内容分类。核心关注点是内容本身。评判内容好坏的外部指标有阅读量/观看量、转发量、评论量、订阅量。

"运营"也是两个字："运"是运作，"营"是经营。运营人员既要考虑怎么运作内容，又要考虑怎么经营用户。核心的关注点是规模。评判标准是收入量/用户量、增长速度、留存率、转化指标等。

这两个职位的工作方法本质上是大同小异的，或者我们可以这么说，很多平级的职位的工作方法都是大同小异的，但由于对象不同，对技能和经验的要求也不同。

如果编辑关注内容，而运营人员关注用户，那么他们之间转化的切入点就在于，通过用户洞察和用户经营去改善内容生产。这是第一步。

如果编辑关注内容，而运营人员关注收入，那么他们之间转化的切入点就在于，通过内容来产生收入，从而提升效能。这是第二步。

不管你怎么走，这两步都是要走的，只是先后顺序可能不同，先后顺序是由你所运营的那个产品的商业模式决定的。

如果你现在是一个编辑，想要转向新媒体运营，你要做的第一件事就是去洞察和接触你的读者。然后，根据你洞察和接触的结果，来改进内容方向，做活动提案。这两件事必须要一直做下去并且不断通过结果校验，最终你就会成长为一名运营人员。这个过程做起来没那么简单，而且需要坚持和环境的支持。

我对本节开头那个问题的回答——**不要只会写**，是想强调，虽然新媒体编辑要把写作能力放在第一位，但如果仅仅关注这方面的能力提升，对自己的职业发展并没有太大的帮助。

当然，现在的新媒体编辑和之前的有所不同，视频内容的大量出现，要求一些编辑不仅要会写文章，还要会写脚本、剪视频等。但是道理是一样的。

你要把与内容生产相关的能力转化为文案能力，更多地参与到用户接触、活动策划等工作中去，丰富你的能力库。同时，也要跨出编辑的职能范围，开展与产品数据相关的其他工作，努力实现跨越。否则，真的就只能从小编辑变成老编辑了。

Q31　如何才能做到管理层

我在公众号后台收到过这样一个问题：

> 如何才能向运营管理层发展？是把每个运营岗位都做精，还是只做精一个就行？我做运营两年了，目前在做活动运营，我的目标是未来向管理层发展，现在应该把活动运营做精还是转用户运营呢？

这个问题涉及职业生涯规划的具体实践，想解答它需要先解决以下三个问题。

问题一：走专业线还是走管理线？

想进互联网行业工作，或者热衷互联网八卦的人，一定非常熟悉阿里的 P 级，也知道百度按 T 来分级，腾讯内部有 T 级分布。

对于员工的成长，大公司基本都会划分出两条线，一条叫作专业线，一条叫作管理线。

专业线考核的是一个人的技能水平、经验贡献，需要自己做出结果；而管理线考核的是领导他人的能力，需要驱动别人做出结果。每家公司的管理线上的人数基本是固定的，除非公司规模有较大的变化，否则就会按照业务线来分配管理。

一个人在一个岗位上越久，工作经验就越多，能力就越强，做事就越得心应手。所以，在公司里常常有一些有趣的现象，老员工做事很熟练，干活速度非常快，新员工花费很长时间，甚至留下加班，也未必能完成老员工用 3 个小时完成的工作。

这很正常，但这样的老员工也许并不是组织的主管，因为主管已经由其他人担任了。

管理人员是少数，大量的资深员工怎么处理，是每个企业都会遇到的问题，于是演化出了专业线和管理线分开晋升的做法。譬如说，专业线从 P1 开始，一直到 P15；管理层从 M1 开始，一直到 M8。是不是到了 P7 就自然是 M1 呢？未必。因为当专业线和管理线发生关联时，就要接受晋升考核。

有些人的专业能力很强，但管理能力不足，表达水平也一般，他们会选择接受从 P7 走到 P8 的专业线考核，而不参加管理线的考核。因为参加对专业能力的考核，他们更有信心可以顺利晋升；但选择管理线的考核，可能会失败。

只要专业级和管理级对应的薪酬、福利相差不大，就可以解决很多人想向管理层发展的问题。

管理层做起来并不如专业线那么轻松。在专业线上，你只要专注于做好分配给你的工作，表现出自己的专业级别应有的专业能力就行了。但管理线要求你不仅要对你管理的工作负责，还要对你管理的团队人员的成长负责。

这并不像很多人想象的那么轻松。因为越往上走，你面临的环境会越复杂，如果没有做好准备，你牺牲掉的可能不仅仅是你自己的前途。

所以，你需要选择究竟是要在专业线上专精发展，一路从初级走到资深，甚至研究员，还是要在管理线上发展，从主管开始，"升级打怪"做到高管。

问题二：管理究竟是什么？

在我的认知中，"管理"有两层意思，第一层是"管"，管动作、管过程，是为了做出结果；第二层是"理"，梳理、指导，确定执行者理解意图、认同目标，明确打法，是为达成最终结果打基础。通常，"理"在"管"之前，换句话说，你首先要能指导别人，然后才能管理别人。

但是，指导别人并不意味着你一定要能在专业层面上指导他人做事。

执行者有时候非常介意自己的领导之前没有相关领域的工作经验，如果领导没有相关经验，执行者就会心生"外行指导内行"的困惑甚至不满，这是一种错误的认知。

管理者如果此前有该领域的经验和业绩是最好的，但如果没有，只要他能够激发执行者的积极性，让执行者能够正常甚至超常发挥出自己的能力，那么他就是一个好的管理者。这时，你会发现"管"在"理"之前。

这里是针对运营人员来说的，所以，我们暂时不讨论非运营背景的管理者的能力要求问题。

那么，你是否具备指导他人的能力呢？

什么是指导他人呢？我举两个例子。

例子1。老王是一个运营领导，他指导下属的过程是这样的：我先给你说一遍，然后你去做，做不好我来帮你改，改完了你去执行，执行的过程中如果遇到问题，我来解决。

例子2。老李是一个运营领导，他指导下属的过程是这样的：我告诉你我要你做什么，你去做，方案提交上来后，我告诉你哪里不行，我要的是什么，你去改，再交方案，还是不行的话，我告诉你这次哪里不对，你继续改，一直改到我满意才可以去执行。

这两种领导，谁做得对？答案是，老李做得对。

因为指导不是代劳，指导是要让下属具有独立工作的能力，而不是看到下属的做法有问题，自己直接下场去干预。

指导的最终目标是实现能力的复制。要复制一项能力，必须由复制者自己做出来，当他的动作有问题时，你可以去纠正他，但不要手把手地去教他。

你自己动手的情况越多，越说明下属的能力没有成长，到最后，你虽然是个管理者，但觉得自己的事情随着职级的提升越来越多。如果你成了更高级的管理者，恐怕有一天你真的会崩溃。

身为管理者，不要轻易去为下属代劳，而是要指导他们锻炼自己的能力。你也许会担心这样会脱离一线，时间久了会丧失自己做事的手感。

但你完全没必要担心，因为如果你要担任管理者的角色，就应该把一线的工作交出去。当然，你依然可以通过盯数据、了解细节，来从下属的工作中获得对一线业务的体验。

做管理就是：带领团队做出结果。做管理前，你可能是做出结果的那个人；但做管理后，你必须是让别人做出结果的那个人。如果团队的结果是你自己做出来的，那么你作为领导领导是不合格的。

指导靠能力，领导靠威信。团队的成员数量，少则三五个，多则几十个、上百个，团队成员凭什么听你的，凭什么信你的，凭什么心甘情愿为你付出，帮你做出结果？

威信的建立和持续的推进，是非常重要的事情。从一开始，你就要帮助大家确定一个统一的目标，然后要在过程中不断进行管理和管控，跟大家共同去达成目标。在这个过程中，你需要不断去学习管理的手段、方法，要接受失败，要从所有的人和事中汲取力量和教训。

管理并不简单，也并不轻松，有时候会比你提升自己的能力难得多。

问题三：如何才能从专业线跨到管理线？

从专业线跨到管理线，有很多方法，你要选择哪一种呢？

方法 1：熬。

就是在专业线上做到无可比拟之后，熬，等机会，可能你这条线上有人会升迁，或者是隔壁线上会空出管理者的位置。这个办法看起来有些笨拙，但有很大一部分高级管理者是熬上来的。

方法 2：跳。

越是高层的管理者，越不可能是跳出来的，所以，跳这个方法，只适用于首次从专业线转换到管理线。

方法 3：挑。

如果你做到了在业内小有名气，就能获得挑的机会。但大多数人恐怕很难做到这一层，所以，这个办法仅供参考。

方法 4：创。

这个办法的难度比挑还大，你要以创始人或者联合创始人的身份参与管理，好处是可以经历从 0 到 1、从小到大的过程，但创业失败的风险非常高。

Q32 能否只在专业线上发展，不做管理

有朋友说，自己只喜欢亲自把事情做成，不喜欢带领别人把事情做成，自己已经做了 3 年管理，但希望有朝一日可以不再做管理，他问我这种想法是否可行。

我想先和这位朋友聊聊我们虽然不想承认，但不得不面对的现实。那就是：35 岁以上非管理岗的运营人员，大概率是会被淘汰的。

当我在某个大公司任职的时候，有一年，集团开启了人员优化流程，在长长的被优化者名单中出现了一个名字，这让所有认识他的人都觉得很难受。这也是我第一次碰到"35 岁问题"，算算时间，距离现在也差不多有 10 年了。

这位被优化的运营人员是一个为公司服务了 13 年，但一直没有走管理线的技术专家。

能够为一家公司服务 13 年，并且一直作为技术专家奋斗在一线，可以说他的专业能力、定力都是极好的。虽然我们不知道他是因为能力不足还是主观无意愿而一直在专业线上工作，但他没有成为管理者是事实，被优化掉也是事实。

这位员工被优化时，公司按规定给予了赔偿，就算按照 2N+1 的标准，

也只赔偿了不到30个月的工资，至于他后来有没有再就业，没有人知道。你可能会说，这样实在太不人性了。那我们想一想为什么会这样。

假设你现在是一家公司的老板，你希望自己的员工有怎样的状态？从人性角度看，你一定希望自己的员工朝气蓬勃、积极进取，能够和公司有共同的目标，能够为公司创造更多的价值。

在你面前有两位候选人。

一位候选人拥有10年经验，做过很成功的案例，但他要求月薪5万，而且他的孩子身体不好，他有时候需要请假陪孩子去医院；另一位候选人拥有2年经验，作为执行者参与过成功案例，要求月薪1万，未婚未育，不介意加班。

如果他们面试的职位是管理者，我想大多数人会选有10年经验的那位候选人。但如果他们面试的职位是高级运营专员，我想大多数人会选有2年经验的那位候选人。甚至有时候，不管是执行岗位还是管理岗位，年轻人都占绝对优势，譬如在二次元、短视频等需要迎合年轻人的潮流与兴趣的行业中。

互联网行业太年轻了，甚至有些公司都太年轻了，所以有时候对经验的需求，不像很多有更长历史的行业和公司那么旺盛。这导致一个有多年经验的一线执行者，在职场上处于不利地位。

接下来，我们说说职业规划的事。

请记住：职业规划并不是针对职业的规划，而是针对人生的规划。

或许你对管理线的抗拒不是由于自身能力不足，而是由于更倾向于通过亲手实现的方式获得成就感。

如果是这样，我觉得你需要去思考，10年或20年后你希望拥有怎样的人生。我们可以把它想象得大一些，譬如，20年之后要有车有房无贷款，财务自由。

接下来要做一道计算题。

你需要想清楚你想买多少钱的车，在哪里买多大的房子，假设20年后你拥有的是 100 万元的车和 3 000 万元的房，那么，你至少要在 20 年内攒 3 100 万元，每年要攒将近 160 万元。如果你在一家很好的公司上班，它上市了，业绩不错，你手上还有大量的股票可以变现，那么你实现这个目标的难度不算太大。如果不是这样，不管你是在管理线上还是专业线上，要实现这个目标都不容易。

我们来拆解一下每年将近 160 万元的积蓄是由什么构成的。

通常，我们会把收入分为主动收入和被动收入。主动收入就是需要你付出时间、精力去主动挣的钱，可能来自薪资，可能来自为别人提供的咨询、辅导等服务。被动收入就是你躺着也能挣的钱，它不需要你付出时间和精力，到时间就自动进账了。譬如说，书籍出版的版税收入、课程上线后持续的收入分成、股票、基金、房租。

你需要思考的是如何从专业线和管理线这两方面把收入增加到你期望的数额。

如果你发现在专业线或管理线上发展，可以帮助你获得更多的主动收入，或创造更多的被动收入，那么抓紧时间去强化就可以了。

在大多数领域，大多数公司，管理者的薪酬是远高于专家薪酬的，所以如果想要增加主动收入的部分，能够走管理线的话，要尽可能去走。

综上，如果你想知道作为运营人员，是否能够一直在专业线上发展，而不去竞争管理岗的话，我会告诉你，如果 35 岁之前你都无法进入管理线，等待你的可能是非常残酷的结果。

但是，如果你把职业规划问题从职业发展提升到人生规划，那么我相信，你会抛开这个问题看到更深入的东西。

Q33　如何增加运营人员在产品功能上的话语权

这其实是两个问题。第一个问题是，为什么很多产品经理不重视产品运营的建议？第二个问题是，运营人员如何才能增加在产品功能上的话语权？

对于第一个问题，一定要遵循"先问是不是，再问为什么"的逻辑。那么就有了一个前置的问题：产品经理是不是不重视产品运营的建议呢？我觉得这个问题在不同的公司，不同的场景下，问不同的人，会得到不同的答案。那么，如果存在这种现象，原因是什么呢？

可能有以下几种原因。

1. 产品运营提出的建议不合理或者需求不够明晰，产品经理无需重视。

2. 产品经理对自己的业务非常自信，甚至自负，不愿意听取其他人的意见，其他人中包括产品运营。

3. 产品运营的建议存在争议与利益冲突，产品经理无法采纳。

4. 产品运营的建议合理且有价值，但由于时机关系暂时不能排入当前版本，于是产品经理将这个需求后置，给产品运营带来了建议没有被重视的感受。

那么针对这些原因，产品运营应该怎么办呢？

针对第一个原因的解决方法是：让自己提出的建议具有合理性，或者更加明确自己的需求，与产品经理讨论需求实现的可能性，而不是需求本身的合理性。

针对第二个原因的解决方法是：让工作和生活改变这个人，也许会把他淘汰掉，你静观其变就好了。

针对第三个原因的解决方法是：明确争议点和利益冲突的原因，有针对性地解决这些争议或者冲突，让产品经理和他的业务与你成为利益共同体。

针对第四个原因的解决方法是：先理解对方，然后与对方加强沟通，争取使你的需求加入下一个版本。

然后是话语权的问题。话语权的决定因素有两个：你说得对，你叫得响。"对"是决定要素，"响"是影响力。让更多的人站在你这边，你自然就有了话语权。

怎么做呢？我有如下几点建议。

（1）在你提出需求的时候，尽可能地交付一个文档。这个文档中需要包含：需求背景（谁碰到了什么问题，为什么这个问题如此重要）、实现效果（解决了这个问题之后，有什么好处，如何体现在数据中）、迫性（这件事的紧急程度如何，随着时间的推移，如果不做会有什么风险）、需求描述（全面一些，附流程图和功能列表，该讲述场景就讲述场景，需要新增数据埋点就把维度和指标解释清楚）。

我们把这个文档叫作 MRD（市场需求文档），MRD 的质量越高，对产品经理理解和认同需求越有帮助，甚至还可以帮助产品经理节约写PRD（产品需求文档）的时间。

（2）加强沟通，和产品经理做朋友。从需求传递角度来说，你是上游，产品经理是下游；从产品运营角度来说，产品经理是上游，你是下游。不管怎么看，你们的利益都是一致的。事实上，产品、运营、开发都是后端部门，大家本来就是利益共同体，一荣俱荣，一损俱损。

既然如此，平时就应该搞好关系，经常一起吃饭、聊天、娱乐、吐槽。指标实现得好，要多感谢产品和开发团队的支持，这是做一个好运营的必备素质。不要吝啬与同事们分享好处，可以适当地主动帮他人承担责任，这样你能获得更多的资源支持。

（3）主动担责，积极分享。有时候，工作需要一些套路。我见过最有意思的套路是某公司的项目上线时，业务方群发邮件给所有负责人，感谢该项目所有相关部门和人员的帮助。如果数据跑出来不错，再次群发喜报并感谢大家的帮助，声明都是大家的功劳，没有大家的帮助是不会有这些成绩的；如果数据跑出来不太好，就再次群发邮件归因于自己，再次感谢大家的帮助，表示下次还要拜托大家支持。

如果你每次都这么做，还愁没有话语权吗？

最后，附上一份 MRD 的标准格式目录：

1. 业务需求

1.1 综述：详细阐述背景和 MRD 说明的是什么事情

1.2 业务现状：目前业务是什么样子的，为什么要改进

1.3 业务痛点：在业务中，运营看到的用户或者其他角色，在什么地方遇到了问题，需要解决和改进

1.4 用户使用价值：别人为什么要用这个业务，用了能解决什么问题

1.5 对产品的价值：交付上线后，能够对产品产生什么价值

2. 需求内容

2.1 名词解释：解释在 MRD 中你所使用的名词的含义

2.2 需求详细说明：根据实际提出的需求复杂度来安排这部分内容

2.3 项目开发计划：这个 MRD 是不是一个项目，如果是，它的计划是怎样的

2.4 预期效果：上线后会带来什么价值

2.5 功能需求：简述需要的功能和应该做到什么程度

2.6 附件：一切能够帮助产品经理理解 MRD 的内容汇总，可能是模型测算的结果，也可能是对产品有价值的梳理

Q34 做运营应该关注行业趋势变化吗

有人问了我这样一个问题：

最近新闻上说互联网的上半场是消费互联网，现在消费端的流量基本上消耗完了，互联网已经进入下半场，要向产业互联网转型了。联想到微信公开课上提到的企业微信，我觉得不是空穴来风。

现在的互联网运营主要是更好地服务用户和产品的，产业互联网时代的运营是什么样的，我们是不是需要做些转变，该怎么着手这件事情呢？

让我们先回顾一下历史。

1994 年，中国正式接入国际互联网，但发展缓慢，直到 1997 年，中国网民仅有 25 万人。中国互联网服务的第一次"井喷"出现在 1998 年至 2001 年，本土大大小小的互联网公司如雨后春笋般出现，其中有一些公司辉煌过一段时间，有一些公司直到今天依然矗立不倒，长成了参天大树。

1997 年，网易成立；1998 年，搜狐、新浪、腾讯成立；1999 年，阿里巴巴成立；2000 年，百度成立。

这些公司创立于门户网站的时代。"门户网站"这个词，现在已经很少有人提起了，什么是"门户"？一间房，一定有可供人进出的门，这就是门户，门户网站的意思就是用户通过它进入网络空间，看到更大的世界。

门户网站提供的服务五花八门，你可以在门户网站上看新闻、收邮件、进聊天室聊天、去论坛侃侃而谈，一个网站几乎提供了用户需要的所有服务。

当年三大门户网站——新浪、网易、搜狐可谓如日中天，阿里和腾讯尚未发展起来。当时商业模式匮乏，而随着技术的突飞猛进，三大门户网站也不复往日风光。

2001 年至 2005 年，网游和电商异军突起。凭借《传奇》，盛大用 3 年时间实现了在纳斯达克上市，2004 年，年仅 31 岁的陈天桥成了"首富"。同年，支付宝独立成了公司，腾讯在香港上市。

2005 年 2 月，盛大启动对新浪的并购，新浪采取"毒丸计划"反并购，两年后，盛大套现离场。

同样是 2005 年，淘宝完成了对易贝的阻击，站稳了国内电商老大的地位。那一年，腾讯的市值不过 90 亿港元；百度势不可挡，纳斯达克上市首日股价涨幅超过 300%，首日市值就达到了 40 亿美元。

2005 年至 2009 年，Web 2.0 兴起。人人网、开心网、迅雷盛极一时，BBS 活力重燃，但好景不长，因为移动互联网很快就来了。

2009 年 1 月，工业和信息化部为中国移动、中国电信和中国联通发放了三张第三代移动通信（3G）牌照。由此，2009 年成为我国的 3G 元年，移动互联网即将到来。

在 2009 年之前，中国网络游戏收入最高的公司是盛大。2009 年结束的时候，腾讯以 5.4 亿元的微弱优势，坐上了中国网络游戏收入第一的宝座。

微博在移动互联网时代异军突起，两年后，腾讯推出了微信，2013 年，微信的用户数量超过了新浪微博。

2009 年至 2013 年，团购、电商、视频、手机，各个赛道你追我赶，好不热闹，美团、京东、小米、爱奇艺逐渐壮大。

最终，国内的互联网进入了巨头把控的时代。

巨头在各个时代都存在，但每一代并不都是同一批巨头。作为巨头，要不断站在时代的前沿，去寻求新场景和新业务的突破，否则就会被时代无情地抛下。消费互联网还没有到终局，所以，现在就站在行业的角度去讨论职业的技能问题，为时尚早。但做运营必须关注行业趋势的变化。

2016 年，我加入了某车联网公司，该公司的业务就是为各个车厂提供智能车机，从而帮助车厂从传统汽车领域转入智能汽车的生产制造领域，智能体现在通过车机联网，能够让车主在驾驶过程中摆脱手机。

放眼现在，很多车辆的车机都发生了变化，除了特斯拉的超大屏幕，各家自主品牌都生产出了自己的车机屏幕和特色应用。

我 2016 年入职的公司还在，它发展得好不好暂且不论，但它确实成了中国智能汽车领域的"黄埔军校"，当年和我共事的同事们，现在纷纷进入了新能源车厂或者车厂的供应链公司、车联网软硬件公司担任各个业务条线的领导。

试想，如果 2016 年这些人没有加入这家公司，会不会与后来几年陆续兴起的整个智能汽车行业失之交臂呢？

如果未来我们想获得更大的职业保障，就必须关注行业变化。要在新行业出现竞争态势之前，入职该行业的公司，因为接下来你可能因为进入行业的时间早，而被后来的公司青睐，获得更好的职位与薪资。

我分享三条帮助你提升你对行业趋势变化的敏感度的建议。

1. 关注目前你负责的产品所服务的用户的真实需求。

2. 观察和了解哪些需求的实现有其他产品的影子，并持续关注这些产品的变化。

3. 将这些需求与变化推导到行业中，看看行业中有多少产品在发生类似的变化，看自己的产品有没有跟上这些变化，然后思考背后的原因。

坚持做下去，你会有意外的收获。

Q35　如何做运营才能让自己立于不败之地

很多做运营的人面临 KPI 的压力，担心自己被淘汰。我们来分析一下，运营的核心能力究竟是什么。

互联网是一个变化非常快的行业，用户上网的媒介在不断变化，PC 时代用 Web 互联网，现在进入了移动互联网，未来可能还会实现车联网，如果实现了脑机接口，还将迎来虚拟现实。媒介的改变之所以会影响运营，主要是因为不同场景下的上网环境是不同的，因此用户的行为特点也不一样。举一个最简单的例子，淘宝店铺关注用户买单，用术语说，叫"转化"。用户要付钱，就需要完成消费决策，但在电脑上和在手机上，用户的决策时间是完全不同的。在电脑上，用户完成决策所需要的时间是 3~4 分钟；而在手机上，用户完成决策所需要的时间是 13~18 秒。

是什么导致了决策时间数倍甚至数 10 倍的差距呢？其实就是因为屏幕的大小变了。

用户在电脑上在一屏内可以获得的信息量远远超过手机，所以在 Web 时代，所有教人做电商的都说详情页非常重要，应该好好设计详情页，增加可信度；但是，在移动互联网时代，做好详情页的重要程度远远不如做好主图、评论或者买家秀重要。因为，用户并不会在手机这样的小屏幕上仔细阅读详情页上的内容，而主图的视觉面积很大，所以用户看到的首先是主图，必须用主图让用户觉得这是他需要的产品。然后再通过评论，让用户发现和他们有同样需求的人付费之后得到的商品是什么样的，体验是不是可以达到自己的预期。

假如你想在 Web 互联网时代打造一家禀赋好的公司，并且在移动互联网时代维持这样的禀赋，就需要贴合不同时代的特点去开展运营工作。但并不是跟着媒介变化走就行了。

抛开媒介的变化，商业的本质——满足供需，提供价值，用产品或服务交换营收从来没有变过。

运营的核心技能——洞察人性，驱动增长，也没有变过，运营是依赖数据、创意、执行力的工作。

在 Web 时代，我们要知道流量从哪里来，哪个渠道的流量质量最高，什么样的用户最容易被转化，转化用户的理由和抓手是什么。

在移动互联网时代，我们要知道用户在哪里，通过什么方式获得用户的成本最低，做什么样的运营动作可以激发用户的分享欲。

运营不需要考虑行业属性，但运营的弱点是对行业的理解不够深刻。在大众产品上能够一通百通的做法放到垂直赛道上，就很容易失灵。

所以，运营人员不管负责什么样的产品，都要有两条命。

第一条命用来"搬砖"，把过去的经验融会贯通到现在的工作里。

第二条命用来深钻，立足当前产品的行业特性去做深入理解。

在樊登读书会做运营和在得到做运营，一样吗？如果不一样，哪里不一样？在知乎做运营和在微博做运营，一样吗？如果不一样，哪里不一样？如果你想不明白，说明你的道行还不够。道行是什么呢？第一重，看山就是山；第二重，看山不是山；第三重，看山还是山。

2009 年我在盛大积分中心做过春节活动，我之前设计的活动形式，现在还有人在用。优秀的运营方式的生命力是非常持久的。

很多设计、很多方法，其实都是一样的，我之前和下属说，不要浪费时间去听任何人分享运营经验，因为作用不大，为什么这么说呢？我举几个例子。

- 我们团队负责的某公众号，接手了半年，发现粉丝量在下降，一筹莫展，但突然有一天，我们决定重启暂停了半年多的直播讲座，然后，粉丝量重新开始增加。这时候我就可以去分享"一招解决公众号半年不增粉的臭毛病"的相关经验。
- 我们做了两年多的免费讲座，然后决定收费，产品上线半年，营收超过 50 万元，这时我就可以去分享"运营新法：让你的免费讲座赚钱的三种技巧"的相关经验。
- 我们做了半年的新号，从 0 建立了 30 万用户流量池，获客成本最多 2 元，于是我又可以出去分享"公众号红利仍在！低成本快速裂变的五个方案"的相关经验。

当然，我说听别人分享经验的作用不大，并不是说别人讲得不好，也不是说分享者分享的内容没有干货。而是想告诉你，就算别人把家底儿都掏给你，产品不同，条件不同，时间不同，团队不同，你不可能做出同样的效果，而且大概率做不好，为什么？

因为你只是听他说，自己没有做过，你永远不知道在实操中有多少灵活机动的动作需要执行。而这些东西，你看 1 万套书、听 10 万场讲座都没用，只能靠自己在摸爬滚打的过程中领悟。

那么，怎么让自己立于不败之地呢？

- 不管你在哪个行业里做运营，都需要与行业结合、与产品结合，理解你的产品、理解你的用户。技能只是帮你实现目标的工具。

- 保持对人性的敏感，培养从数据反推行为，从行为理解人性的直觉和判断力。

- 永远做对的事情，小到一件工作的落地事无巨细跟到底，大到梳理运营规划并做到根据反馈调整策略与节奏，"打怪升级"要一步一步来，着急没有用，只有打出结果才能更进一步。

- 不要频繁更换工作，而要思考自己怎样才能从当前的工作中获得成长，别抱怨领导没有给你分配任务，你要自己去找事情做，如果找不到，大概率是你还没有深入实际的工作中去。

仅仅追求业务能力或技能是不够的，关键是要结合你的职业发展阶段和实际情况来不断提升你自己各方面的能力。

Q36　怎么做运营能突破行业限制

在某次微信调整规则后，有一位运营人员问我，微信又出了新政策，社群运营人员以后会不会没饭吃。

大多数做运营的人可能都担心自己目前从事的岗位会被替代，导致自己失业，这种担忧隐含的是，自己当前从事的运营工作所用到的技能与方法能否被复用到其他运营岗位上，甚至是其他行业中去。

我们必须先明确一个事实：不同行业的运营工作，即便叫同一个名字，也可能存在明显的差异；有时候，虽然在同一个行业中，不同公司的运营岗位之间也可能存在明显差异。

当你跳槽到同行业的不同公司后，有没有担心过自己无法胜任？你或许会担心，但不会像换行业的时候那么慌，因为你有一个预期——同一个行业的不同公司，运营的逻辑相差不大。

运营这个岗位的优势就在于行业通用性——无论什么行业，只要涉及互联网，其背后的运营逻辑都是相似的；但它的劣势也在于行业通用性——不同的行业都有其内在规律，如果不能深入地了解行业，运营人员很难做出拉动业务增长的有效动作。

因此，如果运营人员希望自己能够很好地突破行业限制，就要做到：**不看表面差异，去追求底层逻辑的自洽**。也就是说，要掌握运营的本质。

运营工作的本质，是要让产品活得更久、更好，所以，运营的工作要么和用户数量挂钩，要么和收入挂钩。

和用户数量挂钩，不能只看增量也不能只看存量。因为用户数量实际上是增量与存量的叠加。如果过分重视增量而忽视存量，就必须保证流量的入口足够大，但这是一种非常危险且狭隘的增长观念；如果过分重视存量而忽视增量，就变成了"温水煮青蛙"，最后产品的生命力一定会被慢慢消耗完。

和收入挂钩，不仅要看新的收入来源，也要看已有的收入来源，不仅要关注老用户的复购，也要关注新用户的新购。

说到用户数量的增长，所有行业的运营都要面对同一个问题："用户从哪里来？"答案是基于用户获取信息的行为和习惯，去他们常用的获取信息的渠道，让他们看到你的产品，等累积到一定的用户量，可以通过用户转介绍来获取用户身边的潜在用户。第一阶段是投放，分付费和免费两种；第二阶段是推荐，也分付费和免费两种。

对用户规模负责，要想办法去了解用户在使用一款产品之前，会从哪里获取信息，会根据什么信息来完成决策，这需要你去了解行业所面对的用户。

了解用户有很多方法，比如，可以从行业报告中发现渠道。当然，还有其他方法，譬如，去找已有的用户或者目标用户聊天，了解他们的作息、时间安排，可能接触到的媒体与渠道。

我有一个朋友创业，他的产品的目标用户是三四线城市的家长，于是他挑选了一些三四线的代表城市，去当地了解那里的小学上学、放学的时间，挑一些目标小学，去门口蹲守，询问家长每天的时间安排，接触最多的 App，上网时间集中在什么时候，家里为孩子买东西的事情谁做主等。

他了解到，在三四线城市，家里为孩子买东西的事情做主的通常是妈妈，妈妈们通常 5 点起床，准备一家的早餐，7 点前会准时把孩子送到学校，放学后准备晚饭，晚上没有什么安排的话，21 点左右就会准备上床睡觉。平时用得多的 App 除了微信，就是抖音和淘宝，但最近比较喜欢看直播。

掌握这些信息后，他在做获客策略设计的时候，特意要求利用抖音去做潜在客户获取，通常在凌晨 5 点完成更新，这样妈妈们可以一边准备早餐，一边刷跟自己的产品有关的信息。

了解用户不需要什么花哨的操作，上面这种简单的做法就特别有用。

收入方面也是同理，只有深入了解行业和销售状况，才知道怎么做更好。

此外，你需要从实操中获得洞察的能力。

我和你分享一个故事，之前有朋友和我聊到一个跨境电商公司给他提供了一份模拟月销量走势的数据，以展示他们的增长速度很快，其中有一段时间数据被打得很低，如下所示：

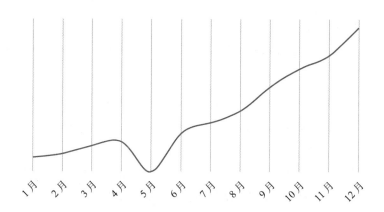

他问我怎么看。我问他这家公司的业务在哪个国家和地区，他说是中东。我说那个低点可能是受到了斋月的影响，因为斋月积压了大量需求，所以斋月过后大家很活跃地购买商品。他去问了一下，确实是斋月导致的。

我没有做过跨境电商，也没有了解过中东市场，为什么我看到低点会直接想到斋月？因为十多年的经验告诉我，数据下落一定有原因，如果是偶尔的下落，要么是数据统计在这个阶段出了问题，要么是季节性因素。对中东地区来说，斋月就是一个标准的季节性因素。这就是跨越行业的洞察。

从执行到洞察是一个质的飞跃，只有实现了这个飞跃，职业生涯所受的限制才会变小。

如果要跨越行业，则要注意多听多看，不要在还没弄清状况的时候直接上手。

千万不要觉得换了行业后自己要立刻拿出解决方案，或者运营规划，你要弄清楚当前的实际情况，在了解了业务、用户之后，再展开行动。

为什么必须要强调这一点？因为不同行业的运营，甚至同行业的运营，虽然底层逻辑差不多，但发力点可能完全不同。

譬如，同样做电商运营，自建电商和淘系电商就不一样，淘系电商依靠淘宝提供的强大的业务支撑能力，获得了用户画像和行为标签，可以直接取用；但自建电商需要运营自己去解决用户画像、行为标签等问题，然后把它们提交给产品或数据部门以完成基础的研发。

譬如，都是淘系的店铺，做女装运营做得好的店长，未必能把快消品店铺的运营做好，因为这两个品类的玩法并不相同。

再比如，教育行业的运营关注的是加快用户的消课速度，从而加快确认收入；而知识服务行业的运营关注的是如何让用户觉得自己的课程对他有价值，从而完成课程购买。

所以，当你进入一个新的行业后，千万不要盲目地拿自己以前行业的经验直接套用，而要多去听一听，看一看，了解公司的同事之前都做过什么，和他们讨论与确认运营动作的思路，这样才能事半功倍。

123

第三章

运营思维方式与价值观

Q37 如何正确地思考问题

在线上群聊的时候,有人提出了一个问题,他说他目前在负责一款在线教育的产品,这个产品是面向 B 端的,生意本来做得不错,老板有一天突发奇想说:"咱们能不能直接面向 C 端呢?"于是他们卖起了年卡。

和健身房的年卡一样,你办了这张卡,每天都能来约线上课。结果发现年卡卖出去之后,C 端的缺勤率高达 70%,往往是用户约了某天某个时段的课程,课安排好了,老师也到教室了,但是学生没来。这位运营人员很头疼,他想知道怎么才能让这些学生不缺勤。

要解决问题,首先要明确问题到底是什么,然后去洞察问题背后的诉求是什么,再看有哪些资源,最后才能给出建议。

无法有效解决孩子的缺勤行为,是因为缺乏正向激励的手段。我建议他采取以下方法。

1. 公告用户,年卡权益升级,增加"缺课保"权益,并更新用户协议。

2. 用户协议规定,在年卡有效期内,如果约课必上,不缺勤,年卡到期续费可以打折;但如果出现缺勤,年卡到期续费要加价。

3. 已经是年卡用户的,直接免费升级并赠送权益,"缺课保"服务的有效期从升级之日开始计算，哪怕学生过去缺了100节课也没关系；如果之前不是年卡用户，那么就需要购买新的年卡，至于新年卡的定价要不要涨，那是另一件事。

4. 如果想把这件事做得更可信，那么可以找个保险公司或者公证处公证。

5. 如果想把这件事做得更漂亮，那么可以分析一下学生的性别和兴趣，在学生每次完课后都给予激励，可以用小礼品、勋章激励孩子产生不缺勤的主观意识。

在日常的工作中，我们会碰到很多需要思考的场景。譬如说，我负责一项新业务，需要打开市场，让更多的人成为我的用户；譬如说，老板给了我一个看起来无法达成的KPI，我需要找到达成KPI的可能路径等。

在上面的案例中，我使用的思考方法叫利益相关者思考法。

不同的产品有不同的利益相关者，公司是其中不变的利益相关者，用户则是变化的利益相关者。

如果我们将利益相关者与不同的行业相对应，就会发现不同之处。

在教育行业中，使用者和决策者分离，所以在用户利益相关者层面存在两个角色，即决策者——家长、使用者——学生；电商平台从供应链角度看，有两个用户方面的利益相关者，即卖东西的人——商家、买东西的人——消费者；内容平台从内容供应链角度切入，也有两个用户方面的利益相关者，即内容生产者——作者、内容消费者——读者。

你可以试着列出你产品里的利益相关者。列出利益相关者后，你思考问题的角度就会变成：这个问题投射到利益相关者身上会发生什么，以及相关者之间的关系是什么？譬如说，我做的是一款只为付费会员提供服务的产品，不付费的人不能享受我的服务。那么，利益相关关系很简单，会员和平台之间是使用与被使用、被服务与服务的关系，既有矛盾，也是利益共同体。

会员通过支付会员费换取平台提供的服务，而平台为缴纳了会员费的用户提供服务。平台代表会员向服务供应商集中采购服务，从而降低会员获取服务的成本；作为交换，会员提供会员费来帮助平台去与服务供应商谈判，换取更大价值的服务。这里存在两对关系。

在这两对关系中，供应商提供的服务程度，由平台支付的成本决定；而平台能够撬动的服务供应商的规模，则由会员规模决定。

其中隐含的假设如下。

1.如果能够拥有更大的会员规模，或者促使会员支付更高的费用来购买会员服务，平台就可以撬动更多或者更大的供应商，并提供更多服务。当平台想要增加会员费或者扩大会员招募规模时，需要用到这个假设。

2.如果平台无法承担服务的成本，因而削减服务，它给出什么交换条件会员会愿意继续为服务付费？当用户规模无法扩大或会员费用无法提升时，就需要用到这个假设。

回到开头的问题。在这个案例中，提问者面对的问题是要提升用户的出勤率，我们看一下其中的利益相关结构。

父母：购买年卡并使用年卡预约课程	孩子：出席已经预约的课程	老师：出席已经预约的课程	平台：出售年卡，提供排课与师资交付

这里有四个利益相关方。接下来，我们看一下，出席预约课程会影响到谁的利益，他们有什么不同的诉求，如下图所示。

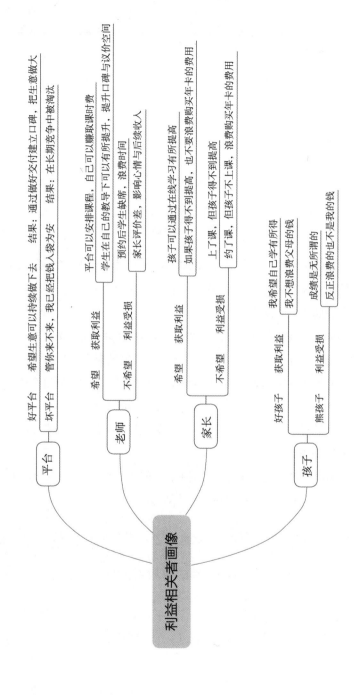

利益相关者画像

平台
├─ 好平台 —— 希望生意可以持续做下去
└─ 坏平台 —— 管你来不来，我已经把钱入袋为安
　　结果：通过做好交付建立口碑，把生意做大
　　结果：在长期竞争中被淘汰

老师
├─ 希望（获取利益）—— 平台可以安排课程，自己可以赚取课时费
│　　　　　　　　　　　　学生在自己的教导下可以有所提升，提升口碑与议价空间
└─ 不希望（利益受损）—— 预约后学生缺席，浪费时间
　　　　　　　　　　　　　家长评价差，影响心情与后续收入

家长
├─ 希望（获取利益）—— 孩子可以通过在线学习有所提高
│　　　　　　　　　　　　如果孩子得不到提高，也不要浪费购买年卡的费用
└─ 不希望（利益受损）—— 上了课，但孩子得不到提高
　　　　　　　　　　　　　约了课，但孩子不上课，浪费购买年卡的费用

孩子
├─ 好孩子（获取利益）—— 我希望自己学有所得
│　　　　　　　　　　　　我不想浪费父母的钱
└─ 熊孩子（利益受损）—— 成绩是无所谓的
　　　　　　　　　　　　　反正浪费的也不是我的钱

解决问题的核心在于，如何才能让父母觉得他们获得了好处。这个好处，首先是金钱不受损失，然后是孩子的成绩有提升。

在这两个层次中，解决任何一个，都可以提升家长的满意度，从而让他们继续购买产品。所有利益相关者的利益是一致的，所以，着眼点就在于，如何让孩子喜欢上课，并出席每一次预约的课程。

一方面，要做好教研，让老师的课程设计有趣且有交付，哪怕交付的是一种解题思路或者一个解题技巧；另一方面，要做好对学生的管理，发动可以连接学生的角色，促使学生按照约定的时间完成课程。

显然，做好教研，让课程有趣且有用是一个长期工作，不可能直接优化到最佳，要经历一个循序渐进的过程。而短期来看，必须要让可以连接学生的角色先动起来，因为优化需要借助反馈，没有学生上课，就没有反馈，不可能持续优化下去。于是，就要先让可以连接学生的人督促学生去上课。

家长以及孩子上课时的老师，都是可以连接学生的角色。其中，家长更能够起到直接连接的作用。所以，就要围绕家长设计激励。

有些产品里要求连续打卡多少天（通常 30 天内），或者非连续累计打卡多少天（通常 300 天左右），如果完成，就全额返还学费。很多家长因此要求学生每天打卡，这就是在强化利益相关者的利益一致性。

下面做一个简短的总结。

1.利益相关者思考法是一种洞察产品、用户之间多角色关系的一种思考方法。

2.首先明晰在一个业务中存在哪些角色，他们之间是否利益相关，找到利益相关者。

3.明确利益相关者的利益，强化大家的利益一致性。

4.基于利益共同体的目标，设计针对利益相关者的激励。

Q38　老板没给明确目标怎么办

让我们来看这样一个问题：

> 我在一家提供活动资讯的平台工作，目前负责统筹各个城市站的平台运营。我遇到了一个难题，领导要求我提高各个城市站的票房收入，并且通过运营策划提高用户的留存时间和活跃度。但目前针对C端用户的运营功能（像会员管理、专题社区、精选话题等）都在开发排期中，票房收入又比较受发布平台活动的影响。老板没有明确说数据指标要提高百分之多少，或者票房总数要达到多少，我无法很好地给各个城市站同事分配指标和制订工作规划，导致工作起来很没有方向，倍感压力。

老板没有给明确的预期，有很多原因。有时候老板是想看看你的主观能动性，看在他不提明确预期的情况下，你会怎么制定目标；有时候老板是确实不知道该定一个怎样的预期目标，他希望由你来做判断，让你看根据现在的状态定什么目标更合理。

要解决这个问题，我们必须要确立目标。只有确立了目标，我们才能去拆解目标，并规划后续的执行动作，让它们落地。

在确立目标这件事上，决定权在老板手里，你要做的就是提建议，告诉他确立什么样的目标更合理。

你要先完成对目标的思考，然后去找老板确认目标。

一般情况下，可以分三步完成这个思考：第一步，了解产品情况与相关运营数据；第二步，找到可以提升的点；第三步，基于当前资源定一个低保指标，再设计有更多资源填充后的挑战指标。

接下来，要和老板确认目标，陈述你的建议并请老板决策。

在这个问题中，老板已经给定了明确的方向——各城市站点的票房收入，只是没有明确百分比，所以需要给老板一个明确的指标，即各城市站点的票房收入在多长的时间内提升多少百分比。

你对面临的困难也已经做了摸排。首先，目前面对 C 端的运营功能不健全，所以，有系统性地进行会员服务、内容运营、社区讨论这些动作需要等待功能上线。实际上，我们无法保证这些功能对推升票房的作用究竟有多大，从常识上看，这些功能模块需要长期建设，但需要短期内就有成绩的话，即便这些功能已经有了，你可能也无法利用它们。你可以在测算时将它们作为辅助项来为目标提供支撑，但不能将其视为依赖项，否则你无法向老板提出建议。

其次，你认为现阶段可能需要依赖平台发布活动，活动力度会决定用户选择平台购票的意愿。我认为这正好可以作为你测算目标的抓手。但是，由于平台活动多种多样，我们并不知道什么样的平台活动可以有效地撬动票房收入。不管怎么做活动，电影本身的质量始终是吸引用户购票的动力之一，虽然我们可以讨论动力构成的权重，但如果电影本身很难看，就算票价定为 1 元，对票房的拉动也是有限的。当然，这种情况很极端，但必须考虑到。

考虑到各种条件并没有那么明晰，我们需要与公司的战略方向相结合。我们需要去研究在整个行业里我们和竞争对手市场份额的占比，可以用表格来呈现。

已接入城市名称	年度票房	线上占比	线下占比

这个表格是为了测算线上还可以推进多少占比，这部分就是你要争夺的份额。

然后可以填写这张表格：

131

城市名称	接入院线名称	我方票房占比	竞争对手票房占比

在有竞争对手的情况下，要弄清楚你和竞争对手在同一个电影院的线上份额的差距是多大，这样才能有针对性地选择主力进攻哪个城市，主力防守哪个城市。

然后，你就可以先定出一个范围：

城市	策略（扩张/维持/收缩）	目标值

接下来，你需要对应不同城市的不同策略去设计战术。如果要扩张某个城市的业务，需要什么资源？譬如，功能支持、活动支持、人力支持。如果要维持或者收缩某个城市的业务，需要做点什么？

把你的目标、策略、战术制定清楚，把需要的资源准备好，然后去找老板沟通，问老板你们的目标是不是这样的，如果是，可以讨论一下配套的资源，然后你去落地；如果不是，至少也有可以讨论的内容，帮助老板和你一起把目标梳理出来。

为什么我说你需要提前准备上面这些材料呢？因为所有级别的老板都不喜欢只会提问题、要资源、说有困难的人。

所以在和老板沟通时，可以采取以下做法。

1.让老板充分了解信息，好的信息和坏的信息都要让他知道。

2.让老板在了解信息之后可以做选择，而不是去填空。这一点很重要，你要让老板知道，虽然他没有给明确指标，但是你已经心里有数，你希望他帮你确认这个"数"是不是他心里所想的。

3.给老板明确的增长预期。起点可以不高，但必须要有，这是让老板接受方案的另一个关键点。

因此，在沟通时，你要先从数据入手，表明你做过相应的调研。然后说你根据数据推导出了针对具体城市的策略，大概有多少个城市接下来要进入扩张，多少个城市接下来选择维持或收缩。扩张城市增长的平均目标是多少，峰值和谷值是多少；维持或收缩的城市涉及的成本维持或缩减是如何设计的。

有了讨论基础，剩下的就比较简单了。再次强调，如果老板没有给你明确的目标，你必须想办法让这个目标变得明确。

Q39　公司不给钱，如何把一个项目打造出业内影响力

首先必须明确，品牌和业内影响力都需要坚持长期主义原则，换句话说，关键问题并不在于公司给不给钱，而在于老板是否能够理解，品牌的建立是一个长期过程，不能一蹴而就。坚持长期主义不是说要等十年八年，而是要去定义业内影响力的程度和品牌的高度。

即便要做百年老店，也要从现在开始一年一年地做。其中有两个核心点：第一个是时间周期，第二个是匹配目标。

直截了当地说，就是要提出一个计划，并且是可验证效果、目标与资源相匹配的计划。

这并不是说公司不需要做投入，相反，如果管理层认可你的目标和你拆分出来的打法，就会和你讨论达成这个计划需要提供的资源丰度。也就是说，想要公司投入资源，必须得有理有据。

如果你的目标是经过三年线上运营，让公司成为垂直行业内拥有最多用户的品牌，那么，你要做的第一件事就是收集信息，掌握公司所在行业的市场有多少用户。

假设你所在的公司业务范围在广东省，目标用户总数约有 1 500 万人，你不可能全部吃掉这个市场。那么你就要去规划，三年要占到多少百分比，假设要吃掉 20% 的市场，那么就是大约 300 万用户。于是，你的目标就

细化为：经过三年线上运营，让公司在广东省拥有 300 万付费用户。

如果老板认可这个目标，那么你就需要去拆解实现目标的路径。所以，你需要确认的并不是老板肯不肯给资源、给资金，而是老板是否相信你可以实现这个目标，或者老板是否希望实现更高的目标。

确立了共同目标，接下来就要为老板提供确定性。什么意思呢？有时候，老板说自己没钱，不是真没钱，而是不相信给你钱你能用好，所以，一旦老板和你确认双方目标一致，接下来就要让他相信你可以把钱用好。

把钱用好有两层意思，第一层是不会乱花钱，也就是花了钱能有效果；第二层是不会大手大脚，也就是花钱有计划。

什么叫花钱有效果？就是我和老板说这个活动给我 5 万元，能给公司赚回 10 万元，结果我做到了。

什么叫花钱有计划？今年我要申请 100 万元，但不是一次性要 100 万元，而是先投 5 万元试水，如果试了有用，再一点一点增加。在任何渠道，都要有这样的控制意识。

如果你能做到这两条，就可以给老板带来确定性。

当然，老板不给钱，除了确定性不足导致的谨慎态度，还有其他原因，比如公司目前还处于早期阶段，资金确实有压力。面对这种情况，有三种比较常见的方法。

方法一，多渠道"埋雷"。

Keep 早期用这个方法取得了成功，但能把产品做得像 Keep 那么靠谱的，业内不多见。这个方法在一个较长的时间周期内是有效的，这个时间周期就是：产品上线前——V1.0 上线前。

多渠道"埋雷"是说，作为运营去识别自己的用户通常在哪些其他外部渠道聚集，在产品上线前的预埋引流阶段，先在这些渠道留下印记。通过一段时间的长期运营，可以让用户产生一些期待和疑问。然后在产品上线后引爆，让用户瞬间聚集到产品中。

这个方法的各项评分如下：

通用：★★★★

难度：★★★

毅力：★★★★

技巧：★★

运气＋产品支撑：★★★★★（如果产品足够好，运气的成分可以削减）

方法二，刷脸换量。

这个方法适用于在业内已经具备一定影响力，且拥有高额薪资或充分股权的运营达人。通过用自己的人脉去做换量操作，在没有足够多的现金预算的情况下，依然可以换到足够好的资源，达到不错的运营效果。

但是，现在的公司流程越来越正规、环节越来越多，所以，这种方法只适用于体量不大的公司。

这个方法的各项评分如下：

通用：★

难度：★★

毅力：★★★

技巧：★★★★

运气＋产品支撑：★★★

方法三，用时间换成本。

一些自媒体可以用这种方法，譬如早年的李叫兽与知乎就是很好的例子，早期的小米在微博上也取得了很好的成绩。

挑选出足够有潜力的新媒体渠道，才有可能达到不错的效果。

这个方法的各项评分如下：

通用：★★

难度：★★★★★

毅力：★★★★★

技巧：★★★★★

运气：★★★★★

因此，首先要弄清楚为什么公司不给钱，是老板想要对抗不确定性，还是公司确实没钱；然后再具体问题具体解决。如果是老板担心确定性，就要去帮老板搞定确定性；如果是没钱，那么就要考虑用其他方法。但是，有一件事一定要和老板讲清楚，那就是品牌的建立需要坚持长期主义，很难一蹴而就。

Q40 如何拆解运营工作中的各种问题

有个读者加了我的微信，她说自己的产品是一款工具，公司的关注点是这款产品的用户量，她尝试过用直播拉动目标用户去使用产品，但收效甚微。

我大致还原一下我们的对话内容。当她问我如何达成公司的用户量 KPI 的时候，我问她："目标用户群体的总量是多少？"了解了业务逻辑之后，我问她："用户为什么要使用产品？他们的需求烈度高吗？"她告诉我，他们是通过立足于内容来促进目标用户使用产品的，我问她："效果好吗？用户如何获取内容？他们需要付出什么成本？"得到回复之后，我给了她一些建议，让她回去尝试。

还有个读者问我，如何解决让非会员付费的问题。了解了一些情况后，我问："会员付费的目标，是付费用户数还是 GMV？"得到回复之后，我继续问："成为会员的好处是什么，能解决什么问题？"对方告诉我一些玩法设想之后，我说："要明确一点，如果你的会员付费是聚焦内容的，那么首先要设一条红线，会员费只能每年涨价，不能直接降价。"继续说了一些操作中的可能性之后，我提出："产品设计的切入点是内容对这类垂直用户有价值，但要想知道用户对这些内容到底有多大的消费意愿，得先去搞清楚他们实际的诉求。"因为，在我看来，在这款产品的垂直领域里，用户的强需求并不在内容消费，而在其他方面。

这两个案例都和KPI有关，但是它们的解决方式却不同。第一个案例，最后我给出了可供实操的方法；而第二个案例，我给对方的建议是先搞清楚用户究竟要什么，然后去思考自己要做什么。为什么出发点相同，结果却不同呢？

实际上，我在两个案例中用了同一个思考问题的方法。思考过程如下。

1. 目标是什么？为什么是这个目标，而不是其他目标？

2. 要实现这个目标，依赖条件有几个，是什么？

3. 要做到什么程度，才能达成这些条件？

4. 要达成这些条件，需要什么样的资源或者假设？

5. 为了找到所需的资源，或者判断假设是否成立，现在需要做什么？

我把这种思考方式叫作：以终为始。这就是说，你不要先去想如何达成目标，而是要去思考这个目标的达成与什么有关，以此为起点去展开思考。

上面的两个案例的目标看起来很明确，其实不然。第一个案例的目标是用户规模，但用户规模可以继续往下拆：用户规模 = 用户类型1的规模 + 用户类型2的规模 + 用户类型3的规模……

接下来可以思考各个类型的用户目前到底有多少，他们之间是否有联动关系，运营某一个类型的用户可以带动他所能触达的另一个类型的用户吗？

什么叫用户的联动关系呢？譬如，在家校联动的场景下，搞定了老师，就同时搞定了学生和家长；在母婴场景、数码产品销售场景下，搞定了一个达人，就搞定了她身边的追随者。

如果你发现用户之间有联动关系，就变成了一个找"支点"的过程，比如，你搞定了我，就可能搞定我的读者。

分析到这里，前三个问题都解决了，于是就来到了第四个问题，即提出一个假设去验证是否存在能够支持相关联指标增长的方法。

第二个案例也是一样的道理。目标是付费用户数，但拆解之后是一定

ARPU（每用户平均收入）值下的付费用户数。

那么促使用户付款的条件是什么？是你抓住了用户需求。

如果你运营的是一个内容付费产品，就要弄清楚已经付费的用户是不是真的对你的内容感兴趣，以及阅读量、完成率怎么样，如果这些相关指标不理想，可能会指向两个方向。

1. 你的内容质量不行，用户不喜欢。如果是这样，这批已经付费的用户的续费就成了问题。

2. 你的产品设计和运营引导有问题，用户虽然喜欢但是想不起来去消费。如果是这样，拉动用户积极消费内容就行，你的运营策略可以集中在让用户去分享内容以带来更多的用户。

接下来就到了验证假设的阶段，因为你发现了阻碍，必须找到形成阻碍的原因，否则无法继续。假设这些相关指标还不错，那么接下来就进入如何提升的阶段了。

下面我分享一个和职业发展有关的例子。

之前有个朋友去两家公司面试产品经理的岗位，一家公司要求他思考商业变现的方法；另一家公司已经有了明确的商业路径，需要他来做整体架构的设计。

要求思考商业变现方法的面试在先，他面试失败后来找我聊天，我问了他面试的过程，然后告诉他："既然公司要你思考商业变现的路径和方法，你就不能以产品经理的自我定位去面试，你要把自己当成产品总监，去梳理商业变现的逻辑，然后再去考虑整个产品的架构设计和实现过程。"

他记住了面试产品经理要把自己当成产品总监这层意思，然后去准备第二家公司的面试了。面试之前，他来让我看他的准备工作做得怎么样，然后提了好多设想，我说："你是不是对我上次和你说的那句话有什么误解？"

他疑惑地问我："不是你说面试产品经理要把自己当成产品总监吗？"我说："对，但这两家公司最大的差别就是，第二家已经验证了自己的商业路径，所以它现在最需要的是有人帮助他们把整个架构梳理清楚，兼顾当前的可用性和以后的扩展性。因此，你要先聚焦问题本身，站稳了再去发散。"

这里用到的也是以终为始的思考方式。

Q41　如何理解与运用运营策略

"运营策略"这个词，有两层意思。从"大运营"的视角来看，运营策略是企业经营战略的一个部分，属于运营管理层面，它指的是在企业经营战略的总体框架下，用来支持和完成企业总体战略目标的运营层面的所有方案的集合。从"小运营"的视角来看，运营策略是可以实现运营目标的所有方案的集合。

我们先从"大运营"说起，企业经营是大运营，是有战略设计的，说企业可能有点复杂，我用生活中比较常见的现象来解读一下整个战略设计的过程。

以打麻将为例，你抓了一手牌，可能会先评估一下自己手上现在都有哪些牌，能组合成什么牌型，怎么才能胡牌。

比方说，你手上"万"字多，你想打出清一色或者混一色，那么清一色或者混一色就是你的战略目标，你摸到的牌就是已经有的资源，你的运营策略是：看摸到的牌是否符合你的需要，然后，放弃你不需要的牌。

但是，牌桌上并不是只有你一个人，其他三个人是你的竞争对手，你并不知道对方的战略目标是什么，也许是要胡对对碰，也许要胡十三幺。没关系，打着打着，你就能琢磨出其他人可能想胡什么牌了，于是你想出了一个竞争策略：避免自己打出别人想要的牌。

继续打下去，你会察觉到牌桌上的对手所拥有的资源发生了变化，他们改变了战略目标。你也会发现谁能打出你想要的牌，于是你开始等待时机，要么自摸，要么等人点炮。

这样说是不是挺容易理解的？如果你没打过麻将，找个麻将游戏体验一下，就知道我在说什么了。

围绕战略目标，明确已有资源，通过制定运营策略、竞争策略等各种策略来获取竞争优势，不断与对手拉开差距，最后结束战斗。这就是简化的企业经营战略的制定过程。

如果我们把关于运营策略的部分拉出来看，会看到什么呢？看摸到的牌是否符合你的需要，然后要放弃你不需要的牌，并避免让竞争对手获益，这就是大运营下的运营管理。同时要注意，打麻将是有回合数限制的，你需要在牌桌上所有的牌被摸完之前，达成你的目标。

下面说个真实的案例——拼多多。拼多多在推出"百亿补贴"之前，一直被说面向的是五环外用户，这其实是一个战略选择，这个战略选择是通过对宏观和微观状况的判断得到的结果。

先说宏观层面，拼多多成立于2015年，2015年中国网络零售市场交易总额达38 285亿元，占社会消费品零售总额的12.7%，换句话说，还有巨大的市场可以发掘，而2015年网购人口是4.6亿，全国网民人口是6.9亿；2016年中国网络零售市场交易总额达53 288亿元，占社会消费品零售总额的14.9%，而2016年网购人口是5亿，全国网民人口是7.3亿。从网络零售在社会消费品零售中的占比来看，国内的市场规模还有很大的发展空间。

而《中华人民共和国2015年国民经济和社会发展统计公报》里说，当年的全国居民人均可支配收入是21 966元，折算到月，大概是1830元。这意味着大多数人没有那么多钱可以用于消费，有一大部分人是"穷人"，他们需要的是物美价廉的商品。

微观层面是什么情况呢？拼多多没办法和阿里、京东正面"拼刺刀"，作为一个初创企业，它不具备直接与巨头正面竞争的能力。但巨头也有弱点，这个弱点就是，它们不可能在服务现有结构的用户之外，去服务更多供应价值更低的"长尾"，于是拼多多就有了可乘之机。

拉动了长尾之后，拼多多的用户增速很快，然后它让官方做补贴，露出优质品牌和商家，提升了消费者的消费能力，很快就成了让阿里重点关注的竞争对手。

接下来从"小运营"的视角来分析。

我们做运营，每日都在和 KPI 打交道，KPI 怎么来呢？在上一个问题中，我们其实已经讨论过了。先要有一个公司的总体目标，然后从公司总体的目标出发，层层拆解，最后分到每个人手上，就是你个人的 KPI。KPI 需要有匹配的资源（包括资金预算、人力供给等），过去我自己做 KPI 时，会做一张类似财务报表的表，用来告诉我的老板，我在什么时候需要什么资源，这些资源的增加会带来哪些价值。这也是一种策略。"小运营"可能会涉及各种策略，但所有的运营策略都来自对目标和对象的理解。

如果要做用户运营策略，我们要先去定义用户的类型，我在和三节课合作的《高阶用户运营体系课》里画了下面这张图。

用户生命周期	用户行为特征	用户类型
导入期	1. 通过适当渠道已经触达但未进行注册、下载等行为的用户 2. 尝试使用，但并未纳入用户信息的用户：比如有访问和使用行为但未下载或者未注册的用户	潜在用户
	已完成下载、注册，并在当日活跃，但尚未进入留存环节的用户	新用户
成长期	使用特定功能、满足活跃条件的用户	活跃用户
	养成了使用习惯，在一段时间内保持活跃的用户	留存用户
成熟期	完成付费转化且未流失的用户	付费用户
休眠期	连续一段时间未活跃，但仍可尝试激活的用户	沉睡用户
流失期	1. 已卸载用户 2. 连续一段时间未活跃，且无法激活的用户	流失用户

这是以 App 为例子做用户定义的一个参考图。

用户运营策略的起点就是：先定义用户。定义用户结束后，要明确目标，然后制定策略，最后执行。

用户类型	目标	策略描述
潜在用户	下载并安装 App	1. 应用商店优化、版本首发等 2. 百度搜索引擎优化、搜索引擎营销 3. 目标用户常驻渠道投放 4. 已有用户转介绍
新用户	1. 促使用户打开 App 2. 完成首次接触 3. 完成首次内容发布 4. 促次日留存 5. 促次日继续发布	1. 针对新注册用户设计活动，如：新注册用户独享权益，打开 App 领取 2. 新手引导，帮助用户了解 App 功能 3. 引导用户进行内容发布 4. 引导用户签到，连续签到三天领奖品 5. 用户下次签到反馈有用户互动，引导用户完成本次互动
留存用户	促活	1. 利用 push 策略，机器人与用户互动，并提醒用户有新互动（关注、评论、点赞等） 2. 签到提醒，连续签到、做订阅
活跃用户	促转化	1. 信息流植入用户最近浏览过的内容对应画像的商品 2. 连续三日签到送优惠券
付费用户	促复购	1. 基于画像对用户分层 2. 尝试推荐策略 3. 赠券
沉睡用户	唤醒	1. 沉睡用户专享礼包赠送 2. 用户好友唤醒
流失用户	召回	1. 用户常驻渠道露出 2. 针对流失用户做活动并促活跃用户转发 3. 传统渠道触达（手机、电子邮件营销等）

接下来我们要去细化每一个策略的执行方法。具体怎么做呢？举个例子：潜在用户获取策略之老用户转介绍策略执行描述。

- 形式：该策略以活动形式进行。
- 频次：每月一次，每次持续三周。
- 对象：每月初统计截至上月末仍活跃的用户，并选型，将用户分为未分享过、最近 30 日分享并带来新用户、最近 30 日分享但未带来新用户、最近 30 日未分享但之前分享过且带来过新用户四类，露出活动横幅。
- 规则：活动期内，选型用户每带来 1 位用户，送 10 元账户余额，上不封顶，余额仅可用于购买商品，不可提现。
- 目标：从历史数据可知，此类用户平均每人带来 2.1 位新用户，本次目标是拉动 10 万个用户进行分享，预计获客 21 万个。
- 预算：2 100 000 元。
- 成本：人均 10 元。
- 执行时间：2021 年 1 月 1 日。
- 结束时间：2021 年 1 月 21 日。
- 奖励发放时间：即时。

App 预案：

- ◇ 为保障达成活动效果，若监控数据提示效果存在风险，就启动每日对选型用户的推送提醒。
- ◇ 若活动效果超出预期，则提示奖金池已被瓜分完毕，提前结束活动。

这个执行方案里包含目标、执行方法、所需预算等一系列内容，我们在上文曾基于企业战略目标去做运营管理的拆解，"小运营"里的策略大致也是这样。

除了用户策略，还有价格策略、推荐策略等各种各样的运营策略，这些策略填满了达成业务运营目标的工具箱。

对运营策略的理解，首先要回归其大的定义，然后从细节去补充询问有哪些资源可供使用，要用多长时间来实现我们的运营目标。

Q42　如何思考与设计运营策略

运营策略应该如何思考与设计？与运营策划相比，运营策略的作用是提纲挈领，首先要拎方向，然后才能逐步细化到打法。所以，运营策略在前，运营策划在后。

各个层级的运营人都会触及"运营策略"这个概念，而不同层级的运营人，对运营策略的认知是不一样的，所以，我们先来拆解一下运营策略的层次。

我对不同层级的运营人所涉及的运营策略的认知如下：

层级	应用范围	思考切入点
高级运营管理者 （副总裁、总监级）	大方向的选择问题	让产品通过运营 取得成功或进展
中级运营管理者 （高级经理、经理级）	给定目标的实现路径 将战略分解为战术	设计达成高级管理者分配的运营目标的战术，并落实到执行者监督执行
初级运营管理者 （主管级）	战术理解，监督执行	通过理解战术去反推策略理解，监督执行者做出结果

真正碰到策略的都是中高级运营管理者，他们思考的方向有大有小，大的就是定方向，小的是消化和理解策略。那么，思考策略要怎么做呢？

如果现在想加入一个竞争非常激烈的赛道，你碰到的第一个策略选择就是：以什么品类切入赛道？这需要你去研究，在整个赛道中，哪些品类竞争激烈，供应饱和；哪些品类无人问津，供应暂时短缺。

我有一个朋友选择了做写字课，写字课是语文类目的一个小品类，但它包含的细分品类也很多，比如书写和书法。他所面临的第二个选择就是：细分品类选哪个？

他选择了书写，因为书写的交付和书法的交付不一样。

144

书写是低年级学生必须要学习的，而且交付标准简单：笔画正确、字体美观即可。另一个优点是，它的教材统一。

但书法没有年龄限制，上到七八十岁的老人下到上幼儿园或小学的孩子都可以学，它的交付标准执行起来相对困难。

此外，由于写字是语文的小品类，所以它具有很好的延展性，写字课的用户可以供应给阅读理解的产品，也可以供应给作文产品，因此获取的流量价值未来还可以持续挖掘，获客的边际成本可以被有效降低。

接下来，他遇到了另一个策略选择：产品给谁用？

这位朋友决定不去一二线城市厮杀，因为绝大多数品牌都盯着一二线城市的用户，竞争激烈，获客成本高，一开始就进入一二线市场，公司的成本压力有点大。所以他选择了进军三四线城市，切入低线市场。

接下来他开始思考竞争策略：如果去低线市场，我要和谁竞争？线下机构？线上同行？做哪个价格带？交付标准如何比别人好一点点？做完调研，他觉得千元级一年的产品可以打入市场。

于是，创始人形成了一套冷启动产品的运营策略：针对三四线城市，以千元级产品为交付，针对有书写需求的有孩家庭展开运营动作。这就是一个初创企业的高级运营管理者思考运营策略的大方向的例子。

如果你是这家企业的运营总监，你怎么去为创始人定下来的这个大方向匹配更加完整且有可行性的运营策略呢？你可以从如何获取目标客户入手。但创业公司没钱没人，怎么办？

运营总监可以从信息流和短视频平台入手获得初始的低线用户，累积到足够多的付费用户后，再去推进转介绍策略。这是冷启动获客策略＋规模获客策略，当这个策略交到了经理手上，经理得给下面的人拆解得很细才行。比如，信息流方面，每天投入1 000元做持续的广告投放测试，短视频平台每天拍摄相关的教学视频教用户写字，留资加微信，在微信群里提供订正和改进服务。

教人写字并不是核心交付，而是内容诱饵，要通过内容诱饵让用户觉得你这个内容有价值。经理可以从内容进行尝试，写完了交给班主任，由班主任来提供服务支持，做订正和改进。然后，再去做销售转化。

所以，经理可以告诉总监："我需要销售团队接住运营团队获得的潜在客户，需要销售人员直接入群，了解班主任服务的用户的情况，通过针对性话术来提升销售转化率。"

经理还可以和总监说明，这件事需要做各种测试和调研，观察低线用户的活跃周期和活跃平台，确保能够通过上述方法来获得低线用户，并为销售人员提供潜在客户。

经理还要考虑投入成本和效果，因为自己肩负着获客指标，所以需要验证获客策略的效用。

这位创始人考虑的是：信息流渠道每天投入 1 000 元，验证信息流应该采用何种关键词，何种人群包，这是对应后续的市场投放策略的；除信息流外，短视频应该采用何种内容展现，什么时间发布效果最好，派一个人去跑测试，跑出结果来直接应用，这部分成本就是一个人的薪资。

通过这部分动作可以验证获取低线用户的策略是否可行，如果可行，那么销售数据上会有所体现，用户规模也会随之上升。

经理的思考逻辑就是把领导的想法拆分开来，变成可以执行、可以验证、可以做出结果的方法，你可以说它是战术。之所以这样做，是为了让下属在做事的时候有可参照的评价标准。

因此，不同层级的运营人员对策略的思考深度和对策略反馈的机制的认识是不同的。你所处的层级，决定了你应该怎么去思考和设计运营策略。

在上面的例子中，你会发现：高级运营管理者思考的是方向性的策略，中级运营管理者思考的是聚焦验证、为结果提供保障的策略，初级运营管理者思考的是做出结果的策略。

你所处的层级决定了你对策略的思考从哪里开始，到哪里结束，只有思考的方法是正确的，你才可能通过策略设计做出结果。

基层员工的职责并不是去设计宏大的策略，而是聚焦做出结果这个目标。所以基层员工不应该轻信任何一个策略，而应该把策略看成假设，用假设去推动验证，验证的结果可能是假设成立，也可能是假设不成立，但不管成立与否，都应该做好复盘和持续验证的心理准备。

Q43　跨界项目如何融合不同行业背景的团队

最近几年，越来越多的传统公司开始寻求向互联网转型的方法，有些公司设立了新的事业部，由老板信任的年轻人带队，从传统业务输血，将互联网作为新业务进行探索；另外一些公司则直接开设一个分公司、子公司或独立公司，进行互联网业务的探索。

这个问题里的跨界项目指的是所有的"互联网+X"或"X+互联网"项目。

这类项目从成立到走向成功，大概可以分为三个阶段。

初创期：项目从刚刚成形到能够养活整个团队。在这个阶段，通常只有一个背景的团队在工作，因为这个阶段的任务就是验证模式是否成立，能否让产品和企业活下来。有些财大气粗的公司会直接在初创阶段就引入不同背景的团队，这种情况往往会碰到很多问题。

成长期：模式已经过验证，开始引入不同背景的团队，创始人希望开启扩展，经常对进度不满意。这个阶段非常危险，进一步公司就壮大，退一步公司就倒闭。

成熟期：规模效应出现，公司完成跨越，要么安安稳稳直到衰退，要么不断寻找第二曲线，追求成为长寿公司。

在这个过程中会面临不同的问题。最常见的问题就是，不同行业背景的团队如何融合。融合的过程是比较艰难的，我自己有过亲身经历。

2013年，我从互联网公司离开，去了一家以整车厂为背景的新公司，作为最初加入的5个互联网背景的人之一，我和传统行业背景的同事发生过很多冲突。这些冲突的根源是信任问题。

147

由于行业背景不同，开始的时候，两个行业的人在战略思考、策略制定、行动方针上存在严重的分歧。

传统行业的人认为，互联网背景的人一点都不了解传统行业；互联网背景的人也认为传统行业的人非常不了解互联网行业。

传统公司基于多年累积下来的成功经验，形成了一套完整的打法，从前期的市场调研到中期的战略生成，到后期的执行落地，每一步都需要讨论、研究，不断地开会、论证，最终才敢拍板，执行的过程中会担心自身的人员能力结构问题，更倾向于通过供应商来解决问题；但互联网企业由于业务通常较新，即便同类业务有竞争对手，也不会去做太长期的战略准备，一方面是因为没有条件（业务小没资金，业务大等不起），另一方面也是因为业务变化快，规划赶不上变化。

双方站在各自的角度，不愿意与对方进行融合，最后甚至难以开展正常的沟通，陷入水火不容的境地。

事实上，我经历的那个项目，大概1个月之后，双方就开始陆续撤出，我待了9个月之后也撤出了。

有趣的是，这个项目最终选择的路线是开局时互联网团队提出的几个方案之一，但由于当时的团队无法融合，直到所有初始成员离开时，依然没有选择出任何一个方案，几年后，才进入正常的设计环节。

如果时光能倒流，这家公司和这个项目会不会做出同样的选择我们不得而知，但能够肯定的是，如果无法让不同行业背景的成员快速融合起来，同样的问题一定会再次发生。

我之所以这么说，是因为我不仅经历过这一个案例，还管理过跨行业背景的团队，也为传统行业的互联网项目做过教练，所以我不仅参与过，也指导过很多类似的案例。

跨行业的团队融合最重要的是要能看到对方的优点，同时承认自身的不足。

要怎么做才能实现不同背景团队的融合呢？

根据自己的实践经验和指导他人的经验，我总结出了以下几个要点。

第一，绑定双方的目标，而不要分配不同目标，以免各自为战。

第二，两边的管理者心态要积极，主动建立和维护好管理者之间的沟通渠道。

第三，管理者不能护短，而要主动反省，出问题时，不讨论责任归属，只研究解决方案。

第四，建立团队内的分享机制和对口机制，鼓励不同背景的成员通过吃饭时的聊天、专场闭门分享等方法，快速了解对方过去的经历、经验、资源和能力边界。

第五，老板一定要一碗水端平，甚至有时要有意向弱势背景的人员倾斜。

一个一个来解释。

第一，应绑定双方的目标，而不要分配不同目标，避免各自为战。在垂直行业互联网化的过程中，内容生产是不可避免的一个环节。如果要求垂直行业背景的人写稿子，他或许可以写出来，但未必能写好。这时候，就不能设定垂直行业背景的人负责生产稿件，以稿件数为KPI，然后内容运营团队的人负责推广稿件，以阅读量或者获客数为KPI，因为二者的工作是上下游关系，所以，一旦后续的阅读推广或获客环节的指标出现问题，就很容易出现相互推诿的现象，运营团队的人质疑稿件质量，垂直行业背景的人质疑运营人员的能力。那这个时候怎么办呢？可以把阅读量和获客数指标直接下放给两边的团队，让双方一起背。这样可以让两种背景的人坐在一起，讨论怎样才能实现这个目标，双方会对彼此提要求，从而建立通畅的工作链条。

第二，两边的负责人心态要积极，主动建立和维护好管理者之间的沟通渠道。这要求两边的负责人的胸怀都要足够宽广，要能够意识到大家是在为实现同一个目标做事，这也是从一开始就要绑定双方目标的原因。作为公司的管理者，一定要传达的是，我已经统一了你们双方的目标，一荣俱荣，一损俱损，如果目标出现了阻滞，我不会看是谁的责任，而会看作你们双方的问题，所以，你们要想办法让各自的下属不要起冲突。促成两边的负责人的融合，对团队的融合至关重要。

第三，管理者在管理时，千万不要护短，出了问题不要去讨论责任归属，一切要以解决问题为出发点，避免下属因为工作过程中有失误但害怕担责而推卸责任，破坏两支团队融合的氛围。

第四，由于两支团队背景不同，要融合必须要互相了解，所以，一定要建立团队内的分享机制和对口机制，鼓励不同背景的成员分享自己过去的经验和经历，让大家互相了解对方的行业、了解团队成员在行业中的资历、业绩和能力边界；所谓对口就是不仅负责人之间要建立沟通渠道，下属之间也要建立沟通渠道，可以认为是要求不同背景的同事结对子，通过长期的沟通、相处，让大家能听懂对方的语言，这样才能慢慢完成融合。

第五，就是老板的态度。很多垂直行业的老板会把新项目里属于垂直行业部分的工作分配给老部下。感情上有所偏爱是人之常情，但是，老板一定要做到对两边的团队一视同仁，这个一视同仁老板不能凭自己的感觉判定，而是要多多和两边团队的负责人沟通、确认。

跨行业的融合是跨行业项目必经的过程，这个过程可长可短，所以，除了要掌握方法，也要有耐心。这类项目的负责人可能会感到压力很大，但一旦跨过，后面的事情就容易开展了。

那么具体的融合过程要如何展开呢？互联网背景的人应该做些什么呢？

有一年我去平安银行总行做内训，目的是要促进平安银行内部互联网条线和传统业务条线的融合与互动。当时我给出了四点建议。

1. 放下已有的数据印象和成见，到一线去，了解一线业务的真实样貌。

互联网不一定是解决问题的关键，首先要了解一线业务遇到的实际情况是什么，这是互联网背景的人必须要做的事。

了解线下一线业务的目的是要做到洞察真实。比如，业务人员真正需要的资源、支持是什么，他们感受到的困难在哪里，哪些问题是通过线上提供支持可以解决的，哪些是线上无法解决但可以帮着协调的，哪些是需要线下自行解决的，要明确整件事情各个环节的效能情况，明确各自的边界，找到可以相互协助的互动点。

2. 从关键环节出发，先解决实际的问题，不论大小，因为这是融合的需要。

用户选择接受哪家公司的服务，是按照信任度排序的，影响信任度的因素有很多。线上人员应该把线下人员当成自己的用户，他们选择和线上人员一起合作，就要对他们负责。因此，线上如果有好的东西可以给线下提供帮助，就要让线下感知到这一点，所以，在融合全面开始之前，线上人员要用实际行动告诉线下人员，自己会在力所能及的范围内给予支持，这非常关键。

3. 为线下人员提供适当的工具，使他们感受到效率的提升。

上一点是就线下基层员工而言的，这一点是就线下的负责人而言的，基层人员对效率未必有明显的感受，但负责人会有更深入的了解。

譬如说，线下的负责人担心线下的业务人员没有去扫街，那么可以借助钉钉的地理位置打卡来进行验证。

譬如说，原先要求装修队填写工时，现在可以让他们每天拍照，完成了几个房间的隐蔽工程，就拍摄一些照片来证明确实完成了，照片中要包含关键的质量控制节点，比如接头部分的特写。第二天早上进屋打卡的时候，拍一张全景的环境照片，证明前一天的建筑垃圾已经清理了。

通常需要线上提供工具与支持的，都是可以标准化与模块化的动作，那么在这个层面上，你要做的就是提供工具。让线下业务的负责人感受到工具可以帮助他降低管理的难度，提升管理的效率，就能得到他们的支持。

4. 当上述三点都完成之后，再从线上的角度看能否把模块化做得更好。

如果你完成了上述三点，得到了线下负责人和基层员工的支持，这个时候，你再去考虑如何对线下业务人员的工作进行模块化，并且以提升各个环节的效益为目标去进行改善或者重建，就有可能将困难模式转变为简单模式。

Q44　什么叫作"懂用户"

有人问了我这样一个问题：

> 我们经常提需要懂用户。那么做到什么程度才算懂用户？懂用户究竟是要理解用户的哪些方面？目前我能想到的是，知道我们的用户是谁、在哪里、喜欢什么、有什么需求，知道他们的行为是如何产生的以及如何影响他们的行为等。

首先，我认为提问者所说的知道用户是谁、在哪里、喜欢什么、有什么需求、知道用户的行为是如何产生的、懂得如何影响用户的行为这些点都是对的，但我们还可以再深入一些。因为我们不仅要懂表面的逻辑，还要懂深层次的心理方面的因素，更重要的是要有应对策略。

从我个人的经验出发，懂用户需要考虑以下几个问题。

1. 我是否了解我负责的产品或业务模块面对的是具有何种需求的用户？

2. 我目前的运营工具箱里有哪些工具或者方法可以有针对性地对这些用户产生影响？

3. 当产品或者业务数据发生变化的时候，我是否能抓出典型用户，并复盘他们当时的场景、做法和对应的心理变化？

4. 基于这些复盘出来的信息，我是否能让我的工具箱继续对数据提升产生效力？

先来看第一个问题，不同的产品、不同的业务模块面对的用户和需求并不相同。以在线教育产品为例。

这样的产品面对的是使用者，即孩子，但孩子要使用产品，需要决策者来买单，而决策者是家长。这时候，产品已经天然地出现了不同的用户群体。孩子的需求可能不是学习，而是有趣，所以，课程模块的运营人员，如果是做内容的，就要想办法让孩子喜欢自己设计的内容；家长的需求是有效，所以，销售模块的运营人员要先想办法获得家长的信任，于是，就有了体验课的设计，体验课结束之后，会给家长发放课后报告，其中的文案怎么写就是负责从体验课到买单转化的运营人员的工作内容了。要想办法证明自己的课程对孩子的学习是有效的，这些会成为销售促单的武器，然后通过话术去转化家长，让他付钱。

当家长付了钱，负责消课模块的运营就要想办法促使家长多让孩子上课；负责拉新的运营，就要想办法让家长去分享，进行转介绍；而负责课程内容模块的运营就要想办法更多地提升课程的趣味性，让孩子自发地喜欢上课。在产品体外，可能还有做社群运营的人，如果他们负责的是待转化的家长社群，那么是通过社群发资料、开讲座，让家长转发，开拓更多的潜在客户，还是通过种种玩法，在社群中获取家长的信任，促进购买决策，就又是不同的方向。

在不同的业务模块下，用户所处阶段是不一样的。对于没付费的家长，要想办法获取他的信任；对于付了费的家长，要让他感受到服务和效果，给他复购的动力；对于已经获取的家长用户，要尽可能去挖掘其朋友圈的潜在客户。这里的关键就在于你是否能识别他们在不同阶段和不同业务模块里的需求。

理解了用户的特性和需求，才能回答第二个问题，即你的工具箱里是否有对应的工具或方法可以达成对这些用户的运营目标。当然，工具箱是一种比喻，它是你在理清用户的基础信息和真实用户需求后，让用户达到自己预期的手段集合。

如果你运营的是知识付费产品，你要先明确用户要的究竟是"获得感"还是"获得",否则你的运营手段可能就有问题。

对于想要"获得感"的用户,你要通过各种方法,让他觉得他真的花了很多的时间,学到了很多知识,譬如说,给他各种里程碑式的海报,比如累计1万小时学习里程碑+一段鸡汤文,让他分享到朋友圈。

对于想要"获得"的用户,你就要检验自己的课程是否真的提供了一些即学即用的方法,能够切实解决用户的问题,并且跟进用户的"获得"程度,同步在"获得"这件事上,譬如在运营笔记工具时,让用户看到有启发的内容记录下来;出一些测试题,测测用户是否掌握了知识点。

第三个问题是非常典型的对懂用户这件事的一个验证。

举个例子,你做了一个活动,没有效果,原因可能是活动规则太复杂。那么你是否可以还原出用户当时的一系列心理活动和动作?比如,来到活动页面,本来觉得这个活动的奖励很诱人,但看到密密麻麻的活动规则后,觉得要满足领奖条件很麻烦,于是心生退意。又如,推出了一个付费板块,结果交钱的用户很少,你会怎样定位问题,怎样还原现场?这就来到了第四个问题——提出假设,等待验证。

实际上,如果我们收缩一下"懂用户"这三个字的边界,然后再进行提炼,得到的答案就是:基于已经出现的产品数据,结合用户需求研究和用户行为数据,不断提出假设、进行验证的持续优化的过程,就是懂用户。

"懂用户"绝对不是一个口号,它是靠不断去贴近用户,站在用户角度上去看待产品、看待运营才能养成的一个习惯。

当你负责一个产品的运营时,有没有深入地使用过这个产品?你是否对用户在使用产品的过程中,可能遭遇到的问题与激励方法有比较明确的认知?你能否有效地掌握正反两方面体验对用户心理和行为的影响?

在我看来,这些是去解决懂用户这个问题或者确定其评价标准的切入点。

Q45 做内容运营要有怎样的思维方式

有朋友问了我这么一个问题：

在新媒体横行的当下，内容运营的思维方式应该是怎样的呢？

这个问题非常有趣，首先它有一个预设的前提，叫作"新媒体横行"，用"横行"这个词可能是因为提问者做的是内容运营，但是这几年新媒体运营发展得非常迅猛，在职业发展、公司需求上似乎都超越了传统的内容运营。他带着对未来的不确定与对新媒体的困惑和怨念，问出了这么一个问题，目的是使自己有所提升，应对新媒体的挑战。

在《从零开始做运营》里，我提到过内容运营，其中用了一张图来说明内容供应链。

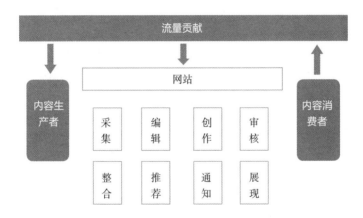

这张图描述的是在内容平台上内容生产者、内容消费者和平台的职责与相互关系。

基本逻辑是，一个以内容为主的平台，通常由内容生产者和内容消费者构成供需的两端，由生产者提供内容，由消费者消费内容，平台容纳并鼓励内容生产者，从而获得可供消费者消费的内容商品，而消费者贡献流量给平台以获取对内容商品的消费。现在这条供应链发生了一些变化，内容消费者除了贡献流量，还可以贡献金钱，也就是形成了信息流和资金流两个回路。

内容生产者既可以是平台的用户，也可以是平台的运营人员。当内容生产者是平台的用户时，就是 UGC（用户生产内容）的模式；而当内容生产者是平台的运营人员时，就是 PGC（专业生产内容）的模式。

不管是新媒体还是旧媒体，只要负责的是内容，那么底层的思维方式是一样的，可以分为四个要点：

- 内容消费者需要的内容是什么？
- 作为内容生产者，我的能力和资源能够生产什么样的内容？
- 供应和需求如何匹配？
- 内容形态能否给内容提供加成？

总结为一句话就是：内容生产者的思维方式应该是，在自己所运营的媒体能力的基础上，寻求满足内容消费者的需求的方法。

譬如我在视频号上做视频内容时，会先去思考用户需要什么，再去拍摄。因为我不是科班出身，所以我的视频形式很单一，就是口播。但 papi 酱做内容坚持"以我为主"，通过视频来表达自己的观点，因为她是科班出身，可以用这种优势来击败当时生产能力不够专业的竞争对手。

不纠结新媒体、旧媒体之间的差异，而思考其中的共性，从底层的思考逻辑入手，才能更好地适应未来的发展与变化。

Q46 为什么要关注用户生命周期

有朋友问过关于用户生命周期的问题：

用户生命周期是体现用户行为的客观规律，还是运营的产物？

如果产品是人，收入就是维持产品生命的能量，而用户就是产品的细胞，细胞是要进行新陈代谢的。

以头发为例，其生命周期分为以下几个阶段。

生长期，在这个时期，毛囊细胞最为活跃，毛发快速生长。

退行期，毛囊细胞开始凋亡，毛发不会再继续生长，发根也会被向上推出。

静止期，毛囊细胞开始修整，毛发可能会脱落。

再生期，毛囊细胞再次进入活跃的生长期。

如果毛囊细胞出了问题，不能再生了，那么毛囊细胞出问题的那部分头皮就长不出头发了。

这是不是和用户的生命周期很相似？

如果产品是人，也会经历从小到大，由盛到衰的过程，这是客观规律。也就是说，不管你是否主动去定义产品发展过程的各个环节，这个规律始终存在，它不以人的意志为转移。

iPhone4S再经典，现在拿出来卖，可能也没人买了，因为它的产品生命周期已经结束了。

用户生命周期也是一个客观规律，不管业务去不去辨识，它都是存在的，因此用户生命周期并不是被运营出来的。

管理好自身用户，是让产品生存下来和获得更多价值的前提，而要想做到这一点，就需要了解用户处在怎样的阶段，这样才能更准确地提供价值与服务。

好比谈恋爱，你不能刚认识对方，就要求对方带你去见家长，你们要从聊天、喝茶、吃饭开始慢慢相互熟悉。如果你用对待恋爱对象的思维对待用户，就会发现不同的阶段应该去做不同的事情。

这就是业务需要去理解和掌握用户生命周期的原因——如果你想更好地管理用户，必须明白你的用户现在处于什么阶段，因为不同的阶段需要满足的需求是不同的。

所以，用户生命周期是一个客观规律，它本来就存在；它是业务运营的依据，但它并不是业务创造出来的，而是被辨识出来的。

什么是创造？就是让原先不存在的变为实体；什么是辨识？就是原先就存在的被发现了。

基于以上事实，我们可以问自己一些问题。

为什么有些 App 在用户完成账号注册后做的第一件事是引导用户完成一系列的操作，然后再让用户自由操作？因为从业务角度来看，用户一旦注册了账号，就代表他进入了用户生命周期的第一阶段，为了让用户更容易理解产品的操作逻辑，需要设置一个新手导引来降低理解产品的门槛。

为什么业务需要不定期或定期开展活动？因为从业务角度来看，活动可以有效地使已活跃的用户保持活跃，促进还未转化的用户完成转化，唤醒已沉睡的用户。这些都是运营策略的外显。

业务的运营策略是有针对性的，要匹配策略，就要有对应的用户群体，用户群体并不是泛指，而是产品中具有某种特征的用户群体。用生命周期去做切分，是为了通过一套方法把用户特征找出来，归纳出通用性，在实操中这些工作会做得更加精细。

譬如，母婴电商会考虑对购买奶粉的用户制定一个长期促购的策略，先统计买了二段奶粉的用户的复购周期是多久，再根据复购周期去推测从二段奶粉升入三段奶粉的用户的周期，这样就可以提前对有可能进入转换周期的用户做促购和导购。

这就是我上面说的，运营策略通常是和用户的特征相匹配的，而用户的特征会因为其所处生命周期阶段的不同而发生变化。因此，辨识出用户所处的生命周期的阶段就可以做匹配工作，让制定运营策略的过程更加有效和有趣。

除了业务运营的实际需要，用户生命周期还可以用来帮助老板或者产品负责人判断未来一段时间的产品状态与产品的生命周期。

假设一款母婴产品诞生初期的定位没有向备孕和育儿发展，而只是集中在解决孕妇的生理和心理问题上，它对于精准用户（孕妇）来说，生命周期不到 10 个月，那么这款产品就需要关注已有用户（孕妇）处于何种时期（几个月了），并且要持续引入刚刚怀孕的孕妇。否则，如果 80% 的用户处于怀孕 8 个月的状态，那么这款产品很快就会进入衰退期（只有 20% 的用户怀孕时间不足 8 个月，新用户补充不足，用户规模必然衰退，导致用户活跃度降低）。这时，它需要尽快获得更多孕妇，或者拓展到产后业务去。

用户生命周期不仅能在这些场景中产生价值，如果一款产品包含用户付费的场景，那么它还有额外的价值，可以帮助研究 LTV（用户生命周期总价值）。

譬如，一款手游的用户平均的生命周期是 24 个月，月 ARPU 是 5 块钱，那么用户生命周期总价值 =24 × 5=120 元。

这项计算有什么用？

1. 预估手游收入。

譬如，某游戏上线 30 个月，拥有 1 000 万付费用户，100 万用户已经流失，而其中 80% 的用户是在游戏上线 6 个月后流失的，流失时平均每人贡献了 5 元。剩余 900 万用户中，500 万用户已经留存了 3 个月，400 万用户已经留存了 1 个月，每个月会新增 100 万付费用户。我们可以根据这些数据预测 12 个月后该游戏的累计收入。

	新用户（万）	老用户（万）	流失用户（万）	总付费用户（万）	ARPU（元）	收入（万元）
第 1 个月	100	900		1 000	¥5.00	¥5 000.00
第 2 个月	100	1 000	−400	700	¥5.00	¥3 500.00
第 3 个月	100	1 100		1 200	¥5.00	¥6 000.00
第 4 个月	100	1 200	−500	800	¥5.00	¥4 000.00
第 5 个月	100	1 300		1 400	¥5.00	¥7 000.00
第 6 个月	100	1 400		1 500	¥5.00	¥7 500.00

（续表）

	新用户（万）	老用户（万）	流失用户（万）	总付费用户（万）	ARPU（元）	收入（万元）
第 7 个月	100	1 500	−100	1 500	¥5.00	¥7 500.00
第 8 个月	100	1 600	−100	1 600	¥5.00	¥8 000.00
第 9 个月	100	1 700	−100	1 700	¥5.00	¥8 500.00
第 10 个月	100	1 800	−100	1 800	¥5.00	¥9 000.00
第 11 个月	100	1 900	−100	1 900	¥5.00	¥9 500.00
第 12 个月	100	2 000	−100	2 000	¥5.00	¥10 000.00
合计						¥85 500.00

可以投入多少成本预算去获客或者维系用户的生命周期是能算出来的，产生的收入也很清晰。

2. 计算利润空间。

与 LTV 相对，还有一个 CAC（用户获取成本）。

当你计算出来的 LTV > CAC 的时候，就是赚钱的，只不过还需要考虑 PBP（投资回报周期），也就是你获取用户所付出的成本多长时间才可以收回。

在上面的例子中，如果用户可以消费 12 个月，那么只有单位获客成本小于 60 元，才能在一年内收回成本。

用户画像和生命周期如果脱离了业务发展将毫无价值，这是最关键且最重要的一点。

Q47　如何平衡能带来收益的决策和用户体验

有个朋友问，如果一个决策能够为产品或者公司带来收益，但它会影响用户体验，应该如何去平衡。

碰到这种问题，我会先问一个问题：这个收益是什么？

如果是核心收益，并且是巨大的核心收益，那么根本不用考虑用户体验与决策收益是否平衡；但如果这个收益既不是核心收益，也不够大，那么就要优先考虑用户体验。

比如说，很久以前视频网站都没有收益，但是有一天，它们发现插播广告可以带来收益。视频网站是否知道在播放视频前或者在播放过程中插入视频，会有损用户体验呢？它们当然知道。但是为什么要这么做呢？因为如果不这样做，它们就缺少收入，会一直亏损下去。

过了一段时间，视频网站发现，既然用户希望获得更好的体验，我可以推出会员制，只要付了会员费，就可以跳过广告。视频网站是否知道卖会员会有损用户体验呢？它们当然知道。但是为什么要这么做呢？因为广告费收入不够养活公司，而用户想获得更好的观看体验，愿意付出成本，来提升观看体验。

有没有其他办法呢？我们来看另一个案例。

YouTube 是谷歌旗下的一个视频网站，它向商家收取广告费，在用户观看视频前推送广告，但并不向用户收取跳过广告的费用。如果用户对正在播放的广告不感兴趣，在广告播放了一段时间之后，可以直接点击跳过。

这种做法既保障了广告收入，又保障了用户体验，同时，还能了解用户对哪一类广告不感兴趣，对哪一类广告的接受度高，从而为做广告的商家提供优化建议。

即便是同一个行业，平衡收益和用户体验的方法也并非只有一种。

当然，除了核心收益，还要考虑竞争对手造成的压力。一旦市场上不存在竞争对手，也就可能不存在用户体验的考量了——因为，没有竞争对手，用户体验好或不好都不重要，换言之，即便用户体验不好，也能赚到钱。但不得不说的是，如果持有这种观点，那么企业即便可以存活一时，也难以获得长久的发展。

如果所有的视频网站都选择了同一种打法，那么不需要额外去思考更好的办法。只有当行业中出现搅局者，采用了更好的平衡收益与用户体验的方法，行业中的其他人才会考虑是否要跟进新的策略。

对运营人员来说，在产品的核心利益能够得到保障的情况下，要优先考虑支持更好的用户体验；但如果产品的核心利益不能得到保障，那么要尽量在确保用户体验不受更大的损失的前提下，实现产品核心收益的提升。

Q48　运营如何使用数据

这个问题来源于下面两个提问。

问题一：什么是数据运营，数据运营是做什么的，为哪些工作提供什么支持？

问题二：运营交给 BI 的工作太杂太乱，做完了也通常没多大意义，怎样把工作做得比较有成果呢？

在开始解答之前，我希望你了解，对运营来说，处理数据是一项基本功。你工作的每一天都要和数据打交道，离开了这项基本功，你的工作效率会降低。

对运营来说，KPI 要用数据来体现，策略要根据数据来调整，所有工作都由数据来驱动。所以，看数据、分析数据、基于数据提出设想，是每个运营都要做的事情。

那么，数据运营是做什么的呢？数据运营就是所有的工作都围绕数据来开展的职位。

首先，数据运营需要了解在产品运营的过程中需要什么数据。譬如，电商运营要看订单量、客单价、转化率，还要看用户在不同页面中流转的过程数据，比如在哪里停留，下拉到什么位置等。

其次，数据运营要定义数据的意义。譬如，App 里的"激活"的究竟是指用户下载 App 并完成注册，还是用户使用了某个功能。

再次，数据运营要建立数据查看的路径，比如，是邮件日报还是可视化。

最后，在不同的公司，数据运营的职责可能有所不同。有些公司的数据运营是偏向 BI 的，就是抽取数据、分析数据并形成报告，以及做建模等；也有些是偏向运营的，就是从数据中发现问题、寻找机会，并提出假设和验证假设；还有些是偏向市场的，就是做行业分析，对应到公司业务发展层面去做结合。

之所以会出现独立的数据运营团队，通常是因为：现有团队成员的数据挖掘能力存在不足，或业务类型比较特殊，需要独立团队。

作为数据运营人员，你提出的需求，要自己查询，自己分析，自己做假设，自己去验证。

如果你需要 BI 团队来为你提供数据，那么作为和数据部门打交道最多的人，运营人员应该学会正确地去提数据需求。

首先，如果公司内部有数据需求流程，就要遵循数据流程。在提数据需求时，要讲清楚以下几件事。

（1）数据的时间维度，需要的是多长时间内的数据。

（2）排除的数据类型，需要的数据是否包含需要排除的项目。

（3）数据的详细表达，需要的是什么数据，包含哪些维度（注意，不一定是字段）。

譬如我是一个电商运营人员，我想要了解近一周的新注册用户的行为，那么我提需求的时候会做出以下说明。

数据拉取对象：注册时间在 2017 年 11 月 1 日至 11 月 7 日的用户，要求精确到 11 月 1 日 0:00—11 月 8 日 0:00。

分析内容：需要提供宽表，反映这段时间内选型对象在 App 内的浏览与下单情况。字段如下：

用户 ID
7 日内登录次数
是否浏览过商品
浏览过的商品的品类
该品类下的 SKU 数量
平均浏览时长
是否下单
下单数量
是否成功支付
成功支付笔数
成功支付金额

有了这张宽表，你就可以通过数据透视，知道哪些商品类型更受关注，以及新注册用户在这一周的行为偏好。

当你获得了数据之后，应该做两件事。

（1）感谢帮你获得数据的人。

（2）利用数据开展分析，并完成数据报告。

当你完成第二步之后，应该做两件事。

（1）把报告提供给你希望提供的人。

（2）把数据分析的结果反馈给提供数据的人。

数据的提供者很关心自己提供的数据是否产生了价值，你应当给他们一个反馈。

作为运营，在使用数据时，有一些事项需要注意。

（1）不要带着结论去要求数据供应。因为你很可能因为被结论影响而误读数据。

（2）尽可能多地收集影响数据的情报，发挥想象力去推敲数据背后可能的原因。

（3）在提数据需求和使用数据时，尽量选择脱敏后的数据。

（4）一定要给数据供应者反馈，这是职场礼仪。

以上是数据使用者在请求数据时以及使用数据后应该执行的动作。

我们拿到数据应该怎么用？

右图是我在得到 App 上线的课程，我们以这张图为例进行分析。

首先，我们要考虑一下数据的口径。这个页面上出现最多的字是"人"，它代表的是人数还是人次呢？页面上显示有 109 251 人加入学习，付费后的第一节课有 140 405 人学习过，那么可以推论出，在"学习过"这个指标上，"人"代表的是人次而不是人数，否则付费后的第一节课的学习人数应该不高于 109 251 这个数值。

其次是转化率问题。这套课程从试听到购买的转化率是：109 251 ÷ 213 827≈51%，这套课的完课率是：84 909 ÷ 109 251≈78%。

如果你是一个对数据敏感的运营人员，可能会想到另外的问题。

问题一：得到 App 上是不是所有课程从试听到购买的转化率都在 51% 上下？完课率是不是都在 78% 上下？

这个问题怎么解决呢？去看其他的课程，把试听和第一节课以及最后一节课的人数找出来做除法就行了。

问题二：这样一套课程，能创造多少收入呢？

这套课程现在的定价是 19.9 元，假设 109 251 是购买人数，它可以带来的收入是：109 251 × 19.9≈217 万元。

事实上，这套课程是 2017 年上架的，当时定价是 9.9 元，2018 年 4

月得到 App 把价格从 9.9 元涨到了 19.9 元。如果你没有长期跟进，就可能会误以为这套课卖了 217 万元。你可能会想："就算知道了有 9.9 元的历史价，我也不知道之前卖了多少啊，怎么办？"

其实不用那么精确，你再用 9.9 乘一下，估个区间值就好了：109 251 × 9.9≈108 元。也就是说，这套课程给得到 App 带来了 108 万~217 万元的收入。

除了这些，你还可以继续往下思考。

（1）得到 App 销量最高的是哪个课程？完课率最高的是哪个课程？销量和完课率之间是正相关关系，还是没有关系？

（2）如果考虑上架时间和推广资源，还可以看到什么样的课程在怎样的一个时间长度里呈现出怎样的转化率和销量变化。

（3）如果考虑评论数，评论数和销量之间存在什么关系？评论会受什么因素影响？

（4）如果你是得到 App 的工作人员，你认为它应该继续开设什么样的课程？

（5）为什么得到 App 要把购买人数这些数据都放在前台，有什么目的？

运营需要数据，并不仅仅是要用数据来证明自己的价值，更重要的是要进行分析，获得对一些事物的洞察，并且得到一些假设和结论。

对一些特殊的运营业务来说，数据能力是基础能力。举个例子，之前我在知乎上回答了一个关于百度地图的问题，其中提到，如果你开车使用百度地图导航，它会根据你的百公里驾驶行为做出评分。这个评分本身不具有意义，但是，如果未来来有一家保险公司要为你提供 UBI 保险（根据驾驶行为定保费的保险），那么这个数据就变得有意义了。

2016 年，我就职的某车联网公司和保险公司一起提供了一项类似 UBI 的保险返还服务。车主通过我们的产品进行投保，车机会收集用户的驾驶行为数据。如果车主不开车，就按日退还保费；如果频繁做出

"三急"（百公里的急加速、急减速、急转弯）行为就会影响 UBI 的评分，UBI 评分会决定你下一年的保费是多少，所以，加入了保险计划的车主，会有意识地减少这些危险行为。

举这个例子是说，用户行为会对数据产生影响，但当用户看到数据背后的价值之后，就会尝试改变行为去匹配数据的要求。

在一段时间之后，我们分析了做出危险行为的车主的特征：

- 男性
- 处女座
- 35~50 岁
- 三四线城市市民为主

我们能说符合这个画像的车主，开车就很莽撞吗？当然不能，我们只能说，在数据的统计周期内，购买这些车型且加入了 UBI 保险计划的车主，在行驶过程中的"三急"行为与上面这些特征有较强的关联。对于数据推导出来的结果，我们需要严格限定其实际发生的条件。只有把实际发生的条件限定下来，才能在后续拓展假设的时候做到有的放矢。

如果保险公司后续要继续推行 UBI 保险，那么在评估投保金额时，就可以用上面这个已经限定了条件的数据对用户进行甄别。

运营人员也可以通过对平台的动作进行分析，获得对行业和产品的洞察，比如：电商平台基本都表示不能容忍刷单行为。为什么呢？

因为大量用户已经知道了系统推荐商品可能是广告，因此有一些用户会根据销量排序来做购买决策，而刷单会影响销量数据。如果销量数据是假的，那么用户的消费决策就会出现失误，带来的消费体验可能非常差。用户消费决策失误导致消费体验受损，会降低用户对平台的信任，进而导致用户流失，所以平台坚决惩罚刷单行为。

进行长期的数据分析有助于我们搞清楚影响数据的因素，并实施有针对性的动作。

1.季节因素：游戏和电商这两个行业，在假期中数据会更好，运营也会更忙碌；而教育行业假期中的数据表现不如备考前的数据表现；航旅业假期之前一段时间的数据会更好。

基于季节因素，如何设计运营动作，如何匹配周期，是不同行业都要面对的现实问题。游戏行业和电商行业可以利用淡季去打磨产品，并尝试通过周期性动作保持数据的增长，假期可以通过设计大型活动来推高数据；教育行业可以利用假期做产品研发、教研准备；航旅业可以在平时关注商旅客户，在假期来临前关注度假客户。

2. 社会因素：实体经济越差，价格相对低廉且能给人带来慰藉的商品销量越好，这叫"口红效应"；当地当季流行的商品不一定适配全国的用户，这属于幸存者偏差。

上述车主行为在一定程度上反映了社会因素，35~50岁的男性掌握着当地的社会资源和社交关系，这导致他们在开车时不够谨慎。不良的驾驶习惯很容易在数据对比中暴露出来。

针对这类人群，我们要思考如何改变他们的不良驾驶习惯。

3. 策略因素：用户类型是否匹配内容与活动，针对不同的用户的策略是否有足够的差异来支撑分层运营，等等。

同样一个活动，在A公司和B公司达成的效果完全不同，这里面可能包含了渠道资源能力的差异、成本投入的差异，以及针对用户的策略实施的差异。

4. 其他因素。一些产品早期会故意留下一些漏洞作为增长策略的切入点，利用传播因素来制造数据飙升，达到一定量级后再关闭漏洞，既拿到了用户，也完成了增长。但这种做法不能一直用，而且对止损点和成本控制有一定的要求。

对运营人员来说，数据能力是基础能力，它能够影响甚至决定你职业发展的层级，不可轻视。

Q49 电商的满减是怎么回事

有人问过我这样一个问题:

请问电商的满减优惠券金额是怎么算的? 比如 100-50, 为什么不是 100-49 或者 100-51 ? 100 又是怎么计算出来的?

优惠券涉及电商运营中库存管理的清库部分。什么叫清库? 就是清理库存。什么是库存? 就是仓库里的商品数量。

为什么要清库? 因为仓储需要空间, 换季上新需要腾出空间来放货。同时, 库存是成本, 只有把它清掉, 才能换回现金。如果不及时清理库存, 就会占用空间, 挤占现金流, 对商家来说并不是好事。

清库要用到一些手段, 常用的手段就是促销, 而满减是促销的手段之一, 其他促销办法详见下表:

促销手段	玩法
满减	满多少金额减多少金额
满赠	满多少金额赠额外的商品
满返	满多少金额返多少金额
满折	在某一个金额之上开始打折
折扣	直接打折
抵用	使用凭证或代币抵消相应金额的支付, 如积分抵扣、优惠券抵扣
捆绑	搭着某个商品一起卖, 譬如游戏机和游戏捆绑在一起卖
买赠	买了就送, 买一送一, 买三送二, 等等

不同的促销策略对应着不同的目标, 不要一看到促销就认为是东西不好卖要清库了, 因为不同的促销策略可以起到不同的作用。

譬如，满 100 减 10、满 100 送 10 元优惠券、满 100 返 10 元现金、满 100 打 9 折，这些措施有可能不是为了清库存，而是为了把客单价拉到更高的区间；但指定商品打 5 折、买任天堂游戏机捆绑"口袋妖怪"、买三送二，通常就是清库存；而积分抵扣现金消费，则是为了维系用户忠诚度，利用积分体系的价值做营销。

有人看到满 100 减 50，就会想，为什么不直接打对折呢？但满 100 减 50 不等同于打对折，其中包含着不同层次的思考。当我们需要回笼资金而不是以盈利为目标的时候，回款的速度最重要，这时一件 99 元的商品，可能直接以 49 元卖掉。但如果设置满 100 减 50 的限制，用户就必须去凑单，以达成满减条件，这可能会导致有些用户放弃支付，对快速回款造成阻碍。

但如果我们的目的不是快速回笼资金，而是加快清空库存，就可以考虑推行满减优惠，因为 99 元的商品必须搭配一件大于等于 1 元的商品才能满足满减条件，可以实现一个订单清理 2 个库存商品的效果。

换句话说：你看到的所有满减，都是商家经过测算采取的刺激你消费的一种手段。另外，满减并不一定都是减整数，既有满 100 减 50，也有满 99 减 3，满 199 减 100，不同的金额设计蕴含的逻辑不同。

正常情况下，满减的减值设计都是经过测算的，除了单纯的亏本也要清空库存的情况，几乎不存在亏本的减值。

减值金额并不固定，根据不同的品类甚至 SKU 的情况，可以做具体设置，一般来说，整数值满减整数值，是为了让消费者产生打了对应折扣的错觉；满减非整数值或小值，是为了暗示消费者真的只能让利这么多，再让就亏本了。

Q50　什么叫数据敏感

我们经常听人说，运营人员一定要对数据敏感，那什么叫数据敏感呢？

以我服务的一家硬件制造企业为例，它向用户销售硬件，为了让用户用得更愉快，还开发了一个 App。同时，他们建立了一个线上社区，允许用户在社区里讨论使用心得、兴趣爱好、玩法机制。

有一天我去这家公司开会，运营人员说这段时间社区的浏览数据突然下降了，问我怎么解决这个问题。

数据大致如下：

月份	发帖数	发帖人数	浏览量
9 月	180	120	345 892
8 月	260	230	789 763
7 月	230	180	843 210
6 月	120	80	234 857

我看到 7 月和 8 月的浏览量激增，觉得有点奇怪，于是问运营人员："你们硬件产品这段时间没什么问题吧？"

他愣了一下，告诉我 iOS 系统升级导致硬件在 iOS 客户端不可用，目前只能等待后续版本来解决；安卓系统中存在一个漏洞，修复了很久，但没有完全解决。

我说："你把 App 月活数据和社区月活数据拿出来对一下。"

他问："为什么需要看 App 月活数据呢？"

我说："用户进社区要先打开 App，然后点 Tab 进入社区，接下来才是看帖子，这个流程没错吧？"

他说："没错。"

我说："基于你刚才和我同步的信息，我形成了以下几个假设。第一个假设是，硬件问题在 7 月集中被感知，用户来社区寻求解决方案，因此浏览了大量帖子。9 月浏览量骤降，我怀疑可能是解决问题有困难，用户的耐心逐渐丧失。第二个假设是，用户活跃度降低了，不启动 App 就

171

不能进入社区，如果 App 的用户活跃度下降得比较多，进入社区的用户也会随之减少。第三个假设是，也许只是因为 7 月开始放暑假，所以学生们有所放松，假期结束了，数据也就回归正常了。不管是哪一个假设，都需要去分析浏览量集中的帖子是哪一类，以及不同月份的浏览量差值。"

这就是数据敏感的表现。数据敏感大概有三层意思。

1. 看到数据，就能反馈数据背后的行为和动机。

当我们看到数据的时候，要在第一时间想到这些数据和哪些用户行为、动机相关。

2. 快速对影响数据的原因提出合理假设。

在了解业务的前提下，要在看到数据变化的同时快速定位可能的问题，关联数据变化背后的影响因素，对这些数据变化的原因快速提出合理假设。

3. 能够对尚未发生的数据做出预测。

在掌握了充分的行业信息和产品信息后，可以对即将发生的运营动作所带来的数据结果做出预测。

前两层属于数据洞察，最后一层是数据预测，这三层意思之间是有递进关系的。只有对数据非常熟悉，才能完成洞察；只有对业务非常清晰，才能尝试预测。

Q51 如何培养数据敏感

知道了什么是数据敏感，接下来说说如何培养数据敏感。大致要做以下三件事，如果你能认真做，对培养数据敏感会有帮助。

1. 养成每天手动记录和整理数据的习惯。

每天到公司后，用 30 分钟记录和整理昨天的数据。准备一张 Excel 电子表格，每天把前一天的业务相关数据记在这张 Excel 表里。不要因为公司后台提供了商业智能仪表盘就忽略了这件事。做这件事可以让你熟悉你负责的业务的数据。

2. 养成问题的习惯。

在手动记录和整理数据的过程中，要不停地在脑袋里问问题。问什么呢？

- 记录的这些字段之间有关系吗？如果有，是什么关系，一个字段变了，其他的哪些字段会变？会变好还是变坏？
- 这段时间的数据是变好了，变坏了，还是没有变化？最近做了哪些运营动作，哪个动作做了之后变好了，哪个动作做了之后变坏了？
- 今天的数据和昨天相比，数据趋势是变好了还是变差了？

不停地问自己类似的问题，逼迫自己提出假设，半年之后，你看到任何数据，都会本能地开始提出问题。

3. 训练大局观。

举个例子，你可能会去商场，商场里每个楼层通常都有一张平面图。你可以参照这张平面图为自己设计路线：

- 从我现在的位置去某个品牌的店铺，中间要去一趟洗手间，我要怎么走？
- 如果我要去某个品牌的店铺，并且要去一趟洗手间，怎么走距离最短？
- 从我现在的位置去某楼层的某店铺，中间我要先去另外两三个品牌的店铺，怎么走最近？
- 如果我要去某个品牌的店铺，但一定要避开某几个店铺，应该怎么规划路线？

这其实是要训练你的"上帝视角"，因为逛商场时你是第一人称视角，而看地图时你是第三人称视角。要习惯把自己拉到第三人称视角去看待你的运营动作和数据之间的关系，这样你才能更加客观地去看待数据和它的影响因素。

做好这三件事，对提升数据敏感度大有好处，它们不仅可以帮助你提升数据洞察能力，也可以帮助你提升数据预测能力。

如果在养成这些习惯的同时，去学习一些心理学和行为学的知识，可以帮你更快地提升数据敏感度。

Q52　为什么有些活动没价值

有人问了这样一个问题：

> 为什么有些活动看起来页面效果不错，但是对平台的帮助微乎其微？

通常认为，活动是一种短期内提升某个业务指标的运营手段。提升指标不一定对平台有正面影响，要持续去做活动结束后对平台还有一定贡献的活动，让数据像下图这样走，才是健康的活动运营模式。

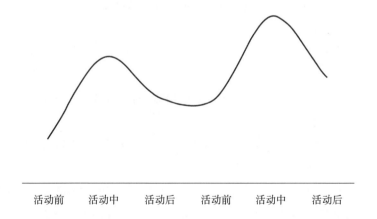

活动前　　活动中　　活动后　　活动前　　活动中　　活动后

这里说的"健康"是指活动结束之后，数据虽然比活动中有所衰退，但仍然会保持在较之前更高的位置。当然，这是一种理想情况。

事实上，大多数活动通常属于"强心针""兴奋剂"。在相关的运营数据需要做抬升的时候，活动可以在短期内提振数据表现，活动结束后，就恢复原样。究其原因，有如下几种可能。

（1）产品本身没有做好功能设计，或者产品的设计没有考虑对用户行为进行有效的引导与控制，导致只能依赖活动做短期提升。

（2）活动设计者迫于 KPI 压力，有些急功近利，只考虑一场活动的效果。

（3）运营与业务之间存在鸿沟，导致活动带来的效果无法由业务进行固化。

针对这些问题，需要采取以下办法。

（1）自上而下达成根本共识：活动是短期内提升相关业务指标的一种方法。

（2）要想让数据在活动结束后保持在较高水平，且具备增长的连续性，就要做好运营、产品与业务之间的连接。从业务需求角度出发，产品人员应该设计好留存机制；从运营角度出发，产品人员应当为运营人员准备一些工具和功能，让运营人员能够对活动与产品中的某个模块进行联动和用户传导。

（3）活动设计者应该有长远的计划，在活动的策划和执行过程中，通过产品将可以复用、固化的部分固定为业务模块。同时，可以把一些开展过多次且效果不错的活动固化为节日，通过多次重复使用户形成对活动的品牌感知。

（4）摒弃"唯 KPI 论"的思考模式。KPI 很重要，它是我们工作成果的校验标准，但我们不能只考虑 KPI，否则就很容易做出一些只能带来短期利益，而缺乏长期价值的事。

Q53　使用者和付费者不一致，如何运营

有人问了这样一个问题：

在教育行业，使用用户和买单用户不一致，如何才能做到营销最大化？或者说，如何才能使品牌价值显性化？

这个问题不仅在教育行业存在，在所有使用者和付费者不一致的行业都存在，譬如，B2B 行业、保险行业、医疗健康行业。

解决这个问题的思路就是，你要让付钱的那个人觉得这个产品或者品牌值得他花钱让使用者去使用。

《天下网商》2017 年发表的一篇文章详述了钉钉的创业史，其中有一段写道：

> 在做来往的时候，我们总结了三个教训：第一，严禁 YY（想当然），产品经理都觉得自己一定行，来往就是觉得自己一定行，最后干死了；第二，必须快，速度快是第一位；第三，始终保持和用户在一起。
>
> 7、8 月，我们拜访了好几家中小企业，但是不太顺利。一天下午，拜访完一个客户，我们都心情沮丧，心想这个项目差不多了，到月底就关掉，感觉没有什么机会、需求不大、是自己在 YY。我们吃着臭豆腐，同事说他同学在旁边开公司，"要么去聊聊？"
> ……
> 后来，钉钉所有的沟通、点点滴滴都是来自真实的企业。

如果你用过钉钉，就会发现它确实很方便：如果你想和同事进行沟通，可以直接发起对话，不需要加好友。当你离开组织时，也不需要删除好友了。如果你用需要加好友的 App，发动态还要考虑老板会不会看到，同事会不会看到，还得设置分组。

这两类 App 的不同就是企业场景和个人场景的不同。在企业场景下，员工都属于某一个组织，在组织内可能会发生跨部门交流，如果让所有员工都加一遍好友，要耗费很高的时间成本与操作成本。事实上，只要 HR 把员工拉入企业这个组织，员工就可以互相交流的模式符合办公室场景下的沟通逻辑。

那么，为什么企业要用钉钉？因为有下面这些好处。

1. 用钉钉，组织外的人看不到聊天内容，可以保密。

2. 用钉钉，每个人发出的信息，谁看了谁没看，一目了然，领导们可以提醒那些没有看到重要信息的人，也能知道哪些人没有回复是因为他们没有看到。

3. 用钉钉，可以满足线上开大会的需求，钉钉允许多人同时进入免费的电话会议。

……

这些是作为决策者的老板的需求，但可能不是作为使用者的员工的需求。

决策者需要确保企业内部数据和信息的安全；需要知道沟通对象是否收到了消息，以提升沟通效率。

用其他非职场专用类 App 聊天的人需要知道对方是已读还是未读吗？可能需要，但需求烈度高吗？可能某些情况下也挺高，但是考虑到用户的隐私问题，这些 App 可能并不会推出是否已读的功能。

早期钉钉通过搞定决策者成功切入了原本看来已经无望的企业通信市场。

员工们觉得用了钉钉，工作起来没那么自在了。但是，员工喜不喜欢不重要，重要的是，老板喜欢，他们会要求员工去使用。

教育应用的逻辑也基本如此。从销售线索转向付费，需要打动付费者，让付费者相信你的产品可以达成他们所需的交付：企业决策者注重效率，而家长注重效果。

企业希望员工使用企业产品后能提升效率，增加产出，减少损耗；家长希望孩子使用教育产品后能巩固知识，提升成绩，减少错误。

177

这类场景下的决策者非常务实，如果你提供不了你承诺的交付，就无法创造价值，打造品牌。只有你的交付兑现了承诺，品牌才能在日积月累中汇聚力量。

任何行业的任何产品，只要能够建立起口碑，就能获得自发传播带来的用户。规模问题可以靠活动和营销去改善，但品牌的口碑这种基石问题，单靠运营动作是很难去解决的。

Q54　如何去思考与执行"无意义"的指标

有人问了这样一个问题：

> 我在一家做互金小贷业务的公司做运营，老板分配给我的指标是"日活"，但借款类产品是非强需求且低频的产品，这样的产品通常是用户有小贷的需求才会考虑使用的，因此，我不太明白日活指标有什么意义。如果我用各种手段把日活做上去了，但是大部分日活用户并未发生借贷行为，那我做的日活有意义吗？

当一个运营人员开始思考指标意义，或者说指标有效性的时候，往往说明他到了瓶颈期，即将面临突破。

要解决这样的意义问题，就要先分析另一个问题：为什么老板会提出一个看起来没有意义的指标？

不要问老板为什么提出这样的指标，而要看老板提出这个指标是不是真的没有意义。

假设，老板确实提出了一个没有意义的指标，那么有以下几种可能性。

1.老板不懂业务瞎指挥，正常情况下不会碰到这种事。

2.老板要让每个人忙起来，在这种情况下，关注一个不那么有效、但比较容易做的虚荣指标是一种权宜之计。

3. 老板要整顿内部人员。

如果真的是以上三种"无意义"的情况，那该怎么做就怎么做就行了。

但有时候并非指标没有意义，而是因为我们还没有触及它真正的核心，有这么几种可能性。

1. 这个指标虽然不是核心指标，却是一个关键指标，这个关键指标会为核心指标带来增长的可能性。

2. 这个指标是核心指标的前置条件，如果要提升核心指标，必须先满足前置条件，否则核心指标无法增长。

3. 核心指标已经发生变化了，这个指标可能是未来的核心指标或核心指标之一。

通常，这种情况会出现在企业的转型过程中，譬如，互联网公司大多数先关注流量，然后关注流水，最后关注利润，每一次变化都会带来核心指标的迁移。

我在这里只列举了三种可能性，大家可以继续思考其他的可能性。

接下来正面回答关于小贷产品要不要做日活指标的问题。

首先，我们需要判断一下，是你已经确认这个指标没意义，还是你还没看懂它的价值。如果认为确实没意义，那么你可以考虑跳槽了。

如果觉得是自己没看明白，那么可以从以下角度来思考。

首先，我认为你对借款产品的认知是正确的，即这是一个非强需求且低频的产品，不到万不得已，不会产生这个需求，不产生这个需求，用户就不会成为你的新用户，通过产品产生借贷动作。

但你可以考虑，如果产生了这个需求，为什么别人要选择你这个平台而不用其他平台？你打动用户的点是什么？

我们知道用户有需求就会找平台，但用户选择平台的理由是未知的，此外，用户是否知晓所有可以纳入决策范围的平台，也是未知的。

所以这里有四个问题。

（1）用户从哪里知道我的产品？

（2）他们了解我的产品的哪些方面？

（3）我希望他们了解我的产品的哪些优势？

（4）怎么把我的产品的优势变成用户决策的撬动点？

这些撬动点用户是否知晓并认可？在什么情况下，用户会知晓这个撬动点，并且认可平台在这个撬动点上的优势，从而做出选择这个平台的决策？

事实上，所有的用户决策都基于一个前提：信任。

我们如何去信任一个人呢？首先，我们要结识某个人，就算没有打过照面，至少网上聊过天，并且从聊天中感受到了这个人是可以信任的。如果这个人常常和我们打照面、聊天，我们对他的信任度通常会高于不怎么打交道的人和陌生人。

强调一下，认识并不一定能带来信任，深入的了解才能带来信任。

我过去经常打一个比方，运营就像是谈恋爱，但不是和一个人谈恋爱，而是和一群人"谈恋爱"。

怎么才能和一群人"谈恋爱"呢？是要投其所好吗？可以，这是在运用个性化的方法，但个性化通常是要等自身的数据建设到一定层次才能去用的。所以，对大多数公司的运营来说，个性化不是和一群人"谈恋爱"的最好的方法，那怎么办呢？

很简单，让大家来"爱你"就好了，也就是说，你要用自己的特质去使用户主动向你靠拢，而不是追着用户的喜好去不停地变化。

长期地显露出平台的特有气质，是让用户来"爱你"的唯一方法。这里的关键词是："长期""特有"，方法是"显露"。

回到开头的问题，为什么要做日活指标？日活指标或许不能帮你找到最需要借钱的人，但它可以让用户和平台保持接触，并且给你机会在一个较长的时间段内去显露平台的特有气质。

这里的关键点并不是考虑日活是不是一个有意义的指标，而是要考虑如何将日活变成促进用户对平台建立认知和认可平台价值的一个有效的抓手，所以，这个问题的思考方法应该是：我要如何做日活，才能让有借钱需求的用户在需要借钱的时候直接来我这个平台，而不是去找别的平台？

在"千团大战"中，美团和拉手网先后宣布推出"过期退"服务，以此打败了一大批小公司。虽然同样是退款服务，但从消费者的反馈来看，美团的体验更好，它成功地脱颖而出。

所以，你需要思考，如何去做日活才能把一个看起来没有意义的指标变得有意义。

Q55 如何平衡获客和留存的效果与成本

有一次和一位老读者聊天，他说自己对新用户的激活和留存有一些困惑。一般情况下，为了获取和激活一个新用户，产品会出让一些利益给用户，譬如采用发优惠券之类的方法。同时，要想让用户留下来，就需要让用户获得更好的体验。在这个过程中，产品会不断增加面向用户的成本，等用户稳定地留存下来，就可以进入常规运营状态了。那么要如何去平衡相关的成本和对应的效果呢？

这个问题本质上是要实现 ROI 的长期稳定。于是我想到了优步进入中国后在用户推荐用户计划中所做的动作。2014 年，优步进入中国后，为了抢占市场，大力给予用户补贴，动员老用户推荐新用户，每成功邀请一个新用户，两人各拿 100 元余额的奖励；半年后，奖励变成了 50 元余额；又过了半年，奖励变成了 30 元余额；接下来，奖励变成了价值 30 元的乘车机会；最后，奖励变成了价值 15 元的乘车机会。

获客、留存、活跃和转化的环节，对 ROI 的诉求都一样：

（1）在一定的时间范围内，ROI 越可控越好。

（2）在一定的用户规模内，ROI 越高越好。

ROI 的可控要求是说，当一笔预算花出去，我们要知道这笔钱带来的回馈在多长的周期可以达到怎样的效果，误差不能太大。

ROI 要看到最终转化的结果，如果产品是免费的，或者自己本身不考核 ROI 的 KPI 怎么办？如果没有明确的收入金额了，就需要运用成本思维。

假设一款最终可以带来转化付费的产品针对新人优惠券的 ROI 监控报表是这样的：

	新人优惠券
投放费用	400 000 元
7 日注册用户数	54 293 个
7 日留存用户数	12 987 个
7 日付费用户数	7 483 个
7 日留存率	24%
新注册用户付费率	14%
客单价	89 元
总收入	665 987 元
ROI	1.66
单个付费用户获取成本	53.45 元

我们可以从优化投放费用、付费人数、客单价三个层面去改善 ROI。

如果优惠券有针对品类或者设置了满减金额，那么我们就可以选择：通过调节品类限制，给容易转化的品类更多的优惠杠杆，让用户更快、更多地完成转化；通过调节满减限制，让用户及早完成首次购买。这样，ROI 可能就会得到提升。

客单价 100 元，有 1 000 人付费，和客单价 10 元，有 10 000 人付费相比，在成本不变的情况下，ROI 也是不变的，但体现在用户数和 ARPU 值的层面上就会有差异。

如果我们负责的产品目前并不涉及转化付费，那么就不适合采用 ROI 的方法。我们需要转化思考方式，切换到成本监控的逻辑，一款成本监控的产品的监控报表可能是这样的：

	广告投放
投放费用	400 000 元
7 日注册用户数	54 293 个
7 日留存用户数	12 987 个
7 日付费用户数	7 483 个
7 日留存率	24%
单个注册获取成本	7.37 元
留存成本	1 元

我们要讨论的是：如果降低投放费用，是否可以保持用户规模相关数据不发生大的滑坡？如果不降低投放费用，是否可以让用户规模相关数据产生更大的增长？

要想让上面两个问题的答案都是肯定的，就要获得足够精确的用户，提升产品对精确用户的价值。

获得足够精确的用户是从用户画像到用户群落定位，再到拉新执行的过程；提升产品对精确用户的价值涉及问题中的描述，为了激活用户，必须让渡出一部分利益，而为了留存用户，需要继续让渡成本，但仅仅通过让渡成本，未必可以形成长期竞争力。

对此，我的建议是补足从画像到定位再到拉新的过程，开拓更多的流量入口。通过让渡成本推出可以激活和留存用户的关键功能，强化它，并持续领先竞争对手。

优步当年之所以可以推行成本递减，是因为在高峰时间、需求旺盛的地区，它比其他软件更容易打到车，解决了核心的用户需求——在需要时可以更快地打到车。下午五六点在世纪大道、人民广场这样的地段，其他软件从来没帮我打到过车，但优步都帮我打到了。所以，对我而言，哪怕优惠是递减的，只要有车用，就解决了我的问题。

但只有成本递减才是唯一正确的途径吗？并非如此。

在 2021 年教育行业的"双减"政策落地之前，几乎所有教育机构的获客成本都是递增的，原因就在于竞争者聚集在同一赛道，而教育产品又属于一旦购买就很难迁移到其他产品的类型，所以消费者的挑选意愿更重，品牌的获客需求更集中。

平衡效果与成本的问题本质上是成本控制的问题，需要根据行业、品牌和产品的实际情况进行调整。

Q56　面对陌生或复杂的运营问题，如何思考

有朋友问我，在面对复杂、陌生问题的时候，我会运用什么样的思考框架，我经常用的思维方式有哪些。

讨论思考方法会涉及两个关键词：一个是"闭环"，一个是"逻辑"。闭环是说，要想办法形成循环，有去有回，不管多么发散都要回得来。逻辑是说，不管怎么思考都能够自圆其说，从起点到终点的每一个部分，要有因果关系，从 0 推导到 1，从 1 推导到 2，每一步都有关联。所以，闭环和逻辑是一整套思考问题的方式。

举个例子。两年多以前，有个朋友告诉我，有一家银行给他发了offer，聘他去做银行 App 的运营人员，我问他职责是什么，他说要提升银行 App 的活跃度，问我怎么看。

我说，所有银行 App 可能都想提升活跃度，但这里有一个问题：账户持有人为什么要打开 App？每个人在银行开户的目的是不同的，有的人是要理财，有的人是因为公司要求在指定银行办工资卡，有的人是申领了信用卡，需要查账。

对不同的人来说，打开银行 App 的动力是不一样的。工资放在某个银行的人，可能只会在发工资和给他人转账的时候打开 App；在某个银行理财的人，可能是在看收益和复投、赎回的时候打开 App；使用信用卡的人，可能是在查账、还款、提额和再次申卡的时候打开 App。

在其他情况下，这些用户为什么要开 App？我们得从这个角度去思

考问题。

如果你听过我在三节课的"高阶用户运营方法与大规模用户体系的搭建"课程，应该知道用户行为是有一个公式的，叫作：B=MAT[①]。也就是，B（用户行为）是由 M（动机）、A（能力）和 T（触发器）结合作用的结果。

如果银行 App 希望所有用户活跃，这不现实，那么在查询工资到账、多账户归集转账、理财收益查询、复投与赎回、查询信用卡账单、信用卡还款这些场景中，哪些是可以考虑提高活跃度的？

答案肯定是理财收益查询、复投与赎回等与理财相关的需求更容易成为抓手，所以我们可以尝试激发理财用户在银行 App 上的活跃度。因此，和理财、投资相关的攻略、心得、方案、抢购，可以作为提升银行 App 活跃度的抓手。延伸一下，信用卡持卡用户的活跃度也能做，唯一不好做的是纯工资卡持有用户的活跃度。

在这个例子中，我们的思考路径是：

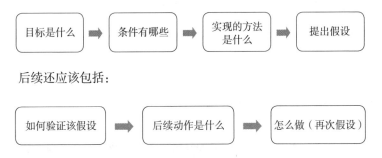

后续还应该包括：

我们可以把它落到实际的工作中去。比如，上个月完成了 10 万用户付费 1 000 万元的销售额，老板要求这个月销售额增长 100%，我们可以这样去思考：上个月销售额是 1 000 万元，有 10 万用户付费，人均付费

---

① 福格行为公式已经更新为 B=MAP，其中 P 是 Prompt，即提醒、激励、唤起。考虑到文中对旧模型的解释本身已建立在新模型的基础上，因此保留 B=MAT，不做修改。

100元，这个月要把销售额做到 2 000 万元，有三个方法。

1. 让 20 万用户每人付 100 元。

2. 让 10 万用户每人付 200 元。

3. 让用户数量在 10 万的基础上涨一点，人均付费在 100 元的基础上涨一点。譬如做到 15 万用户，人均付 134 元。

这种思考方式叫作"拆解"，如果不进行拆解，直接去思考"如何做到月增长率 100%"，就会觉得非常困难。

如果你思考的问题属于新的领域或者行业，怎么办呢？我的观点就是把自己丢到场景中去。

个体的经验很重要，但个体很容易受到经验不足的限制。譬如，做母婴市场的运营人员如果未婚未育，就很难从个人经验中获得灵感，这个时候就需要把自己丢到场景里去，譬如，加入妈妈群、育儿群，从观察者的角度获得经验。

另外，思考是一个需要输入信息然后输出结果的过程，因此，所输入的信息的完整性和全面性也很重要。所以如果有人向你提问，但是对方给出的信息量又不够的话，可以让他多输入一些信息给你。有时候，获取不到关键信息是无法展开思考的。

Q57　电商 App 里为什么要做小游戏

越来越多的电商公司选择在 App 里加入小游戏，这种风潮是从拼多多开始的，后来逐渐成为电商的主流做法。从表面上看，这是对产品进行游戏化，但往深处想，就会看到把游戏和电商放在一起有助于实现产品的战略价值。

一个重要的原因是：手机和电脑上的用户行为存在巨大差异。

1. 在电脑上，你会详细地看商品的详情页，但在手机上看详情页，你可能会非常快速地向下拉。

2. 在手机上，你对评论的关注程度要远远高于对详情页的关注程度，如果评论有实拍图或实拍视频，会对你更有吸引力。

3. 在电脑上，你可能会借助比价工具去研究同一件商品在哪个平台、哪家店价格更便宜；在手机上，你可能懒得去仔细研究，最多就是做做排序，但你依然需要比价，所以你会依赖某一个导购App。

4. 你更愿意在电脑上和客服交流复杂的事情，比如砍价、多要个赠品；在手机上你最多确认一下地址，发发订单链接，更容易在直播导购的影响下直接完成下单行为。

有一家公司做过行业调查，对用户在电脑和手机上的购物行为进行了对比。他们发现，在电脑上，用户可能会花费3~4分钟来仔细观看详情页，但在手机上，用户观看详情页的时间大概是13~18秒。

你可以思考一下：用户在单个商品上花费的时间变短了，对电商App来说意味着什么。好处是，这意味着用户的决策周期变短了。坏处是，用户的停留时间缩短了，节省的时间用户可能并不会消耗在自己的App里，而是转移到了其他App，甚至有可能去了竞争对手的App。

手机场景对用户的争夺是对时间的争夺，本质是对注意力的争夺，所以当抖音和快手通过视频、直播带货的时候，淘宝必然要跟进，并且把大量的流量导入直播卖货的频道里。

因为，当用户的注意力放在某款电商App上，就很少会去关注其他的商家、品牌或者产品，很少去做比价、看"拔草"评论等行为。

那么，有哪些方法或功能可以帮电商App把用户留下来呢？一个是直播，另一个就是游戏。直播所覆盖的人群的广度不如游戏。

电商用户有很多属性，其中之一就是对价格敏感，这意味着有相当一批用户愿意为了更便宜的交易价格而付出其他成本，比如时间成本。当用户付出足够的时间成本，电商产品就可以锁定这批用户的时间，使其留在App中。

于是，"××果园"之类的小游戏就出现在了电商的产品中，用户可以通过在一段时间内重复简单的行为，来换取他们希望获得的利益，这些利益可能是可以提现的余额、优惠券或可以免费拿的实物。

一款小游戏从进入到退出，对时间的消耗是以 10 分钟为单位计算的，你可以想象一下，在像"双 11"这样的大型活动中，当用户沉迷于拉好友一起解锁优惠券的时候，还有多少人能抽出时间在不同的平台上浏览或比价呢？

小游戏不仅锁定了用户的时间，阻止用户从 App 中离开，还有防止比价等神奇功效，因此，电商 App 纷纷开发小游戏也就不难理解了。

第四章
运营方法论

Q58 如何运营一款新产品

每一个运营人员在其职业生涯中，或早或晚都会面对这个问题。负责不同职能的运营人员，希望看到从不同角度切入的回答。新产品既可以是一个新上线的产品，也可以是一个自己刚刚接触的产品，对于这两种情况，很多人认为处理方式是不同的。

在我看来，不管是什么样的新产品，也不管你的职责是什么，有三件事情是必须要做的，有一件事情是可以选择去做的。三件必须要做的事情是：了解行业、了解产品、了解用户。一件可以选择去做的事情则是：活动先行。

我们一个一个来说。

了解行业

某化妆品电商网站刚刚创立时，其创始人曾以美妆达人的身份广发帖子吸引流量，大多数人似乎都没有仔细思考过其中的逻辑。事实上，这一做法表现出了该电商网站的创始人对行业的理解能力。

化妆品电商是一个女性占绝大多数的行业，这个行业和 3C 数码类似，但并不相同。

相似点在于：化妆品和 3C 数码一样，拥有海量的感兴趣的用户；它们都可以被测评；容易形成意见领袖，并且意见领袖对购买决策会产生影响。

差异在于：化妆品行业当时还没有出现意见领袖；推动消费者决策的亮点不一样；价格等。

如果该电商网站的创始人对行业的了解不够深入，他们可能就不会做出这样的举动。类似做法包括 Keep 的埋雷计划。

了解产品

在我曾经领导过的一个运营部中，用户运营小组的人员自己定了一个小目标：每周都要针对一款产品去做会员体系的分析。

如果你是一位运营人员，你对行业里的竞品有多少了解？你对和你自己的产品类似的其他产品有多少了解？你对自己的产品了解得有多深？

可能每位运营人员都觉得自己很了解自己负责的产品，其实这是一种错觉，因为大多数时候，运营人员是在和自己负责的产品的后台打交道，但对前台的使用感受并没有明确的认知。举个简单的例子，公众号的运营人员可能会说自己很熟悉自己运营的那个公众号，但他熟悉的其实是公众号里的后台功能，而不是那个公众号本身。

只熟悉后台是不够的，了解前端呈现出来的内容，并且站在用户的角度去看待这些问题，才是运营人员更快地深入新产品里去的重要方法。

如果你想了解产品分析或者竞品分析的方法，请参考下一节的内容。

了解用户

这四个字既是起点，也是终点。

对互联网产品来说，最重要的是持续地获得用户，这里面有两层意思：第一层，作为运营人员要知道自己的目标用户在什么地方；第二层，作为运营人员要知道用什么方式能够打动自己的目标用户，带来转化。

对一个刚接手产品的运营人员来说，这听起来可能有些空洞，但做得久了，就会发现这件事有很多可以发力的点。

你要搞清楚，对你所运营的产品来说，哪些人是你的用户，因为接下来不管是从内容切入，还是从活动切入，你都要面对这群人。

针对青少年的产品，运营对象是谁？在我看来，如果是教育培训类的产品，运营对象就是家长，而青少年的喜好只是一个需要拉升的辅助消费决策的指标。因为在这个场景里，付费的是家长。而如果是青少年社交类产品，运营对象就是青少年。如果产品不能贴合青少年的兴趣和口味，就算你成功地让家长付了钱，App 内的用户活跃也很难做。所以，搞清楚自己的用户是谁非常重要。

新产品的用户来源渠道也会影响用户转化效率，单一渠道和多渠道也会影响到对用户的分析和后续策略。你需要思考不同渠道带来的用户数量以及 ROI，让数量更大、ROI 表现更好的渠道成为你的主力获客渠道。

可以说，不管是新产品还是老产品，运营效率的下限都取决于对用户的理解和掌控，这方面打下的基础越好，后续的发展也就越顺利。

活动先行

大多数新产品都不可能从一开始就具备一个健全的系统，所以运营人员刚上手时，往往是没有系统可用的。年轻的运营人员通常会想办法先找一个系统，但经验丰富的运营人员可能会选择先做活动，看哪些类型的功能需要固化到系统里，哪些不需要或者不着急做。

譬如，我们接手了一个早期产品，通过一些研究，我们认为要用一套完整的用户成长体系促进用户的留存、活跃和转化，但如果做这么一套系统，需要四五个开发人员封闭开发两个月，时间上等不起，怎么办？

我们可以推出一个活动，参与活动的用户，可以获得限量限时的勋章，这个勋章未来会以实物形式寄送给用户，还可以留个"钩子"，说一年之后拥有勋章的用户会有惊喜，通过数据来验证用户会不会为了勋章而参加活动。如果数据表明用户参与度足够高，并且参与了活动的用户后续的活跃度也高，就可以从两个方向往下执行：一、继续不停地推进勋章活动；二、展开完整的成长体系设计。

但如果活动的效果不好，我们就必须去调整活动，弄清楚是因为虚拟的勋章不够吸引人，需要投入实际的物质成本奖励用户，还是因为活动规则比较复杂，用户上手的难度太高，或者是其他问题。找到解决方法后，再继续向前推进。这就是活动先行的意义。

总结一下，当运营人员接手一个新产品时，可以先从了解行业、了解产品、了解用户开始，并且尝试通过先做活动来为新产品所需的系统开发需求做验证。

Q59　如何去做竞品分析

上一节提出，在从事运营工作的过程中，我们需要养成做竞品分析的习惯。这一节我来讲讲运营人员如何去做竞品分析。

首先，什么是竞品分析？其实就是针对你的竞争对手的产品做分析。这就涉及对竞品的选择，苏杰曾经给出过一个非常简单的竞品选择逻辑，他按照产品满足的用户需求是否一致，给出的解决方案是否一致，做了一个四象限的归类。

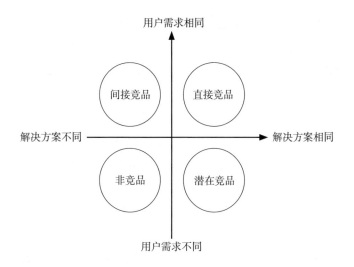

从这张图中，我们可以看出以下几点。

第一，只有解决方案和用户需求都与你的产品相同的，才是你的直接竞品；而用户需求相同但解决方案不同的，与用户需求不同但解决方案相同的都不是直接竞品。

第二，你的产品与直接竞品可能是全面的竞争关系；但对于非直接竞品，需要考虑合作的可能性。

第三，学习间接竞品，去补足自己的产品功能，或与潜在竞品合作，共同扩大用户基数，都是可以考虑的方向。

竞品分析是一项长期工作，可以随时随地搜集资料，一般来说，要做竞品分析，首先要保持一颗对数据和信息异常敏感的心。

通常情况下，分析资料的来源有以下几种。

1. 行业网站、咨询公司的行业报告、行业里的大 V 或者牛人的微博、博客、公众号，以及知乎中关于相关行业的提问和回答。

2. 公司内部的一些分享、团队的群组、公司外部的行业 QQ 群、微信群等，这些地方经常会有一些关于行业、竞争对手的消息。

3. 在用户访谈、用户回访等环节中与用户进行的沟通与交流。在这个环节里，有些产品经理会过度在意用户对自己产品的看法，而忽视了用户很有可能并不仅仅是你自己的用户，也是竞争对手的用户。与用户聊产品体验的同时，不要忘了问问他们，是否同时使用其他同类产品，有什么样的体验和感受。

4. 长期使用竞品、关注对方员工的微博、微信、公众号、知乎账号等，关注竞品公司的企业招聘、官方论坛、公告板等。请注意，我用了"长期"这个词，使用竞品可以了解对方产品的功能点，对方员工的一些社交账号可能会透露出最近在做什么业务，招聘信息会告诉你竞争对手未来的发展方向及业务发展情况，官方论坛和公告板里有用户的声音、竞争对手的反馈方式、解决方案等。

5. 与行业有关的专业书籍、杂志等。如果没有长期观测的习惯，不能保持随时搜集和记录这些信息的敏感性，想做出一份有价值的竞品分析是比较难的。

有了可分析的资料之后，要定期整理并形成文字，在编写报告时，你需要注意以下几点。

第一，不要轻易赞扬竞品与自有产品不同的功能点，也不要轻易否定竞品与自有产品不同的功能点。要围绕定位去展开，只谈差异，不谈好坏。除非你有十足的证据来证明你的观点是正确的，这需要逻辑与数据的支撑。

第二，要避免在分析过程中进行角色带入，分析要尽量客观，分析结论是否可以被内部的其他组织用于主观用途，不应影响分析的态度。换句话说，不要为了分析而分析，不要为了结论而拼凑论据，如果得不出结论，或者无法判断，可以直接说明。

第三，竞品分析有不同的侧重点。如果侧重观察，就要忠实和快速地还原竞品发展的路线图，并试图归纳业务发展的时间线；如果侧重学习，就要对每次版本的变化做反推策划，将自己带入对方的角色；如果侧重跟随，那么完善的功能逻辑和业务逻辑复制就是最重要的事；如果想要反制，那么从现有产品版本去推敲其业务发展的脉络，并制定反制策略逐步落实，才是比较重要的事情。

通常，竞品分析的文档结构如下。

1. 业界现状、市场趋势。

2. 竞争对手的产品定位、发展策略。

3. 与产品、运营相关的内容（包括目标用户是谁，目前的市场占有率如何，功能有哪些，核心功能是什么，流程是怎样的，交互上的特点是什么，产品的优势在哪里，劣势在哪里，在运营推广上做了哪些工作，是否有特定的策略等）。

4. 总结（包括对竞品的总结，以及结合自身现状后得出的改进点）。

竞品分析中最主要的部分是与产品和运营相关的内容，每家公司可能都有自己的分析模板，所以，只要照着模板来就好。如果目前还没有固定模板，可以自己做一个。

最关键的是，一定要做到持续跟进，因为竞品分析是一个长期过程，因此，只盯着某一个版本，或者只关注某一段时间的竞品发展是不行的，而应该持之以恒地跟进。当然，这并不是说对手做任何动作都值得分析，但是我们必须知道对手在做什么。

通常情况下，优秀的 App 有一个稳定的更新周期，譬如，2 周一个小版本，4 周一个大版本。每一次版本更新都会带来不同的变化，理论上，每过 4 周你都应该结合大版本发布去更新你的竞品分析报告。

产出竞品分析报告的周期是由竞品的迭代周期决定的，只要你认真做好竞品分析报告，一段时间后，你对你自己的产品的理解一定会更上一层楼，这能帮助你更好地完成运营工作。

Q60 如何运营会员制产品

公众号后台的一条留言问到，如果要做一个像开市客这样的会员制产品，应该如何运营。

在我看来，开市客的成功有它的特殊性。

美国人的居住区与商业区相对分离，居住区大多在郊区，从居住区到商业区无法靠步行，因此美国人养成了外出要开车的生活习惯，在这种情况下，一次性采购大量商品对他们来说就是更合理的选择。

而我们国家的居住区和商业区并没有分得那么开，生活的便利度相对更高，有些城市的商超、便利店资源很丰富，还有什么都能买、送货很快的电商。

从开市客的财报来看，它挣的不是消费品的差价，而是会员费。在这种情况下，会员费的定价和会员数的增长就是保持开市客盈利的关键。因此，开市客的会员费是会涨价的。个人会员费方面，2000 年，45 美元；2006 年，50 美元；2011 年，55 美元；2017 年，60 美元。差不多每 6 年涨一次，一次涨 5 美元。

对开市客这类会员制产品来说，打动用户为会员制服务买单的点有两个：一、商品极为丰富或服务非常好；二、会员权益能够覆盖会员费。

商家利用会员体系提供专属的服务和权益，将会员沉淀在平台，并持续促进会员做出平台所需的行为，来兑现服务和权益。

如果把以上逻辑运用到互联网运营中，那么针对用户，大概有这么几个体系：一、行为激励体系；二、会员管理体系；三、积分体系。它们的起点都是用户行为。

当用户行为直接和回报挂钩，就是行为激励体系，可以是单点的行为激励，也可以是成体系的行为激励。

当用户行为不直接和回报挂钩，而和一定的成长值挂钩，用户完成行为获得成长值，进而获得等级提升，在对应的等级下获得对应的权益，并通过权益实现回报，就是会员管理体系或者用户成长体系。但在这里有一个细节上的分化，即用户成长体系是通用的，会员管理体系会在成为会员这件事上设置门槛，譬如全家便利店通过手机号绑定设置第一个门槛，然后通过年费设置第二个门槛。

当用户行为不直接和回报挂钩，但行为能获取积分，积分最终可以兑现为回报，就是积分体系。激励、会员、积分可以相互交叉，也可以各自独立发展，这是其中的关键。

行为-回报的链条是一个行为学的简单表达，即福格的行为模型：B=MAT。行为是动机、能力和触发器共同作用的结果。

会员制产品涉及以下几种行为：一、加入会员；二、享用会员权益；三、续费。这三件事是一个闭环，但思考的逻辑要拆开。

加入会员的思考点是：在什么场景下，设定怎样的能力范围与权益架构，能促进用户付费成为会员？

享用会员权益的思考点是：会员权益的构成层面，有哪些权益比较方便会员快速地兑现体验，并使他们在过程中养成使用权益的习惯？

续费的思考点是：当用户首次成为会员之后，在会员履行周期中，应该做到什么样的权益兑现，满足到什么程度，用户会愿意为会员服务续费？

简单地说，会员权益是最核心的问题。

开市客之所以能成功，是因为会员是门槛，没有会员卡就不能进入门店，不能进入门店就不能享受购买低价商品的会员权益。享受过购买低价商品的会员权益之后，如果不续费就不能继续享有这样的权益，所以，如果你认可这样的门槛和权益结构，就只能续费。这就是开市客的闭环逻辑。

那么，作为一个会员制产品，你的产品的闭环逻辑是什么？这需要你自己去思考。

假设闭环逻辑成立，在实际的运营工作中，要考虑的有三件事。

1. 获客：如何获得会员，如何让更多的人成为会员？

2. 活跃：如何激励已有的会员频繁地使用会员权益，在产品中活跃，从而认可会员费的价值？

3. 复购：应该设置怎样的节点，如何刺激当年的会员为下一年续费？

我觉得亚马逊的 Prime 在这方面做得不错。

1.Prime 的核心价值：为使用海外购业务的高频用户提供权益：满200 元免邮，同时，所有国内商品不论金额直接免邮。

2. 获客：免费赠送一年 Prime 服务，开通即送。

3. 复购：每一单商品都告诉你，本次 Prime 服务为你省了多少钱，Prime 页面上会显示一定周期内消费者通过 Prime 省了多少钱。同时，为认可 Prime 的用户提供了自动续费的功能。

会员制产品的核心价值点在于为用户提供了什么样的权益和服务，用户付会员费，有时候并不是直接为权益和服务买单，而是为拥有权益和服务的可能性买单。

权益和服务的说明、包装是首先要解决的问题，然后才是在实际使用中如何增进用户感知的问题。

当然，做起来可能没有这么简单，但因为问题本身并没有涉及实际业务，所以我只能从逻辑上进行梳理。

Q61　社区用户运营的关键点是什么

知乎上有一个关于社区、社群、社交的关系的问题。

我当时是这样回答的：

社区：你、我、他住在同一个小区，我们构成了一个社区，尽管你不认识我，我不认识你，你不认识他。

社群：你、我、他住在三个不同的小区，他是一个意见领袖，我们都跟随他，我们三个人构成了一个社群。

社交：你、我、他在酒会上认识了，我们交换了名片，发现我和他有很多可以合作的点，我和你有很多共同爱好，于是我经常去找他谈生意，找你去自由行，这些行为叫作社交。

社区里的人之间未必有关系，未必会有交集。社群里的人经过长期的相处，以一种很紧密的关系结合在一起。而社交是让社区变成社群的基础动作。

社区和社群本质上并无不同，它们都由人、内容、互动构成。二者的差别在于关系链的紧密程度、信息深度和信息密度。

通常情况下，社群的关系链紧密程度大于社区。譬如你住在某个小区里，你不一定认识小区里的所有人，可能只是觉得有的人眼熟；但如果小区里有一个王者荣耀社群，你可能认识这个群里的所有人，你们不仅线上一起打游戏，线下也会聚会。

通常情况下，社区的杂音少于社群，信息深度大于社群，信息密度低于社群。因为社区里的人的关系链没有那么紧密，他人没有耐心去收集你的碎片信息，所以需要注意信息传递的深度，只有尽可能地一次性传递足够深入的内容，才能被看见、被响应。社群里的信息密度高，但深度低。

用户的情感连接，或者说用户黏度是基于人的互动来展开的。简单地说，社区就是围绕某一个共同的目标或者兴趣，基于人的关系沉淀获得的集合。

它是由人构成的，而做人的互动就要考虑人性。思考人性有两个角度：第一个角度是需求，第二个角度是利益。

需求很容易理解，按照马斯洛的需求金字塔，人的需求有五个层次，从低到高分别是：生理需求、安全需求、社交需求、被尊重的需求以及自我实现的需求。

很多社交产品一开始会从生理需求切入。业内有种想法是，如果想要吸引男性用户，那么就要在产品里"放置"很多女性用户。但如果仅仅关注生理需求，社交产品既做不大，也做不好，生命周期会很短暂。所以通常在一段时间后，社交产品会转入兴趣、个性等方向，激发用户参与，生成内容，打造达人，完成马斯洛需求层次的递进。

但利益这件事没有那么好理解，因为对大部分中国人来说，聊利益太直接了，不委婉，伤面子。

拿知乎来说，它早期分享内容和知识，是自觉或不自觉地利己或利他的。在还未开放时，圈子的质量比较高，人数比较少，保持理性态度和高水平的内容供应，对其品牌的建立是有利的，这是利己的部分；另外，坚持输出优质内容是可以帮到其他人的，这是利他的部分。

在知乎的早期，创始人的深度参与给内容贡献者带来了很好的体验，开放后，大量用户的行为放大了或好或坏的体验。

基于人性进行运营，是社区运营的关键点。

站在人性的角度上，除了上述所说的利他还是利己，利益角度还是需求角度，还有更重要的事要做，因为上面这些都是人性的切入点，有切入点还不够，还需要根据实际的社区类型来进行更细致的思考。这个思考就是基于切入点来设计互动策略，从而提升社区黏性，只有社区的黏性提升了，社区才能蓬勃发展。其中的关键在于互动，这是社区用户运营成效的放大器。

首先，要明确你所负责的是什么样的产品，是内容社区、活动社区还是兴趣社区，不同的产品在促进用户互动时要做的事情并不相同。

在不同的阶段，内容社区用户互动的侧重点是不一样的：在初期，内容社区缺乏内容，要通过互动不断鼓励内容贡献者创造内容；在后期，要通过互动刺激内容的流动，让内容消费者更加活跃。

活动社区也是同理，最初是要通过互动鼓励用户发起活动、参加活动，提升活动的丰富度和用户在活动里的活跃度，后期要通过规则筛选活动，确保活动的质量。

兴趣社区在早期要让用户自己互动起来，创造更多和兴趣相关的内容，后期的玩法会更多一些，因为围绕用户的兴趣可以做很多事情。

其次，你要考虑互动的方式。社区的互动要分两层看待，一层是用户之间的互动，另一层是平台和用户之间的互动。

很多社区早期很难形成用户间的互动，所以需要平台来与用户互动，有些平台运营者甚至伪装成用户来与其他用户进行互动。论坛流行的时候，有"5毛党"(为了钱而发帖，每帖计费5毛)，既发帖、回帖，又引导舆论。

最后，你要考虑互动的效果和效率。

张记杂货铺已经很久没有直接回复用户在文章下的评论和后台留言了，一是，用户体量大了之后，我一个人很难覆盖；二是，没有时间逐一回复，所以这时候的互动就退而求其次，从点对点变成了点对面。

运营人员使用什么样的互动方式，既要考虑产品功能，也要遵从业务发展的规律。这部分内容很难直接展开，需要具体问题具体分析。

综上所述，社区的用户运营的关键点就是要抓住人性去运营。

而保持良好互动的打法，根据产品类型和发展周期可以有不同的选择，但需要明确以下几点。

1. 互动不是越多越好，围绕运营目标，在确保效率和效果的情况下展开的互动最好。

2. 互动不是单纯地与用户沟通，可以在产品设计里加入很多的互动玩法，运营人员需要在不同阶段去引导这些玩法。

3. 要想办法确保互动的目的和互动的方法相匹配，最终的验收标准就是效果是否达成了。

Q62 用户与我没有强关系，如何转化变现

有读者问了一个问题：

> 我自己有一群用户粉丝，但我与他们之间并不是强关系。如果我想做线上转化，应该怎么做呢？

首先我们要明白交易的基础是什么。

当你在超市看到一块标价 30 元的肉时，可能什么都不说，直接掏钱包或者手机付款；当你在菜市场看到一块标价 30 元的肉时，可能会想什么肉这么贵，让我先砍个价。

一些人在超市不还价，在菜市场还价。另一些人在超市和菜市场都不还价。还有一些人，在超市和菜市场都还价，否则就觉得自己亏了。

为什么？因为同样品质的东西，同样的价格，在不同的场景下其可信度是不一样的。

发生交易有两个很重要的条件。**第一个是供需**：买方有一个需求需要被满足，需要有人提供解决方案。**第二个是信任**：买方相信自己付出的代价换来的是一个可以有效满足自己需求的供应。

平时，我肚子饿了，就会打开外卖 App，因为外卖最省事，不用外出找饭店，也不用择菜、烧饭、洗碗。因为我的需求就是填饱肚子，价格等其他方面的因素都不是首先要考虑的事。

但是，如果我要请朋友吃饭，那么大概率不会随便点一份外卖，而会考虑点大品牌快餐。虽然基础需求一样是填饱肚子，但是请朋友吃饭，第一不能太寒碜，第二要更干净卫生。所以，如果没时间或者不方便去饭店，叫大品牌快餐外卖最合适。

如果这个朋友很重要，不能用外卖解决，那么我就得请他出去吃饭，这时候，就要看我和他吃饭是要解决什么问题。

原因是，在建立供需关系的过程中，有多种影响信任的变量。

自己随便吃吃填饱肚子，我考虑的是：我选择外卖平台，我相信平台不会坑我。

朋友一起吃饭，我考虑的是：即使平台不靠谱，品牌也不会坑自己。

当和重要的朋友一起吃饭时，我考虑的是：哪家餐厅能够担得起我的信任，能帮我把这件事弄得漂漂亮亮的，我就把这顿饭订到哪家餐厅去。

为什么在用户质疑知情权、个人隐私问题时，金融类、信用类产品会选择服软、道歉？因为金融类、信用类产品赖以生存的基础就是用户的信任。所以，它们最怕的就是用户对品牌失去信任。

要想提高交易的可能性，就要想办法让用户对你产生信任感。

强关系未必能带来交易，而弱关系未必不能转化变现。怎么理解这句话呢？我先说个故事。我有3个发小，其中有一个从5年前开始卖保险，按理说我们是从小一起长大的，他卖保险，我们应该支持，但实际上我并没有在他那里买过保险，为什么呢？

因为他在老家，我在上海。无论我主观上多么想支持他的工作，但由于地理距离遥远，我很难光顾他的生意。

再说个故事。iPhone的充电线总是不够用，我需要家里有一根，办公室里有一根，丈母娘家里有一根，所以除了那根原装的充电线，我还需要再买两根。

我经常在某网店买咖啡粉，和老板交易了很多次，算是比较强的关系，但是我不太可能去问这个老板卖不卖iPhone的充电线，我只能上网搜索，最后我发现还是亚马逊自有品牌的充电线质量比较有保障。

亚马逊是不需要讨价还价的，我和亚马逊之间并不存在强关系，但这并不妨碍我去亚马逊上买充电线。

所以，用户与平台的关系是强还是弱，并不能决定用户是否与平台发生交易。

有些时候，并不是用户与平台直接发生交易，而是因为有用户，所以平台可以利用"羊毛出在狗身上，猪买单"的变现逻辑。

虽然交易不需要关系强度做支撑，其中依然存在另一套逻辑，这个逻辑叫作：**信任**。

无论是我不在发小那里买保险，还是我选择亚马逊自有品牌的充电线，背后都存在信任逻辑。

我相信发小不会骗我，所以如果发小的保险可以跨越地域，我一定会在他那里买，因为我信任这个人，连带着会信任他手上的保险产品。但是，我未必信任保险公司。

我信任亚马逊自有品牌，是因为我买过各种品牌的充电线，而这个牌子的充电线有一些别的品牌不具备的优点，譬如说，我不用担心它是否经过了 MFI 认证（苹果公司对其外置配件的标识使用许可），因为它一定经过了认证；我也不用担心如果充电线买回来没几天就坏了要怎么处理，因为如果使用体验不好，我可以在 30 天内退货。

2015 年，罗振宇在发表跨年演讲的时候，说过小米的例子。小米之家线下店的坪效①效达到了 27 万元，坪效是指每坪的面积能创造多少收入。坪效 27 万元，相当于 4.5 个优衣库，6 个海底捞，6.7 个星巴克，仅次于苹果。

原因是，小米花费这么多年建立起的品牌让消费者相信：小米的产品或许不是世界一流的，但绝对是性价比超高的，进了小米之家，可以放心买东西，因为一定不会买贵。这就是认知的价值，以及通过认知来建立信任的体现。

所以，你和用户之间有多么强的关系不是重点，重点是用户在认知上是否信任你。

《定位》这本书一直在强调认知。

当消费者口渴时，想到的第一个品牌是不是你？

当消费者想要休闲时，想到的第一个品牌是不是你？

当消费者想要看电影时，想到的第一个品牌是不是你？

只有当消费者想要做某件事，第一个想到的是你的品牌的时候，你才能轻而易举地实现变现，而根本不用在意用户关系是强还是弱。

接下来我们看如何建立信任、如何管理用户。

建立信任的方法很简单，和你平时交朋友是一样的，你要为用户着想，兑现自己的承诺，坚持做对的事情。

---

① 1 坪 ≈3.3 平方米。——编者注

在获取用户的信任这件事上，我非常推崇小米和男人袜这两个品牌。

小米的案例大多数人都耳熟能详了，我说说男人袜这个品牌。

武汉有个创业公司，它决定为男人做袜子。这是一个非常垂直而且细分的品类。男人袜的运营有一些亮点。

1. 用户群是男人，男人怕麻烦，所以男人袜没有注册流程，只有购买流程。

2. 用户群是男人，它暗暗地迎合了男人的一些无伤大雅的小趣味，比如赠送贴纸、官微自称"男人妹"等。

3. 他们在袜子上大开脑洞，除了基本款，还针对北方地区推出了加厚款，针对磨损问题推出了防弹袜，还推出了穿几天都不会臭的防臭袜和免洗的一次性袜子。除了袜子，他们还生产内裤、毯子之类的商品。

这个品牌的有趣之处在于，你试过、用过之后，基本上就会留下来，按年续订。他们很认真地思考过，袜子是配件，是消耗品，所以他们不会频繁打扰消费者，因为消费者有需要时自然会来找他们。他们珍惜每次与用户接触的机会，只有在这个时候，你才知道他们又在钻研什么有趣的东西，之前冰丝毯众筹之类的玩法也是这样触达用户的。

你会因为它独特的风格去关注它的社交媒体账号，然后就不是他来打扰你了，而是你主动想要知道他们最近又在做什么。

信任需要时间，所以不要以为一两次接触就能获得用户的信任。

我是从京东用户转变为亚马逊 Prime 用户的，促使我转变的因素包括退换货、货品质量、决策成本。

京东退换货已经很方便了，但是有一件事让我彻底倒向了亚马逊。

有一次有根充电线有问题，当时那根线已经用了两周了，我点开订单想申请换货，结果亚马逊页面显示可以直接退掉。

于是我试了一下，即便包装什么的都没了，亚马逊的快递员还是收走了货品，我试图向他解释我想要换货，但快递员直接告诉我："没关系，不需要解释什么，直接退掉就好。"后来还出现过几次类似的情况，从来不需要解释，30天内想退就退。

这件事发生在2014年年底，而当亚马逊的Prime服务对中国区开放时，我直接加入了Prime会员——国内不限金额免邮且海外购满200免邮，我觉得很划算。关于Prime的故事，我们后面还会再谈到。

在某些关键细节上坚持优于你的竞争对手，并让用户持续地体验到这些细节，你就可以在认知环节构建起用户对你的信任。

至于如何管理用户，我还是用亚马逊的Prime服务来举例。

Prime会员2005年在美国推出，美国是个物流成本极高且物流速度极慢的地方，而Prime最大的特色就在于免邮且2日送达。所有人都认为Prime卖99美元一年一定会让亚马逊亏本，但结果让人大跌眼镜。2016年亚马逊的总营收为1 360亿美元，而订阅服务的营收已经达到了64亿美元（订阅服务的90%来自Prime会员费用）。摩根士丹利的调研报告显示，大约40%的Prime会员每年会在亚马逊上花费超1 000美元（只有8%的非会员会花费这么多）。报告还发现，Prime会员购物次数是非会员的4.6倍。

美国市场研究公司CIR 2015年发布的报告显示，亚马逊Prime会员每年在亚马逊平均消费1 500美元，而非Prime会员平均每年的消费额只有625美元，前者是后者的两倍多。

只要你有用户，不管他们和你的关系如何，距离远近，你都应该想办法去管理他们。

管理用户有两重含义：一、划分用户层；二、基于不同用户层去管理用户行为。

划分用户层的方法有很多，比如，基于消费水平的RFM模型、金字塔模型、正态分布模型等。

重要的不是用哪一种模型来划分用户，而是要搞清楚：就你的产品而言，用户的生命周期是怎样的？就生命周期而言，什么阶段是可以实现价值变现的？

一款涉及交易的产品的用户生命周期应该是：**建立认知—挑选商品—首次交易—交付—再次交易—沉没流失**。

交易就是变现，而我们需要关注的是如何从认知策略上刺激用户去完成首次交易，并且在首次交易完成后，在交付中加强用户的交易欲望，促成再次交易。这是"认知—体验—行为—体验—强化认知—行为"的交替过程。

全量用户群体大致包括：还未交易过的用户、刚交易过一次的用户、多次交易过的用户、很久没再次交易的用户、不再交易的用户。

要想使用户从未交易走到已交易环节，需要思考其他已经完成过交易的用户，在交易环节和交付体验环节中获得了哪些好的感受，把它们拎出来，进行标准化，并提供给那些还未交易的用户。持续迭代，直到这个标准化流程可以成功引导用户从未交易走到已交易环节。

从多次交易到不再交易，一定也有造成用户流失的因素，找到这些因素并进行优化，看消费者的留存情况是否发生了正向改变。

做用户行为管理的方法有很多，有兴趣可以给我的公号留言，我会列一个清单来给你。

总结一下，对于这个问题，我的观点是：在考虑面向用户的价值变现时，无需考虑用户关系。需要考虑的是：

1. 用户对我是否有充分的认知？
2. 这些认知是否足够支撑他们对我的信任？
3. 我对用户行为的理解是否到位？
4. 我是否有能力去管理用户行为？

如果找到了这些问题的答案，变现问题就可以迎刃而解。

Q63 教育类产品要如何运营

之前有两位朋友问了我两个关于教育类产品的问题。

一个说：

作为教育行业从业者，我们现在做的是非学科的业务，主要是志愿和自招。但每年高考生都是新的，家长也是新的，所以在运营上压力很大。要不停地对新用户进行定位，虽然需求相近，但get请求大不相同，在成本上消耗很大。而且家长往往会征求孩子的意见，这就出现了决策者和使用者不一致的问题，因为一直针对家长做运营，对孩子的影响不大，导致转化率不高。虽然每年可以完成业务，但我还是希望能节约成本去做更多有意义的事。另外就是在渠道资源（学校）有限的情况下，该怎么宣传。我知道做教育行业口碑最重要，但目前新用户的获取途径有限，我一直想把三个层级的用户整合成一个，但没有好的想法，家长们对电子产品和营销手段的反响也比较平淡。

概括起来就是，教育产品的付费者和消费者是不统一的，每年都会迎来一批新用户的教育产品该如何做到有效运营？

还有一个人问：

目前我在运营一个教育产品，核心KPI是付费。在运营过程中发现存在使用者（孩子）和决策者（家长）不一致的情况。做的运营活动没有很好的数据支撑分析，排除期末考试这种因素，无法准确评估付费为什么增加和减少，基本靠猜来进行下一步的运营，有什么可以提高的方法吗？

对于教育类产品，我一直有一个很笃定的看法：

当一家在线教育公司仍处在追求现金流而不是追求确认收入的阶段时，传统的互联网运营是不能创造价值的。这个判断，我也写进了《从零开始做运营 2》里。

其实这两个问题是殊途同归的，教育产品长久以来面临的困境就是，有时候使用者和决策者是分离的。电商要拉动 GMV，只要打动使用者就可以，不需要另外考虑决策者，因为二者通常是同一个人。游戏要拉动付费，只要打动玩家就行，因为玩家通常就是决策者。但针对未成年人的教育类业务，比如入学类产品，需要考虑角色分离，因为未成年人本身不具有支付能力。

比起利润，教育行业通常更重视现金流，于是要考虑，市场人员怎么为销售人员输入足够多的潜在客户，销售人员如何使潜在客户完成首次体验，在体验过程中由师资团队提供的服务如何能让潜在客户觉得有价值，最后销售如何使潜在客户完成首次购买。

整个链条里并不需要传统的互联网运营，只要能切中决策者的痛点，为使用者提供到位的服务，付费就不成问题。而且，在教育领域，从完成体验到决策买单的周期很短，最多看一周，一周内完成体验的用户不买单，基本就没有再尝试转化的必要了。

教育类的公司目前 99% 靠销售驱动。那么运营做什么呢？就是获客。

借助运营方法论，我们可以从底层逻辑开始梳理，首先是角色：

- 使用者：学生；
- 决策者：家长。

第一个问题，你的教育产品为学生提供了什么服务？

第二个问题，你的这项服务解决了家长的什么痛点？

譬如说，作业类 App 为学生提供的服务是提高学生完成作业的效率并进行准确性验证，为家长解决自有知识结构不足以帮助学生完成作业，以及没有时间辅导孩子写作业的痛点。

既然是家长付费，那么就不能仅仅考虑让学生在应用中玩得多开心，而要考虑提高学生学习的效率，从而解放家长。

接下来要思考下列问题。

- 你对学生的服务，由人来完成，还是由机器完成？
- 你的付费点是什？
- 这个付费点是否足够打动家长？
- 你的服务能否支撑高并发？
- 服务的交付是什么，即家长到底为什么而买单？
- 这个交付如何在体验环节做到极致，并保证购买后的体验与体验环节保持高度一致？

这些问题涉及服务体系。

学生的特点是，闲时与忙时是聚合的，也就是说，如果学生接纳了你的服务，你的服务是需要集中供应的，那么，你如何从运营端出发，建立统一的服务标准，并且确保这个标准能够被家长所接受和认可呢？

如果得不到家长的接受和认可，成交量就会很少，后续的口碑也不可能建立，单靠市场投放吸引潜在客户成本极高，且效率与规模之间永远存在差距（投入越多，潜在客户越多，成本越高，但转化率可能越低）。

目前教育行业的运营模式都差不多，预付费买课包，每上完一节课，做一次收入确认，未消耗课时是公司的一项债务，所以大多数在线教育公司都很重视现金流的稳定增长，因为现金流一旦下滑，可能给公司带来巨大的危机。

最后，要考虑信息流动和传播策略。

教育产品的增长需要口碑来扩大其覆盖用户的半径。所以，怎么去制造信息流动，从而让更多的人知道这个产品或服务，怎么去设计引发人推人的连锁反应，是在追求现金流的教育行业里，运营所要解决的问题。

这里的思考逻辑如下。

- 服务的交付可以从哪些维度来评价？
- 刨除对效率、课业成绩提升的影响，还有哪些影响可以量化？
- 哪些成本预算可以用来激励口碑传播？
- 口碑传播给邀请者与被邀请者带来的收益是什么？

- 这些收益是否和核心服务能力挂钩？

- 是否需要人力介入，系统能够做到什么层次？

做教育行业的运营，思考要达到很深的程度，而且，它很依赖思考者个人的经历与阅历，有孩子的运营人员和没孩子的运营人员，视角是不一样的。运营人员需要考虑，如果自己是产品的用户，自己的需求是怎样的，需求的烈度如何。

我在某公司任职的时候，老板想尝试做一个低龄流量池。我们用了不到半年的时间，使 2 个新公众号完成总计 30 万流量吸纳，最初的 2 个月我们已经累积了差不多 5 万用户。然后发现了一个问题，最初定义的目标用户是 4~6 岁孩子的母亲，但实际上，拉来的用户里有一大批是更加低龄（2~3 岁）孩子的母亲。

然后我们开会讨论为什么会这样，结果发现是活动奖品选错了。由于执行团队比较年轻，大多没结婚，没有孩子，所以大家的选品逻辑是去购物网站看 3 岁以上孩子的玩具的销量排序。按理说，这没问题，4~6 岁和 3 岁以上孩子的玩具是有重合的。但实际上，问题很大，原因是 4 岁幼儿的家长虽然也会关注玩具，但更多的注意力会向学前教育转移，也就是说，家长更关注的不是玩具有多有用，而是孩子会在幼儿园阶段学什么。

但由于执行团队的人员没有孩子，他们很难知道 4 岁孩子家长的心态和需求，于是靠想象去做了活动奖品的选品，当裂变开始发挥作用的时候，就吸纳进了更低龄的宝妈——因为 2 岁的宝妈可以囤孩子 3 岁时候的玩具，1 岁的宝妈也可以囤孩子 3 岁时候的玩具。调整了奖品策略之后，用户的年龄结构才逐渐向我们的预期靠拢。

这件事说明，运营者需要依据自身的经验，结合实际的痛点去做运营，否则很多动作就会失去效力。

做运营要持续优化与改进，先去梳理底层逻辑，找到切入点。

如果你所在的公司已经进入了追求确认收入的阶段，运营人员要关注的就是加速确认收入。到了确认收入阶段，运营人员的思考逻辑就变成了：专注加速用户消课，并持续为复购生产激励元素。

Q64　如何复盘一场活动

有朋友问我：

> 如何复盘一场自己做的活动？应该从哪些角度收集信息和数据，从而优化以后的运营策略和手段？

我用一个小故事和你聊聊复盘的细节。

小王做了一个活动，希望通过活动提升一段时间内用户的交易额。小王做了如下设计：

> 活动期间，所有参与交易的用户，都可以获得 1 次抽奖机会，然后根据实际完成的交易额（付款-退款）进行排名。排名前 100 的用户，可以抽取包括 iPhoneX 在内的大奖，并且抽奖机会从 1 次变成 10 次；而排名 100 以后的用户，可以抽取包括小米 note3 在内的其他奖品。所有用户 100% 中奖，预计活动期间的交易额是非活动期的 3 倍，总成本控制在 5 万元以内，奖池里包含实物奖品和各种置换来的优惠券。本次活动需要报名，预热期为活动开始前一周。

活动结束后，小王要复盘，应该怎么做呢？

首先，小王要明确复盘工作的目标。通常来说，做复盘要达成以下目标。

- 回顾活动效果，评判是否达成了策划阶段设立的目标。
- 对其中影响到结果的细节进行归纳和整理，总结经验和教训。
- 分析出需要优化、提升、改进、废弃的部分。

明确目标之后，要挑选用来复盘的数据。

由于活动经历了预热报名、启动、收尾三个阶段的工作，所以小王需要准备以下数据集合：预热效果数据、历史消费数据、对比数据和活动后一段时间的消费数据。

预热效果数据包含预热期间的以下数据。

- 广告位素材的曝光数据与点击数据，分来源渠道统计。
- 活动预热落地页的 UV、PV。
- 落地页中报名按钮的点击次数。
- 后台记录的报名用户数。

这些数据可以用来评估预热时选择的渠道质量怎么样、广告素材设计的效果如何、活动报名落地页的转化效率好不好，并形成后续的改进思路。

譬如你得到的是这样一组数据：

广告点击次数	落地页 UV	落地页 PV	报名按钮点击	成功报名人数
32 425	1 293	2 390	293	109

当你发现广告点击次数和落地页 PV 相差这么多的时候，你就要警觉了。造成这种现象的原因如下。

- 如果投放了外部渠道，可能有渠道在刷量。
- 如果只有内部渠道，可能监控代码不全，导致统计数据丢失。
- 页面打开过慢，导致数据未被统计。

不管什么情况，都要去定位问题并进行优化。

继续看后续漏斗，落地页中的 1 293 人带来了 2 390 个 PV，但是报名点击人数只有 293，这就需要考虑落地页的报名按钮的摆放位置是否已经超出了用户的视觉焦点，导致用户的报名数较少。同时要考虑，为什么观看量达到了 2 000 多次，点击报名只有不到 300 次，是活动的规则太复杂，还是落地页的吸引力不够，导致用户根本不想点击。

另外，成功报名的也只有不到一半，此时就需要考虑报名流程是否设计得过于复杂。

而活动前的历史数据，则要取活动前一段时间报名用户与非报名全量用户的消费数据，如活动开始前两周，或者前一个月，甚至去年同期的数据。

这部分需要准备的数据有：交易订单量、消费金额、消费时间、消费频次、退款订单量、退款金额和退款时间。

准备这些数据是要和活动期间的数据做比对，比如，活动时长是一周，就要看过去一周内的消费数据是否因为活动而有所提升。

结合预热报名的情况，就能大致知道是否存在问题，问题出在哪里。

需要注意，这些数据既要考虑总量，也要考虑均值，特别是如果实际参与的用户数量较少时，均值可能比总量的意义更大。

对比数据取值就是活动期间报名用户与非报名全量用户的消费数据，对比报名用户在活动前和活动时的消费行为变化、未报名用户在活动前与活动时的消费行为变化、报名参加活动与未报名用户在活动期间的消费行为差异。

需要准备的数据有：用户 ID（分报名与未报名）、交易订单量、消费金额、消费时间、消费频次、退款订单量、退款金额和退款时间。

最后，是活动结束后一段时间报名用户与非报名全量用户的消费数据，取值范围应该和之前的数据取值范围相同。

需要准备的数据包括：用户 ID（分报名与未报名）、交易订单量、消费金额、消费时间、消费频次、退款订单量、退款金额和退款时间。

上述数据的作用如下。

1. 预热数据用来说明宣传渠道的流量来源拉动的情况。

2. 对比报名用户在活动期间与非活动期数据，来看活动对报名用户是否有拉动作用。

3. 对比非报名用户在活动期间与非活动期数据，来看活动对非报名用户是否有影响。

4.对比最终的交易成功的订单数据，来看活动期间是否存在刷量现象，以及成本与收入的关联，这一点极其重要。

5.活动结束后的数据用来看活动是否会对用户带来长期的影响。

做复盘有一些注意事项。

（1）有些数据可能原先系统中是没有的，譬如预热期的宣传渠道埋点、页面的监控埋点、按钮的点击埋点等，这些数据是需要在开发前去和开发人员确认和沟通的。

（2）数据对比分为环比和同比。环比可以去比前一周、前一月的数据，依活动持续的时间而定，它取的是连续的时间段的数值。同比是与前一年的同期数据对比，它取的是不连续的时间段的数值。采用哪种对比方式，需要在实际场景中讨论，通常用环比就足够了。

（3）复盘除了要看数据，还要看行为。看数据是为了验证效果，看行为是为了找到数据变化的原因。

（4）复盘不是为了看这一次的活动是否如预期展开，而是为了积累经验，明白在下一次活动的时候要规避哪些坑，或者要强化哪些方面，包括渠道、活动规则、文案等。

当然，如果要复盘数据，首先要有数据，有数据的前提是，你知道要做什么样的对比，这样才能找到相应的统计源。

在统计工具方面，UV、PV 的流量检测工具，可以用百度统计之类的第三方统计作为输入源。而其他的统计，如果是日常数据，应该本身就做了埋点监测。如果没有的话，就需要去做一下。

一次复盘并不能解决所有问题，但通过持续复盘可以不停地发现问题，提出优化和解决的方法，并在未来逐一去解决。这才是复盘的意义和价值。

Q65 如何提升工具型产品内容模块的用户增长

一位朋友问了这么一个问题:

> 最近我要负责某工具型产品小说模块的用户增长,目标是每日阅读小说的人数上升2倍,流量曝光是目前触发小说阅读人数的10倍。

运营目前能做哪些措施来提升小说阅读人数呢?

虽然问题问的是用户增长,但结合实际问题的语境,它的本质是引导活跃的问题。

一款产品的用户结构如下:

把这个结构替换成问题中的小说阅读的活跃用户就是:

如果要使"看小说的活跃用户"这个指标翻倍,要么让老用户中有更多的人看小说,要么让新用户中有更多的人看小说,于是,可以采取的做法是:

1. 把这个产品中使用其他模块的老用户抢过来;

2. 让已经看小说的老用户继续使劲读小说;

3. 让所有进入产品的新用户先来读小说。

用户是有习惯和偏好的,譬如说,有人爱看小说,有人爱玩游戏,有人爱看视频。

钓鱼要选择合适的鱼饵和池子，尽量选择饥饿的鱼，这样比较容易钓到。同样的道理，做小说模块的用户增长要考虑怎么找到合适的群体，从而用合适的饵料来投其所好。

我在百度指数上查看了使用"小说""电子书""阅读"这些搜索词的用户画像，如下图所示。

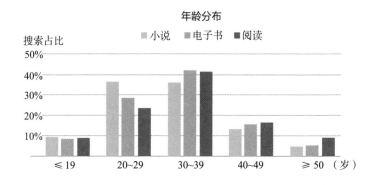

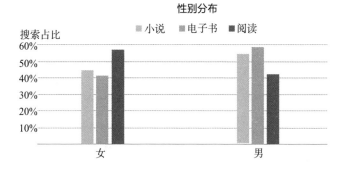

使用这些搜索词的用户，从年龄来看，20~29岁和30~39岁的人占比较大；从性别来看，男性占比较大，而女性更偏爱"阅读"这个词，为什么呢？可能是妈妈们更多地搜索了亲子阅读类产品的信息。

基本上可以认为，向20~39岁的男性用户推送网络小说，是不会错的。

那么，具体推送什么内容呢？我又去查了一下需求图谱。

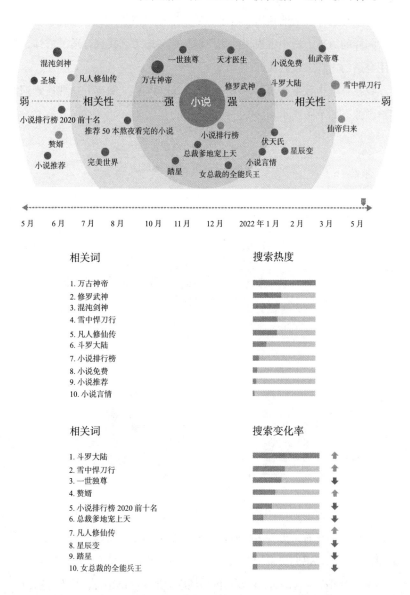

相关词	搜索热度
1. 万古神帝	
2. 修罗武神	
3. 混沌剑神	
4. 雪中悍刀行	
5. 凡人修仙传	
6. 斗罗大陆	
7. 小说排行榜	
8. 小说免费	
9. 小说推荐	
10. 小说言情	

相关词	搜索变化率	
1. 斗罗大陆		⬆
2. 雪中悍刀行		⬆
3. 一世独尊		⬇
4. 赘婿		⬆
5. 小说排行榜 2020 前十名		⬇
6. 总裁爹地宠上天		⬆
7. 凡人修仙传		⬆
8. 星辰变		⬇
9. 踏星		⬇
10. 女总裁的全能兵王		⬇

关键词：小说

218

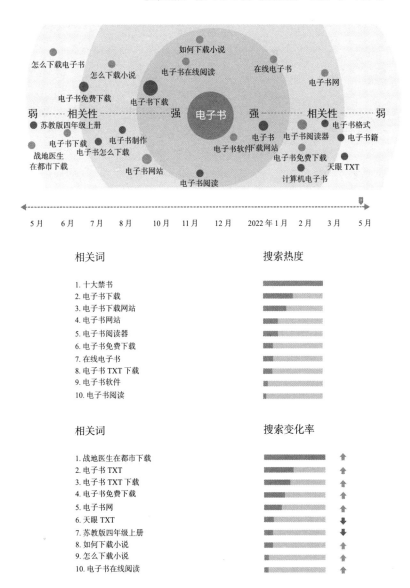

搜索指数 低 ●●● 高 搜索趋势 上升 ● 下降 ●

怎么下载电子书
怎么下载小说
如何下载小说
电子书在线阅读
在线电子书
电子书网
电子书免费下载
电子书下载
电子书

弱 —— 相关性 —— 强 电子书 强 —— 相关性 —— 弱

苏教版四年级上册
电子书格式
电子书下载
电子书制作
电子书怎么下载
电子书
电子书阅读器
电子书籍
战地医生
在都市下载
电子书软件下载网站
电子书免费下载
天眼 TXT
电子书网站
计算机电子书
电子书阅读

5月　6月　7月　8月　10月　11月　12月　2022年1月　2月　3月　5月

相关词

1. 十大禁书
2. 电子书下载
3. 电子书下载网站
4. 电子书网站
5. 电子书阅读器
6. 电子书免费下载
7. 在线电子书
8. 电子书 TXT 下载
9. 电子书软件
10. 电子书阅读

搜索热度

相关词

1. 战地医生在都市下载
2. 电子书 TXT
3. 电子书 TXT 下载
4. 电子书免费下载
5. 电子书网
6. 天眼 TXT
7. 苏教版四年级上册
8. 如何下载小说
9. 怎么下载小说
10. 电子书在线阅读

搜索变化率

关键词：电子书

219

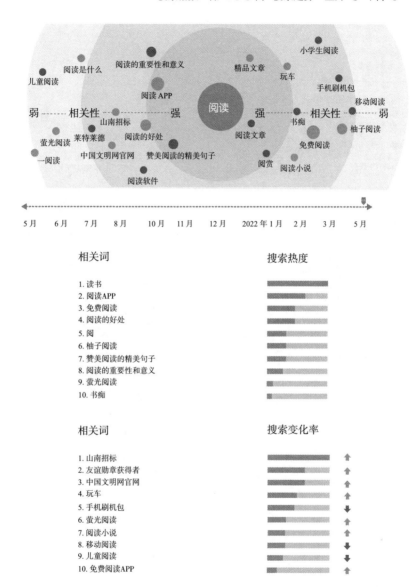

5月　6月　7月　8月　10月　11月　12月　2022年1月　2月　3月　5月

相关词　　　　　　　　　　　**搜索热度**

1. 读书
2. 阅读APP
3. 免费阅读
4. 阅读的好处
5. 阅
6. 柚子阅读
7. 赞美阅读的精美句子
8. 阅读的重要性和意义
9. 萤光阅读
10. 书痴

相关词　　　　　　　　　　　**搜索变化率**

1. 山南招标
2. 友谊勋章获得者
3. 中国文明网官网
4. 玩车
5. 手机刷机包
6. 萤光阅读
7. 阅读小说
8. 移动阅读
9. 儿童阅读
10. 免费阅读APP

关键词：阅读

220

有些人不知道自己要看什么，所以有利用排行榜的需求。很多人选择了玄幻小说，毕竟这类小说读起来令人兴奋。

图片、漫画和小说的关联度比较大，所以，可以考虑一下目前的入口是否可以往这些方面倾斜，或许能开辟一个新入口。这是为了确保渠道触达的效率，否则，会导致有需求的用户找不到你，没需求的用户看了不理你的情况。

另外，搜索指数表明，各地对小说的兴趣是很不一样的，这可以帮你搞清楚应该从哪个鱼塘里捞鱼。

运营端能做的就是从以下几个方面去影响和触及用户。

首先，是触达渠道。譬如，使用 Push 以及利用用户进入的时机，让用户知道你这里有他想看的小说，做一些强引导。

可以引导用户订阅小说，这样有更新的时候直接进行推送，增加用户打开 App 的机会。

其次，是呈现内容。如果用户对"排行""亚洲""斗罗大陆"之类的关键词感兴趣，可以考虑优先呈现和这些有关联的内容，这样用户通过一些点击操作就可以进入小说模块，直接发起阅读。在那些流量更高的模块，可以针对符合画像的用户使用一些小技巧，譬如说，现在的信息流广告可以根据用户的位置信息，把标题换成和用户位置有关的文案，以此引发用户的好奇，获得一次点击。

最后，还要考虑留存和促活机制。譬如说，有些字幕组的 App 会通过经验体系、等级体系、任务体系来要求用户贡献更多元、更长时间的活跃，否则限制用户观看某些视频，或者下载某些剧集。

如果你运营的是一个高频的工具，就可以学习这套留存和促活机制；但如果你运营的是低频的工具，就没必要花这么大的代价去做这件事。

如果你运营的是一个高频工具，该如何设计留存和促活机制呢？

以下面这套机制为例：

等级	升级经验	对应权限
LV1	0	注册用户基本功能
LV2	120	发评论、弹幕
LV3	360	可观看特权视频
……		
LV9	1 680	
LV10	2 040	商城兑换（9.9 折）
……		
LV30	85 000	商城兑换（7.9 折）

经验值怎么来呢?

频道	经验值
影视	1
纪录片、影视花絮、娱乐、电影、公开课、音乐、科技、生活、体育	2

同时这套机制还具有如下规则和限制。

- 经验值是通过观看的时长获取的，满 1 分钟起算，超过 30 秒视为 1 分钟，30 秒内不计。
- 单日获取经验值的上限为 180 分，使用投屏观看不计入经验值，用户购买的勋章可以增加经验值。

所以，用户如果想观看特权视频，最快也得用 2 天刷够 360 点经验值。根据经验值获取规则，用户花费大量的时间观看视频，才能获得对应的级别。

如果用户着急看特权视频，那么可以直接花钱买勋章，勋章可以直接解锁这个权限。

采用这种方式的字幕组 App 非常多，我常用的两个都采用了类似设计。

如果把这套逻辑应用在工具类 App 上，只要 App 是强需求产品，就能设计出非常有效的引导用户去执行行为的任务系统。譬如，某相机 App 提供高级的美颜功能和更高级的制作表情包的功能。

用户有两个选择。

1. 付费购买这些高级功能和更高级的功能。

2. 看完 1 个广告，获得使用一次美颜功能的机会；看完 3 个广告，获得使用一次制作表情包的功能的机会。

你猜，会有多少人选择直接付费，多少人选择看广告呢？

接下来，这个 App 的进化版也给出了两个选择：

1. 付费购买高级功能和更高级的功能。

2. 每看完 1 个广告获得 10 积分，每阅读 1 篇新闻获得 5 积分，每关注 1 个公众号获得 20 积分，50 积分可以解锁高级功能，100 积分可以解锁更高级功能。

这个时候，又会有多少人选择付费，多少人选择做任务呢？假设付费的价格很高，会发生什么呢？

所谓运营，并不是不断地推陈出新，搞活动，设门槛，让用户反感，然后去转化，而是要建立一套规则，让用户认可和接受它，然后心甘情愿地跟你互动。

上面讲的这些是针对已有用户的，我们并没有讨论对于还没有获得的用户怎么办。获客的技巧就是，研究潜在用户使用产品时的可能场景，在他们最方便、最需要获得产品的时候，把产品提供给他们。

Q66　积分商城商品等级和用户等级如何挂钩

很多公司都建立了积分系统，现在也有一些通过提供服务来帮企业搭建积分体系的公司，有一个朋友问积分商城商品的等级和用户等级如何挂钩。

看到这个问题的时候，我觉得有点奇怪，因为我一直认为，积分商城里的 SKU 应该是这样的：

对个体用户来说，有一些自己的可用积分足够兑换的 SKU，也有一些自己的可用积分无法兑换的 SKU。在实际的兑换操作中，平台根据用户的可用积分余额和 SKU 的库存情况决定是否接受兑换。

用户的会员等级是提升积分获取速度的工具，譬如，会员有 4 个等级，1 级对应 50% 的积分获取速度，2 级对应 100% 的积分获取速度，3 级对应 200% 的积分获取速度，4 级对应 400% 的积分获取速度。

比如，发放规则是消费 1 元获得 10 积分，那么可以设定 1 级用户消费 1 元获得 5 积分，2 级用户消费 1 元获得 10 积分，3 级用户消费 1 元获得 20 积分，4 级用户消费 1 元获得 40 积分。

通过这样的方式奖励高级别用户传递出的信息是，如果想要获得更快的积分累积速度，从而兑换价值更高的 SKU，就要在会员等级有效期内消费更多的金额，从而达到更高的会员等级。

从逻辑上说，用户的等级是由其行为决定的，而由于积分获取速度和等级绑定在了一起，所以，用户的级别越高，其可用积分就越多，因此，高价值商品对应的兑换所需的积分，也只会被高级别用户获取。

从这个角度上讲，其实不存在 SKU 的级别高低，而只有 SKU 的定价高低，也就是说，高价值的 SKU 的兑换者是拥有更高可用积分额度的用户，而更高可用积分额度是通过用户为平台提供更高价值换取的。所以，商品有等级属性这个设计让我有一些迷惑。

于是，我开始思考，为什么积分商城的商品需要设定等级。我做出了以下猜测。

1. 用户的积分获取存在超发，导致用户的等级和可用积分错配，因此需要通过用户等级来限制积分的兑换。

2. 基于上一条，可能会出现黄牛兑换获利的情况，需要打击和控制这种现象。

3. 用户等级和用户积分是分开设计的，会员等级并不能提升获取积分的速度，所以，需要用等级兑换激发用户升级的动机。

4. 积分可能没有考虑基础定价，因此用户手中有大量通过无价值行为获取的积分，积分需要释放，但是又要防止成本的激增，所以需要使商品与等级挂钩，降低积分兑现的成本。

5. 积分商城的设计有缺陷，现在发现了缺陷，想看看是否可以通过将等级与积分兑换挂钩，形成一个联动的闭环。

不管是哪一种可能，我们都需要回到问题的本质去找答案。

可以参考以下两张图：

这两张图的内容是积分体系的底层逻辑，所以不会过时。

根据这两张图，我们继续往下走。

首先要想清楚，为什么要为产品建立会员系统和积分系统。会员系统和积分系统是两个不同的系统，它们之间可能存在关联，也可能没有关联。

对不同的产品来说，会员和积分的作用是不同的。

- 对收入型产品（用户直接贡献收益）来说，会员等级衡量的是用户在消费端的贡献，积分是基于消费的反馈。

- 对非收入型产品（用户不直接贡献收益）来说，会员等级衡量的是用户在产品中的活跃度或贡献，积分是基于用户行为的反馈。

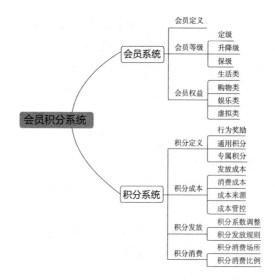

会员积分系统的规划

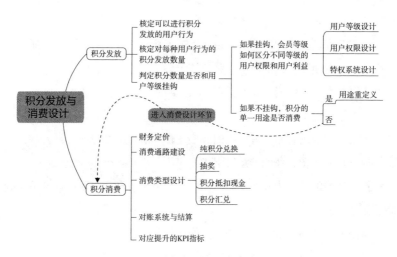

积分发放与消费的设计

　　不管是什么产品，都需要解决用户的等级可以用来干什么、用户的积分可以用来干什么这两个问题。不解决这两个问题，就无法使会员的等级和积分对用户产生激励。

以支付宝为例。支付宝有会员等级，它的等级有效期是一年，根据用户对蚂蚁金服不同业务的使用来区分等级。支付宝也有积分等级，根据用户的消费和行为来反馈可用积分。支付宝的会员等级决定了用户可以用什么样的优惠比例来使用积分进行兑换，某些特权只有达到相应的会员等级才能拥有。

所以，如果我们要设计一套会员＋积分系统，同时要求用户等级与商品等级之间发生关联，可以参考蚂蚁积分的体系。方式如下。

1. 构建用户的成长等级。

出于用户体验和用户理解难度的考虑，用户的会员等级建议不超过4个，采用"3+1"的方式即可，即一级非会员结构和三级成长结构，后续业务增长上来以后，可以在三级成长结构上再做扩展。

在用户的等级划分上，建议以正态分布为基准，让用户的等级分布从高到低维持在10%、60%、30%的范围内，也就是10%的头部会员、60%的腰部会员和30%的底部会员。

如果是冷启动阶段，暂时没有数据，就要设计成长值去模拟用户行为，实现正态分布的构想，并在实际操作中通过灰度验证来检测赋值的合理性。

2. 为等级赋权。

等级本身没有价值，有价值的是等级背后的权益。当我们划分出了用户等级，就要考虑对应的权益供应。

放在这个问题里，就要有针对性地设计不同等级的会员可以换取SKU 的相应价值区间，从而促进用户同时去追求等级成长和积分累积，否则后续动作将无法展开。

3. 为商品定级。

给商品定级的方式有以下两种。

- 定价划分。根据商品的采购价格，从高到低对应不同的等级。
- 稀缺性划分。根据商品在市场中的流通情况，从低到高对应不同的等级。特别稀有的商品，譬如限量购买的新品手机、名人签名的书籍或者独家买断的商品等，可以定高等级；随处可见的商品，可以定低等级。

商品的等级数应该与会员等级的数量一致。

接下来是关键点。我们一定要考虑清楚，是设定成只要低等级用户付出更高代价就可以获得高等级商品，还是设定成无论低等级用户付出什么代价都不能获得高等级商品。

这个设计成败的关键是什么？不是商品本身，而是你的会员等级对应的权益有多么让人想得到。

举个例子。设定 iPhone ×× 发布了，高等级用户可以提前 1 周通过积分来预订，但低等级用户不能参与预订。

本质上，这个设定是希望用户可以更努力地达到高等级。但这个设定成立的条件并不是 iPhone ×× 本身有多吸引人，因为如果某个人不是你的用户，或者是一个低等级用户，就可能不太关心这件事。当看到这个设定时，理智的用户会第一时间分析这件事的性价比，不理智的用户才会参与进来，在短期提升自己的会员等级。

假设，它成功吸引了非理智用户，这些人成功获得了 iPhone ×× 的预定权，接下来可能你就要面临这部分用户达成了目标后，开始流失的情况。

在这个例子中，等级挂钩的并不是一个可以用积分兑换的商品，而是预订 iPhone ×× 的特权，这个特权只有对特定人群产生吸引力，才能奏效。在你设计的特权矩阵中，必须拥有一系列类似这样的特权，才能避免出现人们为了某一个特权而来，但因为获得了或者没有获得这个特权而离开的情况，进而维持会员系统的日常运转。

如果换一种玩法，设定 iPhone ×× 发布了，高等级用户可以用低等级用户兑换积分的一半来兑换 iPhone ×× 的预订权。这个设定或许可以吸引更多的用户，因为高等级用户可以用相对较少的积分来兑换想要的东西，而低级别用户只要积分足够也可以兑换想要的东西。这个设计比上一个的体验更好一些。

总结一下，让积分商品的等级和会员等级挂钩，有两种处理方式。

方式一：只允许满足等级条件的用户兑换。

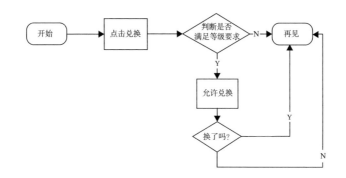

方式二：不同等级兑换的价格不同，但都可以换。

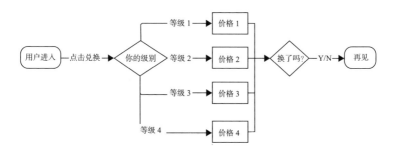

设计上线后，还需要验证用户对这个设计的反馈是怎样的。以下两个类型的指标可以用来验证这个体系设计得好不好。

指标1：上线后，符合兑换条件的用户和不符合兑换条件的用户的活跃度是否提升，贡献是否增加。

指标2：该商品估清后，用户的行为是否发生了停滞。

Q67 支付类产品的精细化运营怎么做

我曾经在公众号后台留言中看到这样一个问题：

> 我们现在做的是一个新的支付类 App，大概有一千万注册用户，但只有几十万的绑卡用户，所以我们现在把目标集中在提升绑卡用户数量上。我们想做精细化运营，想到的方法是做用户标签，给每一个步骤页流失的用户打上标签，然后推送通知或者营销。不知道这种方式是否有用，请问在提升每步转化率上还有没有其他效率比较高的办法？

我认为提问者误解了精细化运营的含义。对支付产品来说，提升用户使用频率是有关键要素的。最核心的就是场景，也就是什么情况下，用户会使用支付工具。

按照支付的金额，可以把支付场景分为小额支付场景和大额支付场景。

小额支付场景包括乘坐公共交通、买早点、订外卖、购买游戏道具等，现在不同的支付产品都提供了不同金额的免密支付的额度，在这个金额以下的单笔交易就可以认为是小额支付的场景。小额支付既有非常小额度的微支付，也有看起来已经不算小额的支付。

另一种就是大额支付场景，一般情况下，1 000 元以上就可以认为是大额支付了。

估计很多人不知道，通常商场里使用银联支付享有的那部分折扣是银联提供的。这导致用户对类似的产品品牌的感知非常弱。

大概从 2018 年开始，银联旗下的云闪付越来越多地在这类活动中追求品牌露出，譬如，"62 节"使用 62 开头的银联卡可以享有更多的优惠，慢慢地消费者也开始对云闪付形成了认知。2019 年云闪付在上海推出了"1 元钱乘公交车"活动，深受老年人的欢迎，成功吸引了一批用户。

2020 年新冠肺炎疫情缓和后，云闪付多次与超市合作，推出满减、优惠券活动，以吸引用户的眼球。

请思考一个问题，银联的支付产品在不同阶段有不同表现，其底层逻辑是什么？

精细化运营并不等同于给所有用户打标签，然后针对有标签用户去做对应动作。

打标签＋做动作是精细化运营的一种执行方式，但精细化运营并不仅仅是这样，事实上，精细化运营是一种理念。我个人对精细化运营的理解是一套闭环流程。

精细化运营就是通过这样的闭环持续迭代，从而不断加强正向反馈。如果仅仅是打标签、做动作，没有其他的环节，就不能算是精细化运营，只能算是其中的一部分动作。

接下来我们用这个模型来分析一下本节开头提到的支付产品的精细化运营。

1. 明确阶段目标。

这个问题的阶段目标是：尽可能多地获得活跃的支付用户。

2. 定位当前问题。

这里有两个问题，第一个问题是注册用户数大，但绑卡转化率低，导致可促活的用户基数小，需要增加用户基数；第二个问题是绑卡用户需要促活，但目前没有合适的方法。

3. 尝试解决方案。

目前期望采用给用户打标签加分类营销的方法来达成效果。

4. 回收效果验证。

不管采用什么方法，回收效果的验证都集中在两个指标上。

验证指标1：绑卡转化率，即绑卡用户占注册用户的比例。

验证指标2：用户活跃度，需要先定义活跃度，假设为：每月通过该支付产品至完成少1笔金额大于1元的支付订单的用户数占绑卡用户数的比例。

5. 持续调整解决问题。

要对照效果去看如何进行优化。

6. 寻找新问题。

我们可以暂时不讨论这个环节。

上面的拆解可以帮我们聚焦两个问题。

1. 用户基数问题，如何能让更多的注册用户完成绑卡动作。

2. 用户活跃问题，如何让已经绑卡的用户每月至少完成1笔金额大于1元的支付订单。

这两个问题的优先级是可以讨论的，解决问题的方法也有很多。

针对基数问题的解决方案可以是：当用户完成注册，立即引导其进行绑卡，向首次完成绑卡的用户赠送一定金额的抵用券，该券可用于支付订单的抵扣。

针对活跃问题的解决方案可以是：设定每月通过该支付产品完成水、电、煤气费的缴纳，可以获得1次10元买电影票的机会，一次最多可以购买两张优惠价电影票；或设定每月完成一笔手机话费充值，可以获得一张刮刮卡，最高可以刮出100元话费抵扣券；或设定每月通过该支付产品缴纳电信宽带费用，可以获得一张水、电、煤气费的10元抵扣券，下月可以使用……

这些方法不需要依靠标签，而且相对经济实惠，是支付产品比较喜欢做的事。

我不是说为每一步流失的用户打标签、做对应的营销动作不好，而是说，如果用户已经完成绑定了，不应该等到他流失再去做动作，而要主动展示对他有吸引力的内容，无论这个内容是优惠活动还是其他的什么，你的目的是让注册用户绑卡，然后每月使用这个支付产品来完成至少一次消费。

那么问题就转化为了：

1. 为什么用户要把卡绑到这个支付产品上？

2. 什么场景可以让用户使用我的产品进行支付？

支付产品对这两个问题的解决方案就是找场景。

财付通的玩法是，用游戏充值的小额场景来绑定用户；付费通的玩法是，让用户感受到通过这个产品缴纳上海的房产税的便利；支付宝的做法是，引导用户用这个产品进行生活缴费，然后和它签约，每月自动扣款；平安银行信用卡推出了 10 元看电影的活动；招行信用卡推出了 9 积分喝星巴克的活动……

所有的支付都必须放到场景里，那么问题就变成了一个：你在什么支付场景下具有优势？

即便这个优势是暂时的，也能为你提供一个抓手。

如果你能解决绑卡和支付场景问题，打标签和做对应动作可以成为进一步提升转化率的加分项，但它们并不是最关键的环节。

Q68 垂直领域的新媒体运营应该注意什么

一个新媒体账号是否属于垂直媒体，其实是一个伪问题。因为，决定内容的不是你所属的行业，而是内容消费者的选择。

我的公众号做了这么多年，粉丝数量还没有达到 10 万，公众号的受众范围窄是因为我选择了以想要了解运营的互联网从业者或期待从业者作为读者群体，但这并不完全是我的选择，也是读者的选择。

因为如果读者成长了，他不再需要这样一个提供比较基础的内容的公众号，就会去寻找能够获得更多、更深入信息的账号。

但如果读者成长了，虽然他不需要这个账号了，但他认为他的下属需要，那么他可能不但不会离开，而且会要求下属订阅这个公众号。

这是一种新陈代谢，但反馈出来的是读者的选择。

"小众消息""caoz的梦呓""槽边往事""三表龙门阵""李淼"这些个人号也是如此，它们选择的读者的差异决定了它们在内容上的差异。

这些号里最有趣的是李淼的号，他在知乎关于日本的问题下贡献了很多内容，他最初想走人文路线，讲讲旅游之类的，所以，一开始这个号说的都是景点、吃的、玩的。突然有一天他发现，比起旅游、工艺品、米其林，大家更关注社会热点，于是他就快速地转型去说日本的谋杀案了。

李淼这个号算垂直吗？算。它一开始是介绍日本的风土人情的，后来的方向比之前还要窄，从说风土人情变成只说谋杀案了。

无论你在哪个行业，除了要考虑行业特色，更重要的是考虑你的读者是谁，他们想看到什么内容。

"北京师范大学""复旦大学"的订阅号，听名字就知道是学校的官方媒体，所以，这个号的受众大多数是北师大、复旦的师生。这些号的内容都非常直接，一般都是学校近期发生的大事，学生比较关注的小事，一些优秀事迹等。

像"××手机报价"这样的号，从来不会发文章，它推送的内容都是报价单。

像"新榜""清博指数"这种垂直领域的榜单号，也不太会出现与榜单和打榜没有太多关联的文章或内容，即便出现了，也是教你如何提升做账号的能力，吸引更多的用户、更多的阅读量，从而提升在榜单的排名。

当然，它们也会去纵向聚合那些大号，做社群之类的。

这些都是因为读者的口味决定了新媒体账号的内容选择标准。

尽管不同的新媒体的玩法不太一样，但存在一些通用的基本法则。首先是平台选择。

1. 公众号。

服务号和订阅号的玩法不一样，服务号主要是面向付费购买商品或服务的用户，订阅号主要是让潜在客户了解产品和进行体验的平台。

比如教育行业中的 VIPKID 基本就是把对外投放的引流都放到了订阅号上，通过订阅号使用户了解自己的服务，完成体验，购买下单后再把用户转到服务号进行服务。

如果你不考虑多做一个账号，那么可以采用标签 + 菜单栏展现的方式实现类似的功能。

这样可以把用户都集中在同一个地方，好处是便于管理，坏处是风险比较大。

当然，现在想仅仅靠内容去吸纳粉丝的话，可能压力会非常大，不管内容有多好，都要考虑做一些投放，为账号争取更多的用户。

2. 微博。

微博的玩法这么多年变化并不大，基本是在保证一定量的内容的同时，去购买官方的增粉服务。当然，为了验证增粉服务的有效性，可以考虑先买少量粉丝看看效果。

另外有一点需要注意，微博通常会为行业流行的内容形态提供补贴，譬如短视频火起来之后，微博就对短视频领域的大号新开的微博账号提供了流量扶持。

所以，如果进入微博比较晚，在能力足够的情况下，可以先去做出目前整个市场上比较火的内容产品的大号，然后再去找微博官方要流量。

3. 知乎。

对很多垂直领域来说，知乎可能不算一个非常好的平台，因为如果该领域不是主流知友想参与讨论的领域，就不太容易获得关注和好评。

所以，现阶段对大多数公司来说，用知乎做做 PR（公共关系），监控一下舆情，是比较好的选择。但要想把内容运营玩儿出花样，或者实现不错的广告投放效果，就得看运气了。

4.头条号等。

之所以用了等，是因为类似的媒体号太多了，比如凤凰、企鹅、搜狐、网易……

问题在于，这些都是主要靠标题而不是靠内容去做新媒体的，同时，它们不是在培养粉丝，而是期望文章爆火，然后顺势引导一些用户去往新平台。

这些平台都很喜欢用它们自己的后台编辑，哪怕内容是从别的内容源同步回来的。

说完平台选择之后，下一个通用法则是做出运营方法的。

1.熟悉与了解平台规则。

不同的平台对运营的容忍度是不同的。

如果你做公众号，那么就要注意避免做出诱导关注、诱导分享等行为，这类行为会被微信团队惩罚。

如果你做抖音，那么就要保持敏感，因为抖音每过一段时间，就会调整推荐逻辑，你不能一直沿用原先的内容方式，而要不断地推陈出新。

如果你做知乎，那么获客和转化可能并不是重点，开拓品牌的宣传阵地才是重点。

不管是什么平台，第一步要先熟悉与了解平台的规则，不越线是很重要的。

2.观察同领域其他账号的玩法。

不管在什么平台，做出一个大号都是有难度的，从 0 到 1 的阶段，尤其困难。

如果你进入的是一个全新的平台，这个平台上已经有同行业的竞争者在做运营了，那么最快捷的方式就是观察他们怎么做，然后进行模仿，在模仿中不断找新的突破口，这样才有机会把账号做得更强。

如果这个平台上没有同行在，那么你就需要不断去探索自己的玩法，从数据中总结规律，必要时，初期也要运用一些推广手段。

3. 坚持长期主义，保持战略定力。

这一点其实是和老板说的，有时候老板会比较着急，想快一点获得粉丝，快一点增加阅读量、观看量。但以内容为主体的产品的成长，是一个缓慢的滚雪球的过程，不到一定的体量是很难爆发的，除非一个新的平台给了你流量红利，但这属于可遇不可求的，在这里不展开讨论。

最后一个通用的运营法则是关于运营习惯的。

不管是什么样的平台，垂直领域新媒体都应该注意以下几点。

1. 自身的口碑要通过与用户的互动和对用户的交付来建立。

如果你希望获得用户传播，可以直接推行利益导向的方法，也可以积累口碑等待爆发，短期视角下孰优孰劣不好说，但没有口碑沉淀是很难实现长期增长的。

2. 如果你不具有该行业的背景，那么请积极与有行业背景的同事进行沟通交流。

做垂直领域只要涉及行业内容，就可能遇到挑刺儿的。无中生有的指责可以不去管，但有些指责可能确实是因为你输出的内容有问题，要避免出现这种情况。通过和有行业背景的同事沟通，包括邀请供稿、邀请审稿，可以有效地避免这些问题。

如果你能兼顾这些方面，相信最后的结果不会差。

Q69　订阅制的会员服务产品如何提升 GMV

公众号的用户留言中有这样一个问题：

订阅制的产品会员服务如何提升 GMV？我的想法是除了产品匹配与服务，一是扩充周边品类的 SKU；二是对用户进行细分，为不同用户提供不同组合的套餐服务。其他方式是：一是做一个低价促销转化套餐，刺激新用户第一次跨越付费转化门槛；二是打造一个引流套餐，对外投放引流；三是做营销活动拼团；四是植入内容科普引流……能不能请你从更高的层面上讲讲对订阅制产品的运营思路？

订阅制产品的会员服务，我自己用过两个，一个是男人袜，另一个是垂衣。我给我女儿订阅的是巧虎，我自己也做了一个订阅制会员服务的社区——80 分运营俱乐部。

在我看来，提升这一类会员服务的 GMV 的方法，提问者都谈到了。

男人袜的方式是拓展 SKU，从袜子做到内裤、冰丝毯、配饰。袜子也从商务袜做到运动袜、船袜、儿童袜等，而且从产品做到了服务。

垂衣采用的是用户细分的方法，针对不同价格敏感度和需求的用户提供不同的定制服务，每季给用户寄送一个盒子，用户最后留下的盒子里的物品数量决定最终支付的优惠幅度，留下的件数越多，优惠幅度越大。

巧虎的方式是，订杂志送玩具，然后推广告。巧虎的产品线比较丰富，涵盖实物商品和演出票务，只要是和巧虎的形象、故事有关的事物都可以纳入其中。订阅价格并不便宜，但好在杂志内容丰富，玩具质量也不错，至于每一期杂志中夹带的广告，通常我看一眼就翻过去了。

事实上，任何产品的 GMV 的算法都是：客单价 × 订单数。所有的交易类产品拉动 GMV 的途径都一样，要么增加订单数，要么增加客单价。

但会员订阅制的产品与其他交易类的产品有所不同，因为，它的 GMV 算法是会员订阅收入 + 其他收入。

会员订阅收入取决于会员规模，其他收入考验的是营销能力。会员订阅制产品要提升 GMV 有三种途径：一、增加订阅会员数；二、增加会员订阅金额；三、增加其他收入来源。

考虑到广告收入并非会员产生的收入，所以在考虑订阅制会员服务的其他收入的类型时，可能还需要做一些更精细的划分。

针对每一个途径，这里都提供了一些可供参考的思路。

增加订阅会员数

会员制产品要想增加订阅会员数，可以从三个方向来思考。

1. 让已有的订阅会员带来新的订阅会员。

在这个方向上，可以设计一个长期可持续的基于客单价的推荐计划，譬如，男人袜的订阅费用是每年 100 多元，每邀请一个新用户，它给老用户 5 元抵用券，新用户晒单再给老用户 5 元抵用券；垂衣的订阅费用是每年千元以上，每邀请一个新用户，它给老用户 100 元的基金，基金满 600 元可用。

2. 覆盖更多的宣传资源，让更多人知道产品的特色，让潜在客户有体验冲动。

这个思路不用过多展开，它本质上是投放效率的问题，可以从渠道、展示内容和用户包选型三个方面去着手优化。

3. 增加可以降低会员体验的门槛的设定，如试用、先买后返。

这个点与提问者说的做低价拼团的思路相吻合。男人袜早期做过 1 元钱试穿袜子的活动，效果非常好。

那么，你也可以尝试诸如 7 天试用、14 天试用的方式，根据你所提供的会员服务的特性来做对应的设计。

在线教育行业经常会采取先买后返的策略，譬如 399 元一年的会员服务可以学习指定的课程，但如果用户每天打卡，坚持打 300 天，并且可以提供购买凭证，商家会将 399 元返还给学习者。

上述方法都是在订阅金额不发生大的波动的情况下，通过扩张会员规模来提升 GMV。

增加会员订阅金额

这个途径和 SKU 扩展有密切关系，因为增加订阅金额的途径只有两种：一是让用户增加购买频次，譬如：从一月一次到一月两次；二是让用户购买更多的 SKU，产生更多的订阅。

第一种方法比较难，譬如，订阅鲜花，原来一周送一次，你要增加频率，可能就需要结合场景推出节日套餐的订阅——本质上这也是新增 SKU。

第二种方法相对简单，譬如，用户订阅了袜子，你增加内裤和家居小物件的推送，用户可能也会考虑订阅。

如果落到 SKU 的新增上，又有一些思路可以尝试。

1. 推新品结合上述的试用、先买后返，可能会增加老用户的订阅，也可能因为新 SKU 的增加获得新的订阅用户。

2. 根据几次新品订阅的推荐尝试，可以优化用户画像，从而回到传统电商的推荐逻辑上，譬如关联推荐、协同过滤，使新品推荐更有效率。

3. 对不同标签、属性的用户做更深入的定制服务，增强用户体验，进而增加用户消费的动力。

增加其他收入来源

这个途径也有一些思路。

1. 异业合作，通过跨界扩展订阅服务的范围。譬如，对于订阅了洗车服务的用户，也可以通过向他提供车主服务、自驾游服务、景区服务等拓展会员权益和会员服务的场景，从而获得更多的收入。

2. 广告收入，这个不展开了。

3. 限量限时的抢购活动。对于游离于订阅服务之外的一些独特的服务与商品，可以通过这种方式来获得收入。提问者所说的引入科普内容，以及做会员专享的听课服务，都可以通过这种方式来实现。

4. 各类小技巧，譬如赠送、请客。我想，使用过得到 App 的人应该见过它的"×××请你听课"的页面，会员类产品也可以尝试这种玩法。

要增加订阅制的会员服务产品的 GMV 有很多方法，只要抓住提升的关键点，不断去尝试就可以了。至于如何找到提升的关键点，是一道判断题，而不是选择题。

刚才已经拆解了，会员服务类的产品的 GMV 由两部分组成，分别是会员订阅收入和其他收入，而会员订阅收入由会员订阅单价和订阅人数决定。

用户在订阅之前可能有其他行为，譬如：试用、浏览。假设一个产品采取了 7 天试用的策略，那么我们去拆解相关指标的时候，就会看到一个"倒三角"：

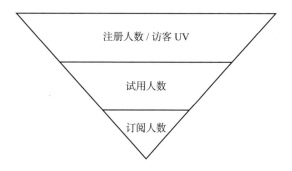

这个"倒三角"里包含两个转化率，一个是试用转化率，它 = 试用人数 ÷ 注册人数 / 访客 UV；另一个是订阅转化率，它 = 订阅人数 ÷ 注册人数 / 访客 UV。这两个转化率之间可能有联系，也可能没有联系，因为，订阅者既有可能是注册后直接购买会员，也有可能是试用后购买会员，所以，我们还需要把订阅人数中试用后订阅的人数找出来。这样就得到了第三个转化率，即试用后订阅转化率，它 = 试用后订阅人数 ÷ 试用人数，以及第四个转化率，即直接订阅转化率，它 = （订阅人数–使用后订阅人数）÷（注册人数 / 访客 UV–试用人数）。

我们来看一张表：

注册人数	试用人数	订阅人数	其中试用后订阅
1 000 人	600 人	400 人	200 人

我们算一下，得到：

试用转化率	订阅转化率	试用后订阅转化率	直接订阅转化率
60%	40%	33.3%	50%

得到这些数据之后，我们可以思考下面两个问题。

1. 直接订阅转化率优于试用后订阅转化率，这可能意味着，试用没有达到我们预期的效果，因为一般情况下，试用是用户判断服务是否能够满足自己需求的一个重要途径，如果试用后用户并没有发起订阅，那就需要思考如何调整试用可以让用户觉得我们的服务是有价值的。

2. 试用转化率只有 60%，这可能意味着，用户对试用的信任度不足，当然也可能是试用的吸引力不足，那么就要思考如何增加试用的吸引力，让用户更愿意主动试用。但试用后订阅转化率不高是这 600 个人的样本反馈出来的，并不意味着另外的人试用也会出现同样的转化率，让更多的人进入试用流程，或许更能够检验试用本身是否存在问题，从而让第一个假设更有依据。

接下来，我们需要思考下面这两个问题。

1. 是不是应该取消试用？因为直接转化的效果似乎更好。

2. 是否可以优化试用的描述，以获取用户的信任，或提升吸引力，让更多的用户来试用。

这个时候，我们就要做判断题了，选哪个好呢？如果我们认为还需要更多的数据来验证，那么就可以先不选择，直接进入迭代，看看第一个假设和第二个假设究竟哪个更靠谱一些，然后再去判断做什么不做什么。这样一来，我相信你的思考会更进一步的。

Q70 如何做用户召回

有位读者在公众号后台发布了一条留言：

> 一个产品会在什么阶段实行召回方案呢？召回方案要一直持续下去吗？怎样去评估一段时间的召回方案呢？

召回这个事情，我估计大家或多或少都接触过。以前玩《王者荣耀》后来不玩的人，一段时间之后会收到好友送了礼物的消息推送；以前用过全民 K 歌还没卸载，通知还开着的，每天都能收到谁谁谁为你唱了什么歌的消息推送。这些其实都是召回手段。

提到召回，大多数运营人员的第一反应是：用户不来了，通过召回让他们重新使用产品。

如果我们用一张图来展示用户使用产品的过程和对应的运营目标以及需要关注的运营动作，就是下面这样的：

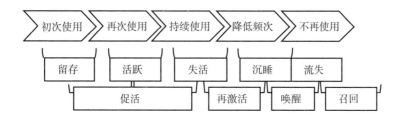

当用户使用产品后，运营需要通过促活来提升用户的留存、刺激用户

243

活跃，避免用户失活；当用户使用产品出现疲劳了，就要再次进行激活；当用户停止使用，进入睡眠状态，要进行唤醒；最后，用户流失了，就进行召回。

在 Web 互联网时代，召回往往是一个死马当活马医的办法，效果通常不太好，这一方面是因为 Web 互联网时代触达用户的手段比较少（通常只有站内信、电话、短信、邮件，可能还会用到 QQ 群、一对一服务）；另一方面，也是因为当时的运营手段并不发达。

到了移动互联网时代，情况发生了变化，出现了像后台静默运行、相互唤醒等做法，系统和第三方服务提供了推送、通知等功能，大多数国内 App 与公众号的互相导流产生了沉淀用户的场景，只有当用户关闭权限、卸载应用才能避免收到消息。比起 Web 互联网，移动互联网触达用户的能力有了大幅度提升。但与 Web 时代用户一段时间没有登录网站，过段时间可能又重新被搜索引擎带回来不同，在移动互联网时代，用户一旦卸载移动应用，就基本不会重新回来。

如果等到用户流失再做召回，Web 互联网时代召回的成功率大概是千分之几，而移动互联网时代则变成了万分之几。

于是产生了一种现象：召回动作与促活动作开始联动，甚至召回直接变成了促活——既然用户流失之后很难再回来，那么不如从一开始就不让他们跑掉。

全民 K 歌习惯采用的消息话术有这么几种：

（昵称）的新歌《××》，评论区沙发空缺。

形容词1、形容词2，找不到词来形容（昵称）的新歌《××》了。

（昵称）刚唱完一首《××》，是专门为你唱的哦。

或许有一天你会想起，今天你听过（昵称）的《××》。

……

这些就是在调动你和这个昵称的关系与你对这个人的好奇心。

这种方法对在平台上社交关系较紧密的个体是有效的，但对社交关系没有那么紧密的个体，未必有效。

如果用户看到消息后打开了应用，那么他就活跃了一次，如果每天推若干消息都能让用户打开应用，那么至少说明用户还在使用这个应用，不太可能卸载，于是就可以降低用户流失的速度。

Web 互联网时代的召回，是根据流失用户来定义的，按照比如 30 天不登录、90 天不登录、180 天不登录来安排召回计划，在召回的同时还需要让用户完成一个可以留存他的动作，譬如，游戏会安排充值奖励，电商会赠送一个较短时效的高额优惠券等，通常采用每季度做执行的方式。

但移动互联网时代用户的时间被分配给了不同应用，一旦用户流失了，或卸载了应用，要么是他找到替代你的应用了，要么是他把原本分配给你的时间花在了其他应用上。

如果还是 90 天做一次召回，显然有些慢了，毕竟按照 App 的更新节奏，90 天可能已经更新了 5~6 个版本，相对于网站一年改一次版，端游一年发布 3~4 个版本的节奏来说，移动互联网的节奏太快了，所以不能等过了这么长的时间再去召回，因为在这种情况下即便你召回了用户，老用户也差不多变成新用户了——尤其是在应用经历过大改版，功能、用户界面调整较多的情况下，召回和拉新没啥区别。

很多应用和手游针对召回用户的活动，可能是以 30 天为单位的——因为通常 30 天要经历一次大版本迭代，或者加入新的玩法，以便召回用户。

评估召回方案的效果的方法很简单，你的目标用户是多少人，有多少人在召回期回归了，计算一下比例就行了。

上面说的都是要在用户流失前用促活代替召回，从而留住用户，但如果用户已经流失了，采用传统的召回方式应该怎么做呢？千万不要随意去做活动，必须要用时间和诚意来做交换。

你可以先把最近 30 天（假设是这样一个统计周期）里已经流失的用户抽取出来，分析一下，看看其中哪些是对产品来说价值相对较高的用户。

申请这些用户的联系方式，直接去打电话，表明身份，询问对方为什么从应用中流失了，用户可能会直接向你抱怨，也可能不搭理你。不搭理你的，可能是彻底对产品不抱希望了，但只要用户肯向你抱怨，一定要把他们的反馈悉心记录下来。

注意，记录反馈不等于一定要推动变化。你不仅要记录反馈，还要和这位抱怨的用户反复确认让他产生不满的是不是他说的这个问题，但不要给出会改进的承诺，告知对方你们会在内部进行讨论，并感谢他提供的建议就行了，不要表达任何希望他回来的意思。

但往往这么做了之后，用户会回来看看，因为无论你有没有做改进，他都感受到了你的诚意。

这样的操作需要长期坚持，而且，不需要全面覆盖已流失的用户，只关注重点用户即可。

Q71　如何通过做达人运营帮助内容产品变现

公众号后台留言里有这样一个问题：

> 内容型产品如何实现变现？如果基于达人来做内容型产品，那么应该如何做达人运营？

提问者其实问了两个问题，但我觉得这两个问题是连在一起的，所以合在一起回答。

某一个领域的达人，就是某一个领域的关键意见领袖。

所有由用户生产内容的内容型产品，都会走到由专家生产内容的阶段。

达人分为两种。

一种达人以前是平台的素人，他们通过长期深耕某一领域，一步一步获得了该领域的话语权。

另一种达人已经在其他平台积累了一定的粉丝，直接带着流量进入平台。

很多内容产品都对达人若即若离，既想与他们合作共赢，又害怕他们掌握话语权反过来制约平台。过去确实发生过达人在某平台积累了大量粉丝，然后带着流量转战其他平台，导致原平台严重受挫的案例。但是，也没必要将达人视为洪水猛兽。

素人成为达人可能是无心之举，有时候是被平台逼得要"谋反"；现成的达人入驻各个平台就是为了变现，平台也没必要藏着掖着。

我之前见了一位许久未见的粉丝，他当时刚从快手离职，和我聊了一些有趣的话题，其中包括平台对待达人的方式。快手对素人和达人一视同仁，不管你是谁，都不会给流量支持，即便明星也不例外；但抖音明显更愿意将流量分配给达人，从而使达人更开心地在平台上贡献内容，使流量在抖音里稳定下来。

一视同仁和流量倾斜都是运营策略，在不同的阶段，很难说哪种策略更好。但我当时听完了之后，表达了这样一个观点：如果现在快手已经将中国网民渗透率做到极限了，那么接下来确实可以一视同仁，从而使内容更加优质和可控；但如果现在依然处在争夺流量的阶段，那么采取流量倾斜的策略会更容易拿到外部的流量——说白了，用户愿意去追随自己的偶像，所以流量倾斜更容易获得这些粉丝用户。

要和达人合作，可以采用以下方法。

首先，要将达人归入不同的合作类型。根据合作意愿高、合作意愿低、内容转化好、内容转化差，可以将合作类型分为四类。

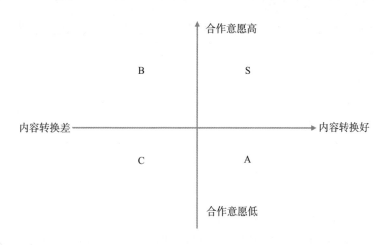

利用这个四象限表，我们可以把达人分为 S、A、B、C 四个级别，S 最好，C 最差。

这一步主要是为后续找相关的达人进行沟通设定优先级，要优先合作的是内容转化比较好，同时合作意愿也比较高的，这样的组合容易打造出好的内容，带来不错的经济效益，具有这两个特点的达人属于 S 级；合作意愿不太高，但内容转化可能会很好的达人属于 A 级，他们需要通过 S 级的达人的案例来进行撬动，所以优先级次之；而那些合作意愿高，但转化不太好的达人，属于 B 级，这一级别的优先级之所以不太高，是因为我们即使晚一点和他们联系，他们也会很愿意和我们合作。与 S 级和 A 级达人相比，他们不太可能带来大量的转化效益，但可以成为有力的补充资源；至于 C 级达人，他们合作意愿低且转化差，联络与否就不重要了。

然后你还需要拿平台和达人的能量去做对比，判断是要"客大欺店"还是"店大欺客"。意思就是，如果平台能够给达人带来更多的价值，那么就要在尽可能满足达人要求的情况下更多地确保平台的利益；如果达人能够给平台带来更多的价值，那么就要考虑在满足达人要求的情况下，在一定范围内出让平台的利益。

你要想清楚，你想通过合作获得什么。如果达人能够为平台带来更多的流量，那么平台就要稍微低头满足达人的要求，让他的流量进来，然后再通过其他达人去分化他的流量；如果平台能够为达人贡献更多的流量，那么平台就要确保自己在合作中始终居于主导地位；但是，如果平台和达人的能量差异过大，那么很有可能要考虑暂时搁置这次合作。

不管是"店大欺客"，还是"客大欺店"，都要让达人感受到尊重。熟悉我的读者都知道，我一直推崇"得到"与"三节课"这两个平台，这是因为，一方面，内容创造者在与它们的合作中可以获得收入；另一方面，这两个平台都是尊重内容创作者的典范。得到一直说"得到系老师是一种标准"，这句话既体现了对老师的认可，也强调了平台的价值。在维系内容创作者方面，得到切实做到了让老师感受到尊重和名利双收。

在内容创作方面，平台应当强调自己的标准，并引导达人在内容创作规范上遵循自己的要求，在内容创作的细节上展现自己的水平。也就是说，平台要有一套行之有效的方法，让达人在创作规范上依从自己的规定。同时，要允许达人在内容创作中体现自己的特色，从而让其 IP 更具有辨识度，这样才能创造双赢的可能性。

Q72　如何规划运营日历

运营是否需要一个运营日历，以此来安排自己的活动、执行自己的规划呢？答案是肯定的，而且最好的方法不是买现成的，而是自己做一个。

自己做非常耗费时间，但制作的过程非常有价值。它的价值在于：可以帮助我们提前 1~2 个月知道接下来我们会遇到什么重大节点，提升运营规划的手感；帮我们提前为未来的运营动作做准备，让后续的运营工作有的放矢。

这篇回答包含三个部分。

在第一部分，我会简单地介绍几个原则，大家记住就好。

在第二部分，我会分享一些网站和工具，讲述自制运营日历的方法。

在第三部分，我会以 12 月 1 日为例，告诉大家应该如何把这些网站和工具与自己的情况结合起来。

运营日历的制作原则

原则 1：提前准备，不要临时抱佛脚，遇到热点时除外。

这个原则听起来像是一句有用的废话，当然需要提前准备，不能临时抱佛脚。那具体要提前多久开始准备？

通常，规划按季度进行，准备按月度进行，热点则直接贴上。

也就是说，当你做活动规划或者内容规划的时候，要同时考虑这个季度和下个季度两个季度的规划；而当你执行具体工作的时候，应当准备这个月和下个月的工作计划；但如果碰到突发的热点，就要立即贴上去，改变你的计划，等热点过后，再回归你的计划。

原则 2：每一天都有结合点，但具体要结合什么内容，需要考虑自己所负责的业务的特点。

梳理日历的时候会发现，人类的历史太长了，基本上没有哪一天是不能去纪念的。但是，在与自己的情况结合的时候，要根据行业、禁忌、业务本身去展开，而不能生拉硬套。换句话说，有得做就要做，没得做就先等一等，不要为了凑数而做，也不要为了完成领导的要求而做。

原则 3：基于你当下的实际情况去落地。

做活动和做内容不同，内容每天都要做，而且要快速更新，但你如果每天都做活动，用户就会觉得很疲惫。所以，具体落地的细节，要根据自己所负责的模块的实际情况去调整。

运营日历的制作工具和信息来源

1. 制作工具。

事实上，大家所熟悉的 Office 系列软件，就是非常成熟的日历制作工具，Word、Excel、PowerPoint 都可以直接使用模板快速地制作一套日历。MacOS 上的 Keynote、Pages、Numbers 也有类似的功能。

2. 信息来源。

（1）百度百科。

在百度百科上搜索单独的月份，譬如"1月""2月"，你会发现它已经准备好了相关月份的信息，其中包括这个月的来历、节气、节日、历史上的重大事件。搜索单独的日期，譬如"11月1日"，你会发现百度百科对这一天发生的重大事件做了整理，并且是按年份排列的。

（2）历史上的今天。

有一个网站就叫"历史上的今天"，在这个站点上，你可以点击日历上相关的日期，来了解历史上这一天发生了什么。这方面的网站有很多，你可以选择一个你用得最顺手的。

友情提示，不要使用单个站点作为信息源，因为它的信息可能是有错误的，你需要将多个信息源进行交叉对比。

（3）一些营销类的公众号。

譬如，波旬会在知乎和微信公众号上按月做一些营销日历的预告，你如果每月留心收集，一年之后就能积累不少东西。

还有很多收集信息的方法，这需要你自己去思考，去尝试。

最后，我用 12 月 1 日给大家举个例子。按照刚才说的，我整理了一下百度百科上关于 12 月 1 日的信息。

12 月 1 日	
节点（这天是什么日子）	宜（适合干什么）
世界艾滋病日	医疗行业：艾滋病科普教育 成人用品：避孕产品宣传与活动 举行公益类活动
罗马尼亚国庆日	旅游行业：罗马尼亚、东欧、南欧出境游活动相关的 内容生产 人文历史：地理科普、历史事件 生鲜电商：做关于罗马尼亚特色食品的活动等 体育：回顾罗马尼亚曾经辉煌过的 足球明星等
南非法律正式承认 同性婚姻合法	情感：恋爱观、LGBT 平权等 人文、历史、旅游：南非的风土人情、 特色食物、历史文化、冷知识等
科学家完整破译第 22 对 人体染色体遗传密码	科普教育：DNA，基于 DNA 的游戏、活动
新浪网成立	互联网：回顾四大门户网站的历史
新亚欧大陆桥首次列车 开出	交通出行：抢票活动、优惠券 电商：铁道类游戏、玩具促销
叶问病逝	影视视频：叶问三部曲、武侠片联动， 相关专题制作
中非共和国独立	人文、历史、旅游：中非的风土人情、 游玩路线、特色饮食、历史文化等
我国第一版人民币诞生	科普：回顾历史上的各种人民币版本 收藏：介绍各种版本人民币的收藏价值等
南京保卫战开始	历史：勿忘国耻（结合 12 月 13 日的公祭日，可以做一 个为期两周的纪念活动）
福特汽车公司引进了第 一个组装生产线	汽车：促销活动、营销文章
安徒生出版了他的第一 部童话书	育儿：童话书大赏、促销， 阅读对孩子的重要性
中国人民银行发行面值 为 1、2、5 分的铝制 分币	科普：回顾历史上的各种人民币版本 收藏：介绍各种版本人民币的收藏价值

252

12月1日	
日本发现特大恐龙化石	动漫：与恐龙相关的动画、动漫回顾 游戏：恐龙主题活动 电商：玩具促销
世界上第一例永久性人工心脏植入手术在美国犹他州盐湖城获得成功	医学科普：如何保养心脑血管，常识科普；介绍人工心脏的发展历史 美食：分享有益于心脏的食谱、保养秘方
日本漫画家藤子·F·不二雄出生	动漫：哆啦A梦、机器猫的回顾、周边促销、游戏内活动
永久牌自行车集团成立	交通出行：骑行优惠

我大概花了5~10分钟，随手写了一些。你需要结合你的行业与业务去决定这个日子应该去做什么运营动作。

譬如，我是做交通出行的，那么我可能就会挑选新亚欧大陆桥的第一趟列车通车和永久牌自行车集团成立这两个历史事件来做结合。

如果你愿意沉下心来完成一个日历模板的设计，并持续维护它，它在未来有可能给你带来很高的价值。

有时候，我们并不是不知道应该做什么，而是懒得去做。改变的方法只有一个，就是躬身入局。

Q73　如何构建不花钱的会员积分体系

有读者问我，公司没有预算，能否构建会员积分体系。

会员和积分是两个体系，虽然我们通常认为会员业务和积分业务都隶属于成本中心，是花钱的部门，但实际上也有变通的方法。

我们先说会员业务。

首先要明确，任何会员体系都是基于经营目标去设计的。会员的经营目标大多着眼于持续贡献，也就是说，希望会员比非会员做出更持久的贡献。如果是交易类产品，就是更频繁的消费；如果是内容类产品，就是更多的观看、阅读、收听。会员经营的方法由于业务类型的差别而有所不同。不管是哪种产品，会员业务的逻辑都是交换。

按照是否收取会员费，会员分为免费会员和收费会员两种。

免费会员就是对会员的各种行为赋予不同的成长值，根据这个成长值把用户分为不同的等级，而不同的等级对应着不同的权益。

付费会员就是用户付费换取会员资格，会员资格包含权益包，有会员资格的用户可以使用权益包内的权益。

会员体系中最重要的并不是收不收费，也不是等级结构，而是权益。

事实上，产品拥有的用户越多、结构越多元，权益供应商的议价空间越大。但有时候平台议价并不是为了降低权益采购价格，而是为了设置门槛，让出价高的供应商进入权益商城。

平台是不是一定要花钱买权益呢？答案是不一定。

我们用实体的商圈来做个类比，在一个商圈里，可能大多数服装店是付租金入驻的，而餐饮企业、娱乐企业是免租金的，甚至是商圈花钱邀请入驻的。当然，即便是服装店，某些品牌的议价能力也比另一些品牌强很多。

理由很简单，商圈需要流量，店铺转化流量，当品牌店铺自带流量的时候，商圈就变成了弱势的一方，它需要邀请品牌入驻，否则就无法获得充足的流量。但是，商圈一旦拥有了流量，或者搞定了能够带来流量的品牌店铺，它就可以反过来要求其他的入驻商户缴纳租金。

商户是分类型的，能为商圈带来流量的商铺享有优惠待遇，而消耗流量的商铺就需要付费。

体量大、用户多元的产品在进行权益招标时也是同样的道理，因为这样的产品拥有非常庞大的流量，而权益供应商的权益是需要用户去使用的，如果产品拥有权益供应商需要的用户，且远远超出权益供应商自身获客的能力和成本范围，那么产品方就可以要求权益供应商免费甚至付费合作。

有时候权益合作可以转变为广告合作或资源置换，但需要注意，在权益的设计上，不管你的权益是免费获取的，还是花钱购买的，权益本身的价值都应当对应用户的贡献价值。

另外需要警惕的是，免费资源通常以券、码的形式供应，过度使用会让会员感到疲劳。同时，券、码的价值区隔要显著，否则就会降低会员对权益价值的感知，不利于客户经营目标的实现。

说完了会员体系，再说积分体系就简单了。

如果你希望构建一个金本位的积分体系，也就是说，让积分有实际的人民币价值，可以兑换实物商品，那就没有办法一分钱不出了，因为实物供应商只能给你折扣，不会给你免费供货。

但如果你希望构建一个非金本位的积分体系，那么，思路就和会员权益池的构建一致，底层逻辑就是"客大欺店"，可以用你的超大用户体量去换取资源，甚至对资源收费。

Q74 如何设计促活策略

有人提出了这样一个问题：

> 目前我公司有10家线下连锁店母婴社区点，累计7 000名会员，近期门店完成了一个动作，以电话沟通的方式对个人名下的会员进行分类，完善标签。
>
> 分好类目后，通过发放优惠券、开展主题活动、赠送服务类消费体验（宝宝洗浴）促活的效果都不太好，券的使用率很低。当然，有夏天太热的客观原因。你能给出一些其他可行的促活策略吗？

我推崇的基本方法是，碰到问题先梳理，找到本质。那么，这个问题的本质是什么呢？

核心问题：线下连锁母婴社区店需要促活。

场景限制：门店导购执行。

准备条件：已经对用户数据进行了一定程度的清洗和分类。

首先，我们要明确，线上与线下最根本的差异在于，线上是突破了物理空间限制的，而线下则要把解决问题的思路落到实际的物理空间里去。

其次，线上的促活手段不一定要落到物理空间或者交易中去，但线下店开出来就有成本，所以期望到店流量可以带来转化。

最后，我们要回归实际的时间与空间。

如果让我来考虑这个问题，我大概会这么看。

促活的目的是让会员持续复购，也就是让会员来买东西；让店里有人，显得生意兴隆，刺激非会员进店。

基于这两个目的，我会继续往下思考，社区母婴店辐射的周边半径最多是 3 千米，因为再往外延伸，就要考虑到在炎热的夏季，母亲带着婴儿如何到店的问题。此时就出现了两个疑问。

1. 如果我的目的是让会员买东西，必须得让会员到店吗？我送货上门行不行？

2. 如果我的目的是让会员在店内选购商品，刺激非会员进店，那么什么样的时间和事件会促使他们进店呢？

针对第一个疑问，我的思考如下。

1. 我是否可以入驻外卖平台，通过社群给会员发红包，刺激会员在对应的社区门店进行线上采购，让外卖员送货上门？

2. 我是否可以针对一些产品推出定期购，让用户挑选商品、设置订购周期，直接一次性买好，等时间到了，让导购或者快递员送货？送货的时候再附上新品或者优惠活动的信息，譬如设定有些低价商品只有进店购买才能享受优惠，从而引导用户进店消费？

针对第二个疑问，我的思考如下。

1. 我是否可以设计在温度不那么高的时候（比如傍晚），做一些针对宝宝的活动，让会员进店，譬如连续 3 天来门店签到送一定金额的券?

2. 我是否可以利用线上社群，让导购每天给用户发一些二维码海报，让用户转发朋友圈增加曝光，给他们介绍来的新用户一个进店礼，考虑用人推人的方法提升客户规模?

我一直认为，在利用数据的过程中，不能只盯着数据，因为数据是没有温度的，但决策是人做的，而人是需要温度的。对产品经理来说，用户体验是目标，如果产品的用户体验做得差，这个产品经理的工作就出了问题；而对运营来说，用户体验是手段，如果运营在运营行为和运营策略中，不去反思人的体验，那么最终设计出来的手段或策略可能是无效的。

运营背负着拉新、促活、提留存、强转化的 KPI，但运营不能只盯着 KPI 去做事，从 A 到 B 的直线思维方式会使人直奔主题，这可以说是执行力强，但不经思考就立即执行可能会适得其反。

综上，结合用户的体验去设计促活的策略，是检验做法是否有效的唯一标准。

Q75 如何让用户为会员服务付费

有人问了我这样一个问题:

我目前负责一个工具型公众号的运营，它有会员功能，衍生出了会员服务，但是会员开通比例不足 1%，现在的运营模式就是每周不间断地做营销活动。做营销直接减钱、打折效果最好，别的温情手法、内容营销都不管用，我有些苦恼，不知道以后的营销之路该怎么走。

这是典型的搞错了会员服务概念的运营问题。这个问题的根源是大运营的产品设计层面出了问题，而小运营无法改变错误方向，所以，做什么

257

都不好使。

我在《从零开始做运营》里提过一个问题，请大家思考用户和会员的区别是什么，要解答这个问题就必须弄清楚用户对产品的情感变化。

用户对产品的情感变化大致会经历以下几个阶段：

通常可以认为，在用户对产品的情感达到忠诚状态之前，是不足以使其成为会员的。此外，其生命周期所处的阶段导致相应运营动作有差异。

从无感到习惯、从习惯到认同、从认同到喜爱，本质上都是促进留存和活跃的运营过程，可以把前面四个阶段看作量变过程，通过运营动作不断增加用户在产品中停留的时间、使用的频次，而最后一个阶段则可以看作一次重大的质变。

在前面四个阶段中，如果想让用户去推荐你的产品，需要进行强弱不同的利益引导；在最后一个阶段，你只需要提供很少的利益，甚至不提供利益，用户就会为你去口口相传，所以，它是质变。

任何行为都需要动机来刺激，都需要匹配用户的能力，都需要触发机制来确保行为被触发。质变之后的维持，就要思考如何让会员感到与众不同。

所有不能区分用户和会员的权益差别，不能有效让会员认同其价值的会员服务都是无效的。

要学习会员服务，最佳的方法并不是看互联网上的各种案例，而是去传统行业看一看。譬如说，酒店。

洲际酒店集团成立于1777年，最早是卖酒的，从1988年开始进军酒店业，后来通过大量并购掌握了一系列的酒店资源，目前已经在全球100多个国家拥有4 000多家酒店。它的俱乐部是"IHG优悦会"，其会员体系如下：

	俱乐部会员	金卡精英会员	白金精英会员	至悦精英会员
赚取酒店积分或里程	√	√	√	√
会员专享价	√	√	√	√
专属客服热线	√	√	√	√
奖励房晚没有禁兑期	√	√	√	√
免费上网	√	√	√	√
延时退房		√	√	√
精英会员积分不过期		√	√	√
优先登记入住		√	√	√
基础积分上获得额外积分		10%	50%	100%
精英会籍累计房晚数可延期			√	√
客房升级			√	√
空房保证			√	√
晋升此会籍时的优选奖赏				√
晋升到此会籍可升级赫兹五星金卡会籍				√
提早登记入住				√

表格中都是和酒店服务相关的权益。在这个体系中，会员如何提升自己的等级呢？

用 IHG 和银行的联名卡刷卡购物可以累计积分，也可以直接花 200 美元购买大使会籍。但如果客人不愿意额外花钱，那么就需要每次住酒店的时候都尽可能地选择住洲际集团旗下的酒店。

目前互联网行业中会员体系最好的，大概要属视频平台了。我们看看腾讯视频怎么做的。

VIP 权益包（App 端）				
内容特权	观影特权	下载特权	直播特权	服务特权
院线新片持续更新	去广告	极速缓存	演唱会直播免费道具	专属人工客服
独家 HBO 美剧	可选择 1080P	边下边播	演唱会直播打折	草场地商城享受会员折扣
顶级纪录片	杜比视界功能使用	多个视频同时缓存	可以观看直播回放	生日当天领取礼包
提前看热播剧	点亮身份图标	预约资源更新后自动缓存		
送观影券看付费内容	赠送影片给好友免费看			
	明星主题皮肤			
	专属明星气泡弹幕			

VIP 权益包（Web 端）		
内容特权	观影特权	直播特权
院线新片持续更新	去广告	演唱会直播免费道具
独家 HBO 美剧	可选择 1080P	演唱会直播打折

VIP 权益包（Web 端）		
内容特权	观影特权	直播特权
顶级纪录片	杜比视界功能使用	
提前看热播剧	点亮身份图标	
送观影券看付费内容	赠送影片给好友免费看	

我没有罗列针对不同等级的会员腾讯视频所给出的权益差别，我们在这里只看 Web 端和 App 端的权限差异。

你一眼就能看到，App 端比 Web 端多了两端个权益大类，一个叫下载特权，另一个叫服务特权，而另外一些特权上的细节也有差异，譬如观影特权，App 端比 Web 端多了一个皮肤和一个弹幕特权。你需要思考为什么会这样设置。

如果你理解用户在不同端的行为，就会明白为什么权益设计上会有差别。

大多数人用电脑看视频是不想等待的，因此 Web 端要做好在线播放；但在手机上看视频，很少有人会选择直接在线播放，大多数人会选择下载后等到方便的时候再看。你需要针对用户的行为去做调整。

可能 90% 的腾讯会员用户不会去研究这个，因为如果他们用起来顺手，根本不需要去思考会员服务究竟是怎么设计的；而如果他们用起来不顺手，会员服务列得再细也没用，越需要向用户解释自己的会员服务的价值，越说明会员服务的价值堪忧。

虽然亚马逊自营服务退出了中国市场，但只要 Prime 会员可以满 200 元免海外购运费，就会有人买这项服务；只要 Kindle 的会员可以便宜买书甚至免费看书，就会有人买 Kindle 的会员。

腾讯视频有独播的美剧，会员可跳过广告，所以有人付费；爱奇艺有独家的网综，会员不用看广告，所以有人付费。

会员服务的核心竞争力，在于抓住了用户最感兴趣、最痛、最痒的点，因为所有的会员服务的权益都是围绕这个最痛、最痒的点来设计的。

前几年大火的环球黑卡，即便被非目标用户和一些媒体说是在收"智商税"，但对很多没钱又爱面子的人来说，它是很好的选择。

会员服务的关键，在于满足用户最核心的需求。比如，字幕组 App 可以让会员付费来解锁那些不付费看不了的影视剧。

因此，解决这个问题的最根本的方法是，回归问题的本质，重新设计和规划产品的会员服务的结构。

如果你对会员服务的结构和设计很有信心，那么可以参考以下方法。

1. 让用户免费体验 × 个月的会员服务，到期自动续费。亚马逊 Prime 曾经推出过免费体验一段时间，到期自动续费的服务；视频网站推出过超便宜的月费体验，但要开通自动扣费服务。

2. 赠一得一，用户送别人一个月的会员服务，对方领取后，自己也能免费获得一个月的会员服务，可以设计封顶值，到期自动续费。微信读书的裂变套路和无限卡玩法采用的就是这种方法。

3. 一元钱体验 × 天的会员服务，到期给优惠续费折扣，引导用户付年费。迅雷会员采取过这种做法，百度网盘用放大版的事件营销终结了网盘服务的国内竞争。

4. 让用户全价购买会员服务，允许用户在任何时间退费，但要扣除已经享用的服务次数。譬如，垂衣的会员制的玩法，会员费定价 299 元，每使用一次会员服务扣 99 元，并退还剩余的钱，如果你用了几次不满意，到第四次服务完成就不会再退款。

Q76　做 App，怎么通过社交平台引流

有两个关于 App 引流的问题。

问题1：一款初期定位为旅游服务的App产品需要扩大知名度，吸引用户。在各大社交平台上，应该怎么运营以尽快实现上述目标呢？

问题2：我们的产品是一个房产类的App，主要做房产买卖、租赁等业务，我在里面负责内容部分。

领导想通过内容来提升对精准人群的影响力，对我的考核标准是购房群体和业主群体对我们内容的知晓度。目前我们主要通过自媒体渠道把我们的内容分发出去，以扩大内容的影响力，暂时没有想到其他的方法。

我现在比较迷茫，除了上面的方法，还有什么方法可以提高我们内容的影响力呢？针对这样的一款产品，我们坚持做内容的意义有多大呢？

这些问题都聚焦在了一个问题上：引流。

如果你想吸引别人的眼球，完全可以整理出这样一张关于App引流的思路图。

画这张图花费的时间，可能连20分钟都不到，还可以继续去填充内容，但它只能表明你很了解有哪些引流渠道，没有什么其他价值。

如果只考虑技术层面的问题，这张脑图或许可以给出一些方向，但它无法解决实际操作中涉及的人性层面的问题，你要去思考什么样的内容能吸引人并促使他人帮你分享。

通常情况下，促使他人进行传播要具备两个核心特征：

1. 产品好，好到别人忍不住帮你分享。

2. 给利益，大到别人没法不帮你分享。

这两点都经过了反复验证。

提问中涉及房产，我简单梳理一下搜房（房天下）、安居客还有链家三家房产中介的发展史。

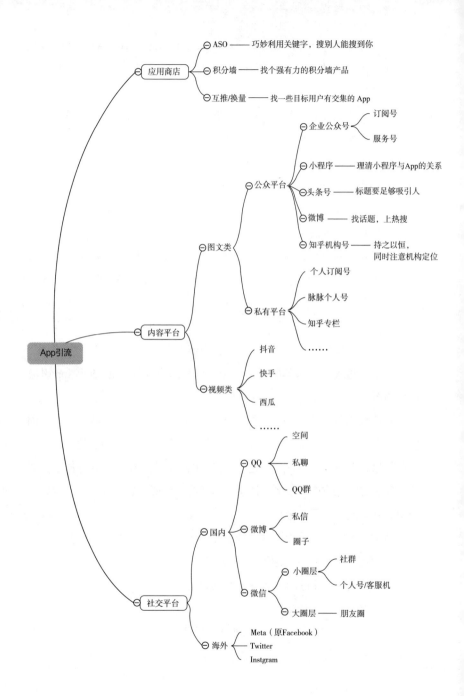

App引流

- 应用商店
  - ASO —— 巧妙利用关键字，搜别人能搜到你
  - 积分墙 —— 找个强有力的积分墙产品
  - 互推/换量 —— 找一些目标用户有交集的 App
- 内容平台
  - 图文类
    - 公众平台
      - 企业公众号
        - 订阅号
        - 服务号
      - 小程序 —— 理清小程序与App的关系
      - 头条号 —— 标题要足够吸引人
      - 微博 —— 找话题，上热搜
      - 知乎机构号 —— 持之以恒，同时注意机构定位
    - 私有平台
      - 个人订阅号
      - 脉脉个人号
      - 知乎专栏
      - ……
  - 视频类
    - 抖音
    - 快手
    - 西瓜
    - ……
- 社交平台
  - 国内
    - QQ
      - 空间
      - 私聊
      - QQ群
    - 微博
      - 私信
      - 圈子
    - 微信
      - 小圈层
        - 社群
        - 个人号/客服机
      - 大圈层 —— 朋友圈
  - 海外
    - Meta（原Facebook）
    - Twitter
    - Instgram

搜房和安居客在 Web 时代打得不亦乐乎，它们采取的做法是"堆房源"。这样做的逻辑很简单，因为房源多了，就可以吸引想买房的用户。但是，对用户来说，房源多不多并不重要，真不真才重要。当房产中介通过"堆房源"来促使用户留资、到店，消耗用户的时间和精力之后，谁家能用真房源节约用户的时间成本，谁就赢了。而链家通过快速在城市里开店并完成房源的信息化这两件事搞定了真房源的问题。

同时，由于自己的门店数占优势，链家反过来制约了搜房和安居客的信息采集与收录的速度——我有真房源，但是我不给你，我掌握了具备真实信息这个优势，而你作为平台，要想达成和我一样的条件，就要投入比我更多的成本来筛选信息，而通常情况下其他平台不可能这么做，于是链家拉大了自己和其他竞争对手之间的差距。

说到旅游，大家也可以回想携程、去哪儿、同程、途牛的发展史。旅游业是服务行业，服务行业的关键是服务质量。在很长一段时间内，携程赖以生存的并不是线上的技术手段，而是客服的响应速度和解决问题后获得的用户满意度，这就是为什么它能一直做下去，并且年复一年地累积用户。

要解决"产品好"的问题，比拼的是耐心和毅力，而解决"给利益"的问题，肯给补贴就行。但是，给利益并非长久之计，只是短期策略。

之前某个看新闻给用户钱的产品的财报显示，它给用户的钱越来越多，用户规模的增长却没有成本涨得多，问题出在哪儿呢？就是产品本身的质量没有做起来，但为了维持增长，不得不继续迎合用户对利益的追求，以维持用户增长。但谁敢保证利益减损甚至没有利益驱使之后，用户不会流失呢？

同样是给利益，拼多多的做法在一定程度上值得借鉴。但如果拼多多上市之后，没有立即开始转型做更高客单价的商品，如果它的运气再差一点的话，也很难拿出 2019 年第一季度那么好看的季报。

App 希望在社交平台上引流，在内容和活动方面可以采取以下做法。

先说内容方面。坦率地说，通过内容获客不是也不可能是一个快速出成绩的领域，内容方面的努力只能是坚持做对用户有价值的事，然后等待足够的时间或者做出一个爆款来引流。

然后是活动方面。活动说白了就是利益驱动，活动能够带来大量用户，但你的承接要到位，并且要能够容忍有人只是来薅羊毛的。如果你做的是旅游产品，不能因此而区别对待用户，必须要给出相同品质的服务。但是请注意，光有品质是不够的，还要增加一些自己的特色和细节。我去旅游时喜欢自驾到机场附近停车，然后再坐摆渡车去机场。如果我是做旅游产品的，就要考虑用户买了我的旅游产品，我是否能直接赠送机场停车打折券？是否能推出有特色的旅游路线，或者特别的玩法攻略，比如从 Klook（强调独一无二的旅行）的玩法中找到一些可以借鉴的东西？

不论是哪一种方式，都要回归最核心的问题：

- 你要面对谁？
- 他们对什么感兴趣（会被什么打动）？
- 你要如何让他们完成体验？
- 如何引导他们去进行传播？

这些问题的答案可以帮你找到在任何一个平台的运营策略。

剩下的就是不断地验证，拿到数据后去思考哪里可以优化，实施后看效果如何，再进行下一次优化，循环往复。

Q77　如何选择获客渠道

有朋友问我：

> 我有一个首饰自营工厂店，第一次尝试从批发转零售，目前在朋友圈营销。要提高销量必须增加流量，请问除了朋友圈还有哪些渠道

可营销，增加新粉（不考虑淘宝）？

还有一个类似的问题：

　　线下母婴门店新店开业想让门店周边社区精准客户知道有这家店，做过一些拉新活动，效果不理想。

　　做过传统地推，比如团队扫楼、现场引导注册会员赠送礼品，现场下单抄底价，但是拉来的新客户数量有限，且人力成本比较高。

　　在朋友圈做过门店 3 千米范围内的广告投放，引导到店后进行活动触发（赠送游泳体验，商品特价），效果也很差。

　　做过异业联盟，和生鲜店、插花手工艺店等非同类较差店铺做互相导流，效果不明显。

这两个问题的本质都是如何找到流量来源，或者更直接点说，如何寻找或者选择获客渠道？

我们先来理解一下流量这个事物。

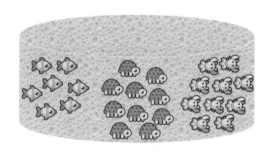

渠道好比池子，里面有流量（有鱼也有虾，还有乌龟），有的池子很小，比如鱼缸，有的池子很大，比如太平洋。

钓过鱼的人都知道，在不同的池子里钓鱼，选择的工具不同，付出的成本也不同，钓到的鱼的品种和数量也不同。

获客也是同样的道理。用户就像是鱼，你要把鱼饵挂在钩上，找一片鱼最多的水域，把鱼竿放下去。

有时候，即便某些水域有很多人钓上来过很多鱼，但等你下竿的时候，可能只钓到了一只拖鞋。

为啥呢？因为先上钩的鱼都是更想吃饵的鱼。

说到这里，你会发现，我们已经对池子和鱼进行了划分。

鱼缸：
小渠道，有限的用户

海洋：
大渠道，大量的用户

上钩的鱼：又饿又馋

观望的鱼：不够饥渴

不同的行业要根据自己的实际情况，来选择不同的投入渠道，而在渠道的选择上，除了考虑流量池的大小，还要考虑鱼的饥饿程度，以及鱼饵的合适程度。

渠道越新，越有尝试的价值，而经过验证后成本最低、获客最快的渠道是最有价值的。

回到问题上来，第一个问题是自营首饰工厂想从批发转零售，也就是说，想看看如果直达终端用户会不会有更好的发展。

做出批发转零售这个决策，可能是想看看直接面向终端是否能获得更高的利润，或者是想改变原先代工贴牌的做法，创立自己的品牌。

提问者知道要打开销量就必须要有流量，但可能是在早期阶段，又或者不想和自己的批发渠道产生冲突，所以不考虑从淘宝入手。

如果让我来做这件事，我会如何思考流量问题呢？

首先，是回到产品期望面对的客群上来，我的首饰要打动什么样的消费者？他们大概处在什么年龄段？这个首饰是用来送礼的，还是自用的？适合什么样的场合？价位是怎样的？

然后，才是选择渠道的问题。肯定要用到朋友圈，但朋友圈的作用是什么？是转介绍？还是品牌宣传？用户买了首饰之后有意愿在朋友圈分享吗？如果他们愿意分享，可分享的点是什么呢？所以，像朋友圈这样的渠道，要考虑的不是投入与否的问题，而是用什么来投入的问题。

这么多年，我看到的在朋友圈营销起来的首饰品牌有两个：一个叫"马良行"，它的成功得益于与得到的合作和3D打印的定位；还有一个叫"潘多拉"，它有一个品类叫"首饰盒"，很有趣，也很容易被拿出来晒。

事实上，在开放的渠道中，朋友圈是一个必然的选择，因此对这个渠道，要选择的不是投不投，而是用什么去投。

朋友圈是社交圈，它所依托的微信是社交媒体，在社交媒体上做宣传，你需要直截了当地告诉用户几个要点，以首饰为例：

- 场景：你发布的这个首饰适合在什么样的场合使用？
- 搭配：它挑不挑衣服（款式和颜色都要考虑）？
- 用途：有什么用，它可以彰显用户的财务能力，还是其他的什么？
- 价格：贵还是便宜，多贵？多便宜？

此外，小红书是个不错的选择，也可以考虑一下其他的导购产品线，比如抖音。

结合你对自己产品的了解，进行快速的尝试，相信你可以找到一条适合自己的渠道。

第二个问题是关于线下母婴店拉新的。

提问者的期望是先服务好周边社区的用户，但线下运营有一个问题是：你的服务能力是有限的，你对社区用户的了解程度是否足够深呢？

- 社区内有多少需要你提供服务的用户？
- 这些用户为什么会来，为什么不来？

■ 你之前尝试转化的目标用户达到了什么样的比例？

如果此前尝试了很多渠道，却没有得到希望的结果，需要做以下三件事。

1.继续做其他尝试，譬如，如果你的服务是可以通过线上来做的，可以考虑入驻外卖平台，因为外卖解决的就是方圆3千米内的各种需求。我之前尝试过用外卖平台送数据线，因为急需，所以对速度有要求。

2.尽可能多地去和你已经获得的用户聊天，询问他们平时对这一类服务的需求是什么，看自己有没有做到；尽可能多地去和社区里的叔叔阿姨聊天，如果他们已经有了孙辈，从他们的讲述中去了解平时孩子的父母是如何去挑选这些服务的。

3.设立一个止损点，如果到了某一个阶段，或者付出某些程度的成本仍没有改观，该放弃就放弃。线下门店有时候可能什么都做对了，但选址选错了，这种情况就需要重新选址。

在这里分享一个我岳母家附近的儿童游泳馆的故事，同一楼层与它相隔100米的老牌知名母婴店已经关门了，它的生意却越做越好，还换了更大的泳池。

这个店的位置很一般，在一个社区商圈的二楼，人流量并不大，它采取的策略是卖会员卡。店内分为三块区域：游泳区、玩乐区还有收银区。游泳区还有专人帮小朋友洗澡，所以，很多人冬天会把孩子带过来洗澡。玩乐区和游泳区一样大，品相完好的玩具不多，但小朋友可以爬来爬去，坐坐滑梯什么的。对孩子来说，玩具品相差一点没关系，只要有玩的就行了。对家长来说，玩具品相也不是最重要的，重要的是足够干净。收银区还放置了货架，会做一些代购，卖一些商品。

这家店的店主就是附近社区里的住户，种子用户就是社区邻居，而且店员和店主都很善于聊天，用户第一次来，可能是用微信扫码付费，但来的次数多了，关系熟悉了，也不好意思不充个卡，反正游一年泳，洗洗澡，总归是合算的。

这个游泳馆既解决了家长冬天给孩子洗澡的难题，又加深了邻里感情。

对于这个问题，我觉得，除了获客渠道，提问者需要思考一下自己的服务究竟有没有满足用户的需求。

说完这两个具体问题，我们来说说获客渠道的选择。

如果我们对获客渠道进行分类，大概可以得到这样一张表：

渠道类型	渠道名称	成本类型	效果预期
内部渠道	产品中的广告位	无	根据过往数据判断
	用户转介绍	成功奖励	
外部渠道	自媒体矩阵	人员成本	根据过往数据判断
	信息流广告	投放成本	根据行业数据判断
	异业合作	置换成本	

这个表格可以根据你所在公司的具体实际情况做调整。

完成了可获客渠道的基础梳理，接下来可以根据渠道获客的效果来做一张 CAC（获客成本）的表格：

渠道名称	成本金额（元）	注册用户（人）	CAC（元）
渠道 1	4 300	2 400	1.79
渠道 2	35 000	6 700	5.22
渠道 3	7 300	5 900	1.24
渠道 4	3 200	1 200	2.67

单从 CAC 来看，渠道 3 的效果最好，因为获客成本最低。接下来还要再看另一个数值，即 LTV（用户生命周期价值）。

但 LTV 需要较长的观测时间，所以，如果是短平快的消费类产品，不用看 LTV，看付费比例和付费用户的 ARPU 就行。

付费比例和付费用户的单位用户贡献情况如下：

渠道名称	付费率	付费人数（人）	总金额（元）	付费用户的 ARPU（元）
渠道 1	3%	72	370	5.14
渠道 2	5%	335	1 200	3.58
渠道 3	4%	236	580	2.46
渠道 4	6%	72	430	5.97

接下来，我们把付费用户的 ARPU 值和 CAC 放到一起，就可以得到 ROI 了：

渠道名称	CAC（元）	付费用户 ARPU（元）	ROI
渠道 1	1.79	5.14	2.87
渠道 2	5.22	3.58	0.69
渠道 3	1.23	2.46	2.00
渠道 4	2.67	5.97	2.24

由此可以看出，渠道 1 的 ROI 最高，而渠道 2 的 ROI 最低。

在上面的例子里，渠道 1、渠道 4 的性价比相对较高，渠道 3 表现平平，而渠道 2 的效果较差。

当你选择获客渠道的时候，可以用上面的表格进行对比，选出最值得投入的渠道。

利用 ROI 来判断哪个渠道值得投入，是一种比较简单又切实可行的做法。

如果是从零开始做获客，没有可参考的数据，怎么办呢？

解决方案就是做测试，用较小的成本和较短的周期来完成对渠道质量的测试，然后放大规模继续测试，最终找到最有价值的获客渠道。

当然，所有的获客渠道都不是恒定的，好的渠道也会变差，过去表现一般的渠道也有可能逆袭，这就需要我们认真做好数据积累，保持对数据的敏感。当变化来临时，快速地切换获客渠道，保持用户增长的规模和速度。

Q78　运营人员如何对潜在客户负责

有人问过我这样一个问题：

很多 to B 业务和 to C 中低频且客单价高的业务，目前都比较依赖销售人员去实现最终的成交，我们做运营最终核算的 KPI 是提供潜在客户线索，我觉得这项 KPI 的合理标准应该是核算有效线索的数量，而不是全部线索。问题在于：

1. 运营人员如何判断某个线索是否有效，或者如何剔除无效线索呢（借助营销自动化信息系统，可以追踪用户的每一步行为，但如果不借助这类系统就很难去判断用户所提交的表单信息背后的交易意愿有多大）？

2. 销售人员对线索是否给出了有效的反馈？如果前提是使用了营销系统，比如通过追踪潜在客户行为给他的成交意愿打了 80 分，而销售人员在接触两个均为 80 分的客户时，耗费的时间精力差别很大，那么销售人员是否可以驳回运营，直接判定耗费时间成本比较大的潜在客户是无效的呢？

这个问题对运营人员来说是比较尴尬的，因为在我看来，类似的业务并没有运营的空间——既没有发展的空间，也没有价值评定的空间。

原因是：这类业务的核心是供应链。

在这条供应链中发挥主要作用的是，销售人员去转化潜在客户买单，以及供应者提供内容，比如在线教育行业提供师资、SaaS 服务（软件服务），以及产品覆盖的场景和解决方案。

在这类场景下，运营人员的操作空间不大，运营最多只能做到：为销售人员找到流量并导入流量；在用户生命周期中实施一些动作，为产品提升留存率、活跃度和复购率。

判定潜在客户质量，分为事前判定和事后判定。

事前就是当潜在客户完成留资，先对其进行初步打分，从而大致划分出其属于高质量用户，还是低质量用户。采用 HABC、SABC 分级，或者直接打分数，都属于事前判定。获得渠道类型、个性标签等相关的历史数据，才能去做事前判定。

事后判定是做事前判定的基础，它通过回溯某一次投放、某一个渠道的进入流量，和最终转化付费的相关转化效率，来对本次投放或者涉及的渠道做质量判断。

本质上，事后的判定是归纳，它在为事先的判定打基础，在业务早期还没有数据沉淀的时候，都是通过事后的归纳来判断潜在客户质量。

我认为，销售人员在 CRM 系统（客户管理系统）里的评价是不能作为依据的，因为个人能力有差别、接待的客户类型不一致，销售人员以个人经验做出的潜在客户质量评价，很多时候会受到偏见或幸存者偏差的影响。从业足够久、见多识广的销售人员，可以根据客户的行为表现，对潜在客户质量做出相当精准的评价；但从业时间不够长、经验不够多的销售人员，做出的判断可能没那么准确。所以，我更倾向于根据对过往数据、用户标签的积累，做事前的大致判断。

在这类业务里，如果运营人员在负责开源的工作中引入潜在客户，既不合适，也不合理。

这类业务的开源工作，应该交由市场部去完成。如果是 to C 业务，可以采取以下方法。

1.外部投放，如公众号投放、广告、信息流、搜索引擎类品专等。

2.转介绍，利用已有用户进行邀请和传播，以用户带用户，以存量带动增量。

3.利用特有渠道，这个方法其实可以归入转介绍，但有一些业务可能有一些独特的渠道。

一般情况下，如果不是特别小众的领域，转介绍的成本应该远低于外部投放，但外部投放带来的规模会远大于转介绍。

关于运营人员在获取潜在客户层面能做什么，我的回答集中在大运营上。

1. 要对所有渠道的 ROI 设立红线。

有些渠道是适当允许 ROI 较低的，譬如投放中存在的部分渠道。但不管怎么低，ROI 至少要维持在 1 以上，否则就是不健康的，卖一单亏一单是不可能让业务长久存活的。

2. 要不断提升转介绍渠道的转化效率。

通常来说，to C 的转介绍渠道是最重要的潜在客户来源，这个渠道中的效率评定有两层。

（1）已有用户中有百分之多少的用户参与到了转介绍中？这个比例应当不断提升，如果原先是 20%，那么下一个目标可以是 50%，再下一个目标可以是 80%。

（2）已经加入转介绍的用户，人均带来了多少潜在客户，从潜在客户到付费的转化率有多少？这个值和率也应该不断提升，如果原先是人均带来 2 个潜在客户，转化率是 50%，下一个目标可以是人均带来 5 个潜在客户，转化率高于 20%。

对于大流量来源的投放渠道，要通过不断地调节文案和选择用户标签，来不断提升其 ROI。如果多次优化都不能提升，就要砍掉一些投入，并尝试新渠道。

从潜在客户获取到潜在客户转化这条链上的所有角色，都应该针对这个过程本身去积极讨论如何优化，而不是去压制某一方的方案，或者将失败的责任推卸到其他角色身上。

否则，业务终究难以长远，不管它一段时间内的发展看起来有多好，最终都必然走向失败。

Q79 以 VIP 会员售卖为核心业务的公司
如何制定运营策略

有很多产品依靠售卖 VIP 会员资格而获得收入，多年来，靠这个业务活得很好的，有腾讯、亚马逊；曾经靠这个业务活得很好的，还有迅雷；最近开始希望靠这个业务活得更好的，有京东等公司。而不靠售卖 VIP 也活得很好的，则是某些传统的星级酒店和航空公司。

VIP 之所以有价值，是因为 VIP 用户可以享有权益，这部分权益，通常是消费者希望获得，但不希望花心思争取的——所以环球黑卡活得很滋润。

QQ 会员早年有 Q 币赠送，后来有红钻特权，而后是不断加码的权益包，它创造了很多收入。

迅雷会员卖得好，因为买了之后下载速度的确很快。

哔哩哔哩的大会员，据说可以解锁一些非会员无法搜索或者无法观看的资源，至于这个"一些"有多少、是什么，不重要。

史玉柱曾经说过，荣耀、目标、互动、惊喜是做好游戏的核心。

VIP 会员资格这种商品也符合史玉柱对网游核心的定义。

我们可以这样思考：

VIP 的权益能否给付费购买的用户带来较大的优越感，足以使他们去炫耀？他们购买 VIP 是为了解决什么问题？是不是不买 VIP 就不能解决这个问题？ VIP 是否会让用户与产品、用户与权益、用户与用户之间产生互动的可能性？这种互动会强化优越感吗？ VIP 本身的权益池是否拥有足够的价值，从而让用户产生惊喜的感受？

回答了上面这些疑问，再去参照下面说的 9 个策略要点，会对你有帮助。

初期策略

1.《时间简史》里说，最难的是让人们都相信你的故事，VIP 也是一样。

在 VIP 体系中最重要的并不是等级有多少层，获取难度大不大，而是权益池里究竟有什么。

2. 权益池中可以有很多无用的东西，但一定要有一个大多数人都想要的东西。譬如招行开展的用 9 积分兑换权益的活动，或者 799 积分兑换一杯中杯星巴克；又譬如达到了一定的会员等级，可以享受常旅客计划里升舱的优惠；又譬如某酒店向最高级 VIP 提供大量免费间夜客房。

3. 迅雷推出过 3 分钱体验会员的活动，体验结束后，用户发现如果不开会员，下载速度很慢，于是痛快地掏出 30 元或者更多的钱去买会员；亚马逊中国邀请用户免费使用 Prime，免费期结束后直接扣款帮用户升级，除非用户足够细心，把"默认升级"选项关掉。

4. 早期策略关注两件事：教育用户以及让使用更便利。这两件事是捆绑在一起的，只有使用起来便利且成本低廉，人们才愿意尝试，只有权益和策略相得益彰，教育用户才能事半功倍。

中期策略

5. 除了权益还能不能有点别的？用户想要积分，到底要不要做？这些问题都要站在投入-产出的差值上去思考。除非用户的产出能够覆盖投入，否则没必要去做讨好用户但赚不到钱的事。

6. 上面这段话，在准备或已经进入激烈竞争后无效，在公司有足够利润后无效。

7. 当 VIP 越来越多，且他们的等级越来越高时，就要想办法重构。比重构更省事的办法是，直接在最高级上面再套一个更高级，如 QQ 的会员、超级会员、年费会员、超级年费会员；百度云的会员和超级会员；淘宝也有超级会员；京东取消了 5 级会员，搞起了京享值……

后期策略

8. 权益没人用就毫无价值，但如果所有人都用，运营方就需要付出巨大的成本。

9. 要有能力做到"我想让你用，你就会用，我不想让你用，你不但不会用，也没法用，但你也不会吐槽我不让你用"。

Q80 邀请机制上线后，需要关注哪些数据

在不同的产品阶段，使用邀请机制的意义与目标是不一样的。

在产品的初级阶段使用邀请机制，是选择了种子策略，希望凭借还不是很完善的运营团队在一定范围内筛选出最初的忠诚用户，为忠诚用户提供需求解决方案，从而在正式对外开放前，做好产品上的准备。

在产品的发展阶段启用邀请机制，是为了扩大用户量，通过已有用户的扩散，降低信任成本，从而更容易获得新用户。

所以，针对这个问题，我们需要深入场景中去思考。

场景系列一：获客

场景一：运营人员通过在竞品内潜伏并进行贡献，建立了用户信任，收获了一批种子用户，向他们发放了产品下载链接和邀请码。种子用户中的一批人通过该链接下载了应用，并使用邀请码完成了注册，开始使用产品。

场景二：运营人员通过朋友圈发放邀请使用的海报，感兴趣的用户通过扫码获得受邀使用的资格，完成了产品下载，其中有一部分人开始使用产品。

在上面两个场景之下，运营人员要考虑三件事。

1. 邀请码或邀请链接是使用一次就失效还是可以多次使用？

2. 邀请码或邀请链接是否有有效期？

3. 邀请码或邀请链接是否一一对应邀请人，每个邀请人通过邀请码绑定被邀请人？

在这个环节，你应当关注邀请码或邀请链接的使用效果和使用率，也就是要关注以下数据：邀请码或邀请链接发放的渠道名称、发放批次、发放数量、使用数量、过期未使用数量。

通过这些数据，我们可以知道哪个渠道获客的效果更好。原则上，邀请码或链接的使用比例越高、过期比例越低的渠道越好。针对过期未使用的邀请码和邀请链接，运营人员还可以通过运营动作去做多次验证，重新激活用户，直到反复验证的结果依然表明该渠道无效。

在这里，需要强调发放批次字段的重要性，因为不管多么好的渠道，随着使用次数的增加，获客效率一定会下降。我们需要知道邀请码或邀请链接在发放多少次后效率开始降低，从而节约投放的成本。

场景系列二：留存与活跃

场景三：有 1 000 个用户通过 A 渠道获取了某产品的使用权，他们中的 500 个人在注册后一周内打开产品至少一次；有 400 个人在 30 天内打开产品一次，在 30 天后不再打开产品；有 100 个人在 60 天后不再打开产品。

一周内打开产品的 500 人里，有 100 个人每天都打开，有 300 个人一周打开 2 次，还有 100 个人一周只打开一次。

场景四：有 1 000 个用户通过 B 渠道获取了某产品的使用权，他们中只有 100 个人在注册后一周内打开产品，有 900 个人只在注册时打开产品一次。

场景五：对上述两个场景的 2 000 个用户进行统计学上的比对，发现留存率高的用户具备以下特征：男性，20~25 岁，居住在三四线城市，大多数是双鱼座，最频繁访问产品内的美图板块。

在这个环节里，我们需要研究用户在统计学和用户行为上的特征，并且和获客环节的渠道进行关联。需要关注的数据包括：用户属性（性别、地域、年龄等人口统计学方面的记录）、用户行为（登录次数、登录后访问的页面数量、具体板块、停留时间、上下游关联动作）等。

这些数据可以帮助你考察渠道质量、制定后续运营策略。

场景系列三：二次裂变

场景六：10 000 名用户里有 5 000 名用户对产品非常忠诚，产品为他们发放了邀请码或者允许他们生成邀请链接，这些用户把邀请码或邀请链接分享给了自己的好友，于是，新用户通过这 5 000 名用户的邀请码进入了产品。

这个场景下要思考的问题，和第二个场景非常类似，和第一个场景有一定的相关性。

二次裂变的效果越好就证明越成功，越有可能用低成本的方法促使产品的用户规模发生病毒式增长。

如果你关注裂变的各渠道的带客量，可以参考场景系列一的方法。

如果你关注裂变对产品本身的影响，可以参考场景系列二的方法。

这时候，一个独特的问题出现了：引入裂变用户后，是否会对原有用户带来冲击呢？我们需要新增一个关注的数据，就是以裂变用户进入的时间和数量作为参考点，观测老用户的活跃情况是否发生了变化，如果发生了变化，变化是正面的还是负面的。

请注意，在实际的操作中，我们需要先明确目标，再去设计应当关注的数据，这样才能事半功倍。

Q81　如何利用私域流量做好一家蛋糕店

我受到过很多关于私域流量的问题，其中有一个问题是：

> 我入职了一家做蛋糕的公司（本地业务，只涉及成都一个城市），业务模式是通过服务号的有赞商城销售蛋糕，目前服务号有 2 万粉丝，

运营的渠道有微信服务号、微博（粉丝少无互动）、大众点评（点评数量少无法在首页被看见）。

我们的问题是如何获取更多流量以提高销售额，并把流量导流到服务号做好留存。在获取流量这一块，我的想法是运营大众点评、美团、口碑，放弃微博（不精准），请问我的想法正确吗？如果正确，能请你指点一下具体的操作路径吗？我们要解决的是 GMV= 流量 × 转化 × 客单价这个公式中的流量问题，请问有没有能快速提高流量的方案？

另外我准备把服务号的粉丝导流到个人号并运营朋友圈，请问这个想法正确吗？我这么想是出于直觉，大家都在做私域流量，我也想跟风做一下，至于为什么要导流到个人号，我并不清楚。

"流量"是几乎所有在互联网里的公司都很关注的词，它牵动着运营人员的情绪。

大家之所以重视流量，是因为所有涉及交易的业务，都需要有流量灌入，然后才能产生各级转化率，所以，流量就是源头活水，没有流量，互联网里的所有商业逻辑都很难成立。

但流量具有特殊性，并非所有的业务都能轻而易举地获得流量，也不是所有的流量都对业务有价值。

提问的运营人员运营的是本地服务，本地服务具有特殊性。

1. 门店本身最多能覆盖半径 3 千米内的意向用户。

2. 利用外卖，门店可以把服务半径增加 2 千米，覆盖 5 千米半径内的意向用户。

3. 利用配送，理论上可以将服务半径无限延伸。

但服务涉及品控问题。

什么是品控问题？简单点说，不能因为服务覆盖半径的扩大，而导致用户体验降低。提问者做的是蛋糕，这里有几个问题：

- 用户的购买欲望会不会因为配送时间过长而降低？
- 蛋糕在较长距离的市内运输过程中，会不会出现损坏、口感变差等问题？
- 用户花了钱，耗费了等待时间，到手的蛋糕好吃不好吃？

这些其实是信任成本问题。要想获得流量，就需要去解决信任成本的问题。所以，提问者需要考虑，有什么办法和手段可以降低用户的信任成本。

提问者提到了想在有精准流量的渠道上增加推广的方法，这个想法和思路是对的，可以尝试通过大众点评、美团和口碑进行运营。

提问者还需要考虑这些渠道在当地是不是最精准的渠道，还有没有其他渠道。

譬如当地是否存在高活跃的美食新媒体公众号、美妆公众号、旅游玩乐公众号、亲子公众号、吃播网红的抖音、快手号？蛋糕之所以存在，是因为用户喜欢漂亮、口感好的甜食。用户关注什么，你就应该在哪里出现。另一个问题是，如何让渠道已经触达的用户快速地完成体验决策？也就是说，当你的目标用户看到你之后，怎么能让他们完成首次体验下单？我认为可以采取以下做法。

1. 大额优惠券分享裂变。引导用户到你的销售渠道上领取大额优惠券，同时引导用户赠送优惠券给其他人，让用户把其身边对甜食感兴趣的朋友一起拉进来。

2. 拼团裂变购买。引导用户到你的购买渠道上，通过拼团让用户享有一次以较低价格尝试的机会。为了控制成本，可以利用有赞商城做老带新，给团长额外的福利，让他有动力帮你拉人拼团。同时，可以设置模拟成团的时间，万一用户拉不够人数，要避免让已参团用户无法下单的尴尬局面。

3. 大号分销。刚才提到了当地的自媒体大号，可以考虑给它们返点，让它们直接分销。

4.直播裂变。你可以用测评或吃播的形式，撬动当地比较红的主播。当然，如果内容设计得合理，也可以自己上，让这些主播的粉丝给你带流量。

这只是在解决如何让用户做出体验决策的问题，而用户是否会在体验之后不断地复购，还是要看你的产品与服务是否过硬。

在"吃"这件事上，一定要玩出花样，否则无法走红。

餐饮品类的核心逻辑是价和质的平衡，假如你的商品定价贵，那么它的原料是不是足够特别，制作过程是不是特别费功夫？

我印象中上海有一家火锅，人均消费金额过千，卖点就是吃完了身上不会沾染火锅的味道，且食材当天采摘；淮扬菜拆骨鱼头不便宜，是因为把整个鱼头的骨头拆掉特别考验刀工，备料的时间成本也比较高。

这些卖点特别清晰，而且用户能够直接感知到——吃完了火锅，出门闻不见身上有火锅味儿；没有骨头的鱼头吃进嘴里，也确实不是平常鱼头的味道。

你的蛋糕的卖点是什么？怎么保证这个卖点能够直接击中那些做体验决策的消费者，是必须要回答的问题。

流量是所有做运营的人都绕不开的话题，其中包含着丰富的逻辑。产品属于垂直领域还是大众领域，决定要不要走大流量获客转化的路线；交付逻辑决定是要深耕细作，还是快速烧钱换市场。

但有一点是肯定的，如果一项业务纯靠烧钱，那么一定要确认这项业务的收入和利润是有保障的，否则终有一天会惨淡收场。

Q82 如何做一个积分发放与消费模型

有读者问了这样一个问题：

> 老板让我研究平台积分，做一个模型，监测积分的发放与消耗

情况，根据发放大于消耗或消耗大于发放制定不同的策略。我一点思路都没有。

这个问题让我感到很困惑，为什么呢？

因为，如果是有价值的积分，那么就应该将其视为一套金融体系，所以这个问题就相当于：银行发行了货币，需要建立一个观测流通的模型，监测人们花钱和赚钱的情况，如果大家赚了钱不消费，就要刺激消费；如果大家赚不到钱却拼命消费；就要限制消费。

关于积分定价的逻辑是：从公司的利润或收入中（健康状态应该是从利润而不是从收入中）拿出固定比例的资金，作为积分发行对应的人民币成本，比如一家公司一年的收入是 2 000 万元，利润是 500 万元，假设拿 10% 的资金出来，也就是以 50 万元作为积分发行对应的人民币成本。

假设用户每消费 1 元获得 1 积分，2 000 万元收入对应 50 万元积分成本，也就是 2 000 万积分 =50 万元，每 40 积分 = 1 元，每 1 000 积分 =25 元，对吧？

给这些积分设置一个过期时间，譬如当年有效，年底清零，这意味着给了所有用户加起来总额为 50 万元的债权，如果用户当年不把这 50 万元用光，剩下的部分就是公司的收入；如果用户当年把这 50 万元用光了，那么公司就把这些记为营销成本；当这 50 万元属于不确定状态的时候，表现在公司财务上就是有 50 万元的计提成本。这就是"积分是债务"的由来。

在实际的业务中，通常情况下，所有用户加起来消耗掉的积分总量会达到一定比例，而且对企业而言，这一比例越高越好，因为用得越多，证明这个积分对用户越有价值。只有当这些积分有充分的使用场景，而用户也有使用的动力时，这个百分比才会上升；如果使用场景不充分，用户没有动力去使用，这个百分比就会下降。如果一整年下来，积分都没人用，说明这是一个失败的积分计划。

根据我过去的经验，做得好的积分体系，全年的兑换率能达到30%，也就是在50万元的发行成本下，有15万元被消耗掉。

但是，这里有一个问题，为什么70%的积分没有被消耗掉呢？原因就是用户拥有的可消费积分太少了，而使用积分的场景对积分的数量要求太高了。积分额度明显向头部用户集中，有时候会出现10%甚至1%的用户占有了90%的积分额度的情况，所以你看到的那没有被消费的70%的积分对应的可能是一个超级大的用户群体。

怎么解决大部分积分消耗不掉的问题呢？很简单，我们可以创造小额积分消费的场景。在传统的积分发行商里，最先这么做的是招商银行，它推出了9积分活动；在互联网的积分领域里，我知道的最先这么做的是盛大，当年我在盛大积分中心的时候，我们推出了大量的小额积分抽奖活动，还有积分彩票玩法。

积分发行的主体希望用户多消费积分，而且希望更多的用户来消费积分。按照这个思路，如果我们要建立一个正统的模型，需要关注以下数据指标。

1.持有积分的用户数：这个很好理解，就是持有"货币"的消费者总数。

2.可用积分的分布与动态变化：用来观测小额积分用户和大额积分用户的分布情况，如果出现异动，是需要预警的。譬如，有10个大额积分用户某一天突然掉到小额积分用户群体里了，这说明用户在消费，但如果突然新增了1 000个大额积分用户，就需要做一个预警判断，对应的策略视情况而定：当大额积分用户出现掉落时，应该鼓励他们消费现金重新获取积分；但如果突然出现大量掉落，要警惕用户流失的风险，得让VIP小组去跟进。当小额积分用户出现抬升时，应该给予领取特权的提示，提升用户体验；但出现大规模抬升时，需要去弄清楚发生变化的原因，防范风险。

关于分布设定，我建议遵循361或271原则做正态分布。

3. 黑市积分价格变化：如果你的积分可以流通，譬如账号对账号的赠予、账号交易，那么你就需要关注黑市的积分价格变化。现在要监控这一块有点困难，但你依然要想办法对自己管理的积分形成这方面认知。

拿刚才的例子来说，如果你的内部不做溢价的成本是1 000积分=25元，那么黑市价格总体上高于这个价格才说明积分价值是坚挺的；如果黑市价格严重偏离了这个定价，譬如，1 000积分=15元，你就要小心了，因为这意味着你的积分不值钱了。不值钱是什么意思？就是通货膨胀了。这时候你要做的就是抑制发行，并且锁住消费，去治理可能的账号流通渠道，然后引导消费，逐步让价值回归合理区间。

至于发得多用得少，或者发得少用得多，我个人看法是，这些都不是问题。

如果积分出现了超发，实际消费得少，你就可以增加消费场景，譬如现在任天堂游戏机很火，你可以用它当奖品搞抽奖活动，10个积分抽一次，设计个跑马灯，不断提示有人中了任天堂游戏机，有人中了《动物之森》游戏实体版，有人中了健身环。能拉动大家来消费的策略，就是好策略。当然，与此同时，你要找到超发的问题点，控制住，不要一直超发下去，同时还要观测积分消费比例，不要让超发造成超售，否则成本就超了。

如果积分出现了超售，发行量却不够，那么可能是积分的使用出现了漏洞——从人性角度出发，没有人愿意做亏本生意，当然也有可能是在年底清零前制造浪费——你可以想办法让超售的那些人拿不到好处，譬如，针对积分用得多的那些人做限量使用，增加使用门槛。

但如果你们公司发行的积分并不是有价值积分（金本位，有人民币价值），那么我刚才说的差不多有一半你都用不上。如果是这样，你可以采取以下办法。

当积分发行太多时，可以推出一些商品或者活动，把超发的无价值的积分消费掉。

当积分用得太多时，可以推出限制策略，在热门场景下限量限时使用。

第五章

关于增长的话题

Q83　如何正确认识增长

2018 年，曲卉老师在接受访谈的时候，表示在国内听到"运营"这个词时，有点摸不着头脑，这其实和我们刚开始接触"增长黑客"这个词的感受是一样的。

我推荐大家先去读曲卉老师写的《硅谷增长黑客实战笔记》，看过之后，你可能会发现，增长黑客并没有那么虚，相反，它的标准化程度极高。

在我看来，增长黑客之于硅谷，与运营之于中国互联网，差不多是一回事，二者之间最大的差异在于标准化程度和模式创新的程度。

可能大多数人都是从"海盗模型"（AARRR）接触到增长黑客的。

获客要考虑的是，用户如何找到我们？

活跃要考虑的是，用户是否在初次使用产品时获得了好的体验？

留存要考虑的是，用户是否会继续使用我们的产品？

转化要考虑的是，用户为什么付钱？

转介绍要考虑的是，用户会将我们推荐给别人吗？

一个标准的增长闭环始于获客，终于转介绍。

在移动互联网出现之前，国内运营的闭环始于获客，终于转化，为什么没人讨论转介绍呢？因为我们并不知道如何去判断 B 是由 A 带来的。这个问题最早困扰的是市场营销的工作者，所以传统行业会用 NPS（净推荐值）量表来预估产品、服务和体验是否有助于建立口碑，因为有了口碑，才有传播。

但口碑的建立需要漫长的时间。与传统行业相比，互联网非常年轻，甚至可以说是幼小，人们熟悉的那些知名企业，也不过十数年或数十年的历史，譬如，国外的，雅虎 1995 年成立，易贝 1995 年成立，亚马逊 1995 年成立，谷歌 1998 年成立，Meta2004 年成立；国内的，新浪、腾讯 1998 年成立，阿里巴巴 1999 年成立，百度 2000 年成立。

互联网首先解决的是信息问题（门户、邮箱工具），然后是交易问题

（电商），通过解决这些问题累积出足够内容之后，又通过流量入口（搜索引擎）来分发用户，最后解决精神需求（社交）。

这些年，不管介质如何变化（PC—手机），网速如何提升（Modem—光纤），其实互联网一直在信息（或者说内容）—物质—精神的圈里打转，因为这些都和人的需求有直接关系。

在传统行业里，服务和体验都在线下完成交付，难以追踪用户的反馈，所以会出现"知道有一半广告费浪费了，但不知道浪费的是哪一半"的情况。

但在互联网行业，数据是可以追踪的，可以利用对应的数据去量化口碑，这就产生了一个逻辑：如果用户觉得某个产品或服务对自己有价值，就可能会推荐给其他人。

不需要看 NPS 值，只看用户拉来多少人就行，于是转介绍就出现了。但这个逻辑是近几年才出现的吗？不是的。

Hotmail 早期采用默认签名档，你每次发邮件都在为它招揽新用户，但这还不是真正的转介绍。谷歌邮箱的邀请码是转介绍吗？是的。Meta 举办的选美拉票是转介绍吗？不是。你可能会困惑，为啥 Meta 举办的选美不是转介绍呢？因为转介绍的逻辑是，你觉得好，所以推荐给别人，而不是我做一个营销活动，让你去拉人过来。

这二者似乎殊途同归，但由于起点不同，获客的精准度是有差别的。

不论是中国互联网还是美国互联网，商业的本质都是：要有一批愿意养你的用户。这是一家企业活下来的关键。

而这句话里又有两层意思：一、要有一批用户；二、用户愿意养你。

所以，始于获客（要有一批用户），终于转化（用户愿意养你），这是最底层的商业逻辑。

为什么转介绍会成为更进一步的"终点"呢？严格来讲，转介绍不是终点，商业的闭环一直是：从获客开始，到转化付费完结。

但海盗模型的特色在于，加入了转介绍之后，整个闭环变得更容易做成本管理了。因为转介绍的成本是所有获客成本中最低廉的。

举个例子。

A产品在某渠道上投放了1 000万元的广告，带来了1亿次曝光，这时候，CPM的千次展示成本是100元。假设投放期间一共带来了100万注册用户，每一个注册用户的获取成本是10元，此时曝光—注册的转化率是1%。假设付费率是5%，那么就是1 000万投下去，有100万人注册，5万人付费。照这样看，每转化1个流量到新增付费，就要花掉200元。但是，如果这个产品的首次购买的客单价低于200元，它的ROI就比较低。

但如果A产品告诉老用户："你每邀请一位好友加入，我就送你100元抵扣券，也送你邀请的用户100元抵扣券。如果你邀请的好友付费了，我再送你100元抵扣券，抵扣券购物满200元就能使用。"A产品付出了300元抵扣券的成本，但是，它所获得的收入可能会超过600元，这个ROI就比较高。

转介绍环节的加入起到了两个作用：一、让综合ROI更健康，换言之，让公司的收入和成本结构更健康、更合理，实现精细化运营；二、让获客渠道变多，从原来依靠外部流量池的作用，转为建设可以管理的自有流量池。

当你看到"增长黑客"这个名词的时候，可能很容易被其中的"增长"两个字迷惑，认为"增长黑客"只会考虑获客的部分。虽然它整个模型中确实思考了很多获客问题，并且第一个A和最后一个R都和获客相关，但是，如果你忽视了中间的AAR，就会错过很重要的内容。

增长黑客中最关键且最有价值的，是对互联网用户的生命周期做出了标准界定，使从事增长工作的人员可以很清晰地通过数据去了解用户生命周期阶段中的策略落实的轻重缓急。所以，如果仅仅将增长黑客视为一个职位，将"增长"视为一个狭隘的目标，你可能就搞不清楚它是什么。

在我看来，增长黑客是一种运营思想，这种运营思想和国内大家研究的运营虽然名字不一样，但功效是一样的。现在的误解可能是由于国内运营标准化迟迟没有落地，不同阶段的公司和组织对运营的认识比较浅薄，没有透过现象看到本质。这时候，出现了看起来标准化程度很高的增长黑客，大家就觉得发现了新大陆，而没有去思考增长黑客的本质是什么。

在我看来，增长黑客和运营的本质是一样的，它们的目标都是让产品活得更好、活得更久，都以数据为抓手，以用户为研究对象，尽可能让用户完成完整的生命周期，并在生命周期中提供更完整的价值。

我无意去比较增长黑客和运营的优劣，也无意去从更细节的维度区分二者的工作内容和表现形式。我只是希望告诉大家，不论是增长黑客还是运营，都要依靠产品去吃饭，如果产品质量不过关，不仅运营弥补不了，就算上了增长黑客也一样弥补不了。

Q84　如何看待增长和运营

在互联网初期，美国还没有出现增长这个岗位，中国也还没有出现运营这个岗位，但随着互联网的发展，它们在各自的互联网环境下出现了。

上海出现产品经理和运营的分化，是 2010 年之后的事情，在此之前，产品经理、运营等都被统称为"策划"。

出现这样的情况，有两个原因。

1. 互联网行业是一个新生的行业（即便到今天也是如此，它的兴起比传统行业晚很长时间），新生意味着一切都很朦胧，它只能借用传统行业的经验。

2. 美国人更早开始做互联网，当美国人有了实际的经验后，对我们来说，迅速学习他们的经验并进行内化是最方便的选择（虽然现在中美互联网已经是完全不同的发展模式了）。

产品经理来源于零售业的品牌经理，在国外最先产生，国内广告公司出现了一系列出点子的人，这就是策划。如何理解呢？

如果我们把互联网的产品与工厂的产品进行对比，会发现工厂要生产一件产品，首先要明确这件产品是有市场的，这个过程是市场研究、需求分析的过程。互联网的创业也是如此，不可能去创造一个没有需求的产品，没有前途，公司将无法存续。在这个阶段，需要有一个角色来完成需求调研、商业分析的工作。

当市场上的需求被确认了，就要进入设计过程，如何去设计一个可以满足这种需求的产品？在这个阶段，需要有一个角色来完成产品设计的工作。

产品设计完成后，就要进入生产，但是，是直接投产，还是先用小规模的量产进行测试，回收结果后再持续打磨，延伸出了精益和粗放的不同形态。大多数领域都是先从粗放开始，再进化到精益（这也是最近人们认为互联网行业的创投很冷静的原因，粗放阶段听故事，精益阶段要利润）。在这个阶段，需要有一个角色去验证产品是否合格，是否需要迭代甚至重新设计。

"调研—设计—小规模验证—需求迭代定稿"的过程，体现在互联网公司里，就是一个找需求、出主意、定方案的过程，这个过程需要人来做。

一旦进入生产阶段，就需要有人来完成生产。对应到工厂，就是不同车间里的不同工人进行生产活动；对应到互联网公司，就是 UI 设计师、前后端研发人员、测试人员、运维人员等来实现整个产品生产交付的过程。

事实上，最早期的互联网公司都是由技术主导的。原因很简单，需求挖掘得再准确，没有技术也实现不了，不能推向市场。这就是为什么有人会说："我这个点子值 10 个亿，万事俱备，现在就差程序员了。"

如果你像我一样，从十多年前一路走过来，就会发现书店里关于 IT、互联网的书籍经历了一个明显的演化过程。

最早期，热卖的是操作系统怎么用、文档软件如何使用的书籍，因为当时人们还不清楚计算机到底能做什么，以及应该怎么使用它。

后来，常年居于书店最热门区域的书就是教人们各种编程语言的编程教案，因为市场上有人发现，当人们会使用计算机，有了互联网之后，就希望去消费内容，但互联网只是基础设施，必须有人去建设便利店、超市、理发店，否则只有一条大马路是没有任何价值的，于是，早期谁有技术，谁就能去开店。譬如第一家理发店，一定要有人会用剪刀给人剪头发才行，但最早的理发店没有那么多发型可以选择，理发师们只能做到安全地使用剪刀，至于发型的层次，那是技术精进的结果。

当人们发现有技术就可以提供供应，获得收益后，开发就成了香饽饽。而最终人们也发现，如果只有点子，没有技术，是不能去市场里卖东西的。

当懂技术的人越来越多，就催生了下一阶段的需求热点——外表好看。所以，继编程书籍火爆之后，设计类教材也火爆起来了，这里需要注意，当时的设计是非常宽泛的，包括图像处理、页面设计，以及动画设计等。

等到大家都能提供好看的页面了，对产品力的要求就出现了。早期理发师们只会帮人们把杂乱的头发梳一梳，剪短一些，看起来干净一点。后来理发师们发现，人们剪头发不是为了清凉，而是为了美，于是他们学会了设计造型。在这个阶段，就需要开发或者设计人员去总结如何捕捉用户的心理需求。产品书籍成功打开了市场，异常火爆。

当大家都掌握了这些，商家们意识到需要让用户知道自己的产品需求抓得有多准，设计得有多好看，运行得有多稳定，性能有多强大。这个时候市场竞争已经非常激烈了，消费者就那么多，怎么才能让我的产品活得比较好呢？

传统商业有销售人员，可以采用的方式有面销、电销、陌拜、邮件、约见、面谈等。在互联网行业，运营人员要考虑的是怎么从互联网的大街上，把客人拉到自己的店里（引流），怎么让客人放下戒心，听我给他做介绍，让他愿意抽出一些时间和精力关注我（促活），怎么能让他决定坐下来让我给他修剪头发（转化），怎么让他感到满意并愿意告诉别人，我是最棒的理发师（转介绍），怎么让他下次别去找别的理发师，只找我（留存），怎么让他留下信息，这样万一他两个月没来找我，我还可以联系他一下（唤醒）。

事实上，国内出现运营岗位而没有出现增长岗位，国外出现增长岗位而没有出现运营岗位，从根本上说是由商业环境决定的。

中国的特点是人多，商业竞争更加激烈，可以做不同的细分市场，同时人多也意味着，你的商业设计很有可能与其他人雷同或重合。当一样的产品出现在市场上，必然要争夺消费者（请注意，这不是说美国不存在同类型或同样的产品竞争。而是说，10个产品争第一和100个产品争第一，这样的量级差异必然造成竞争动作上的差异）。

于是，国内互联网在分化出产品经理岗位之后，把营销阶段的所有带指标的工作全部丢给了一个叫"运营"的职位。

这不仅仅造成了职位有无的差异，也造成了职位细节上的差异。譬如，在国外，产品经理是需要考虑商业模式的；在国内，这项工作是商业化产品经理的职责。

那么增长和运营的异同是什么呢？我说一下我的理解。

1.增长是一个团队，分工明确。这造成了每个人的强可替换性，团队依赖的是沉淀下来的方法论，不依赖人的个性和经验。好处是，标准化程度高、流程固定、案例沉淀；坏处是，如果遇到跨部门协作，必须依靠一个强有力的老板来坚定地推动和执行。

2.运营是个筐，什么都能往里装。表面杂乱无章，梳理完之后可以千变万化，但是非常依赖人的个性与经验。好处是，灵活度高、架构独立；坏处是，标准化程度低，更多地依赖人的经验和个性。

但做增长和做运营是殊途同归的，认为增长只做新客，与认为运营不如增长，都是错误的。

国内对增长的认知是循序渐进的。早期看山不知道是什么山，后来看山还是山。

不管叫什么，增长和运营做的是同一件事。在实际的操作中，运营的工作被划分得越来越细了，我现在在面试应聘者的时候，经常会发现，大家在一条赛道上做得越来越细了，但是普遍开始缺乏大局观。

所以，我认为，在职业发展的过程中，大家要在某一个阶段，去创业公司工作或者自己负责一项业务，以便训练自己从全局的视角去看待整个运营过程。

Q85　AARRR 是通用模型吗

在我给一家公司做运营教练的过程中，这家公司的运营人员向我诉说了自己的困惑，她说公司比较喜欢套用增长理论，但她在实际工作中发现她所在公司的业务模型似乎不能用 AARRR 解释。

深入讨论之后，我才明白，她的困惑是，为什么 AARRR 模型不能用来解释她所在公司业务的转化漏斗。其实，AARRR 并非通用模型，因此，并不是任何产品都可以直接采用这个模型而不做任何变化。

如果直接套用可能会导致运营人员找错抓手，做无用功，对运营目标产生错误影响。

AARRR 被称为"海盗模型"，它诞生于 2007 年，其目的是通过一套模型来解决各种产品的增长问题。

要理解这个模型提出的原因，得回到流量的逻辑。流量的背后是人，这一点毋庸置疑，每一个流量都会在产品中经历生命周期，这一点也没有问题，但是流量与流量所经历的生命周期是不同的。

流量像水，你从一个放水的龙头获取流量，你的产品里不同的环节会对这些流量进行过滤，而且你的水池始终存在一个出水口。

AARRR 描述的就是使用户进入产品的流量池，然后通过促进其活跃、留存，培养其使用习惯，想办法收割用户价值，并且在过程中鼓励其进行传播的旅程。

旅程本身可以是各种各样的，而 AARRR 的旅程其实是按照一个固定顺序来设计的，如果你所设置的用户的旅程不遵循这样的固定顺序，就不能用这个模型来解释自己的业务模式。

我需要指出，模型本身不重要，但它背后的思想很重要，因为建立模型的逻辑是，依据产品或者市场当时的状况，来建立一套可以被大多数公司采用的数据观测和评价体系。通过这样的模型，初创公司和大企业都可以很轻松地通过数据去校验运营状态，查缺补漏，提升运营的效率，推进运营目标的实现。

当我们认识到这个模型背后的逻辑，出于批判性思维，你可能会提出这样的问题：假设这个想法没有问题，那么这个模型是放之四海而皆准的吗？

如果这个模型是放之四海而皆准的，是否意味着我不需要思考，直接执行模型就可以了？

如果这个模型不是放之四海而皆准的，我应该如何看待这个模型？

事实上，这个模型的每一个部分单拆出来都没有任何问题，放在一些产品里，也没有问题。以知乎、滴滴为例。

知乎：通过邀请获得第一批用户，通过激发用户回答问题来促进其活跃度，或者通过让用户浏览已经生成的内容促进用户活跃，凭借丰富的种类和高质量内容让用户觉得产品有价值，经常来看，从而实现了留存。融资后开放了社区，承载了更多的用户，继续融资，然后开始寻找变现的方法，推出了广告模式、自出版、电子书、Live、会员等形式，让用户在使用的过程中获得了不错的体验并且推荐给别人。

滴滴：通过制定规则邀请司机，通过提供优惠获取乘客，完成了获客过程，引导用户使用优惠券乘车完成活跃，进而引导付费，通过不断提升用户体验或者持续提供优惠，让用户留存，设置推荐机制让司机和乘客邀请更多用户加入。

如果是付费会员产品，通过投放获取用户访问，用户看完权益介绍，如果不付费成为会员，那么旅程结束；如果用户付费成为了会员，那么就需要提升用户对权益的使用，通过权益设置来促使用户留存并且更加活跃。用户用了觉得不错，再推荐给其他用户，并进行复购。这类产品的模型是：ARARRR（获客—变现—活跃—留存—推荐—变现）。

如果是教育培训产品，通过投放获取用户，用户看完产品介绍，觉得值得体验，于是留资，由销售跟进完成体验课预约。用户完成体验后，销售再做转化，转化付费后，用户开始进行消课。感受到价值之后推荐他人使用，课时用完再进行复购。这类产品的模型是：AARARRR（获客—活跃—变现—活跃—留存—推荐—变现）。

　　如果是时间收费的游戏，需要用户先完成付费才能继续往下走。它的模型是：ARARRA（活跃—变现—活跃—留存—推荐—获客）。

　　此外，在你做运营策略的时候还可能存在以下情况。

　　利用免费的直播来获取流量，先把课程传播出去，规定用户分享课程海报并且邀请足够数量的其他用户才能获得听课权限。当用户进入直播后，引导用户关注公众号或下载 App，用户在直播结束后，可能会到公众号或 App 里去寻找自己感兴趣的内容，发现需要购买才能使用某项服务或者使用某些内容。这时的模型就是：RARAR。

　　如果我们把这 5 个缩写字母视为行为本身，那么模型里的字段本身没问题，它们和用户运营要做的事基本一致，获客（A）、活跃（A）、留存（R）、付费（R）、传播（R）。但 AARRR 并不是一个通用模型，它首先把用户行为拆解成有先后关系的行为漏斗，然后再去跟踪和分析数据，以此来明确上一步与下一步之间的连接关系，并找到优化的可能性。它需要和你的业务形态相匹配，不同的业务形态之间，漏斗的差距非常大。

　　再次强调，不要把 AARRR 当成通用模型，正确的做法是把它当作一种运营思想，结合业务的实际情况去建立自己的漏斗模型。

Q86　如何实现爆发式增长

　　这个问题是之前的文章下面的一条留言，它说：

　　　我今天看了一篇文章，里面说需求分为强需求和弱需求，找到强需求，产品和活动才能实现最强的爆发增长，那么如何找到用户最强烈的需求？有没有可实操的方法论？

一些老板和创业者幻想着自己的产品很厉害，厉害到一经推出，只要简单地做一下营销，用户就会排着队过来。在20年前，这个幻想或许有可能实现，但是在20年后的今天，这是完全不可能实现的。

运营工作的核心是推动用户规模指标或者收入指标上涨，希望这些指标迅速上涨是人之常情，但我们首先要回归客观规律，那么上涨的背后有什么客观规律呢？

这里面有两层规律。

第一层：用户为什么做动作？

用户规模指标和收入指标的核心逻辑都是：用户执行了运营人员希望其执行的行为。行为遵循一个基础公式：B=MAT，它意味着行为是动力、能力与触发器共同作用的结果。

第二层：如何让更多的用户重复动作？

只有一些用户执行对应动作，是不能满足爆发条件的，只有让很多用户执行对应动作，才可能实现爆发。

第一层是用户行为的底层逻辑，它是基础行为逻辑；而第二层则是复制该行为给更多用户的底层逻辑，它是传播逻辑。

就基础行为逻辑而言，用户要完成一个动作，必须满足动机、能力与触发器三个方面的要求。

举个例子。20分钟前有一个电话打进来，但你没有接听。我们拆解一个这个行为，这个20分钟前没有接听的电话，可能的场景如下。

1. 你听到了电话铃声，但你拿起来一看，是银行来向你推销信用卡账单分期的，就把手机丢到了一边。

2. 你感受到了手机在震动，还偷偷瞄了一眼，电话是你家里人打过来的，但当时你正在向老板汇报，没办法出来接电话。

3. 电话是你家里人打来的，你并没有和老板开会，只是你当时走得很快，所以你根本不知道来了电话。

在第一个场景下，你不想接这个电话，或者说你根本没有动力去接听一个推销信用卡账单分期的电话，这是缺少动机。

在第二个场景下，你有充足的动机去接这个电话，但当时的情况让你没有能力去接。

在第三个场景下，如果你看到了这个电话，你既有动机也有能力去接，但你并不知道来电了，触发器当时并没有触及你，所以你没有接听。

如果我们将以上拆解放到开头的问题里，你会发现，需求的强弱，仅仅决定了用户的动机，但用户的能力和触发器的选择也是需要去验证的，不把这两点考虑清楚，仅仅讨论需求强弱，是很难解决这个问题的。

如果有人和你说，需求有强弱之分，这在产品层面和活动设计层面是趋同的，如果你不知道用户的需求是什么，就无法让产品或者活动的数据实现爆发式的增长，这种说法有一定道理，但不够全面。

因为坦率地说，即便你非常了解用户想要什么，他的需求是强还是弱，但如果不从用户的能力角度和触发器角度去思考问题，一样不可能实现增长，更别提实现爆发式增长。

《圣斗士星矢》周年活动中有一个团队游戏，在指定时期，团员消耗体力去做任务可以获得一定的烟火值，然后把烟火值捐献给军团，服务器会统计排名，排名靠前的军团可以获得奖励。

通过分析这个活动，我所在的军团制订了一套打法：活动开始前几天，大家把力气存起来，不要用完；活动开始后，所有人开 4 倍奖励用体力刷一个收益高的副本，然后捐献给军团，从而提升排名。

我们的军团是第二名，但是团里的管理员们很开心，因为我们成功地"逼迫"排名第一的军团命令团员通过付费来维持它的排名，而我们军团却比较悠闲。军团里的成员笑着说："腾讯应该奖励我们，你看我们逼着对面军团充了多少钱！"

在这个活动案例里，对方在拼命花钱争取排名，其动机有两个，第一个是拿到奖励，第二个是一定不能让第二名赢。对方的行为体现的能力是他们团的用户消费能力强，不怕花钱。触发器则是游戏官方的公告与排名。

在这个案例中，表面看起来用户的强需求是拿奖励，但实际上是不让别人赢——主要是因为同服两大军团的恩怨实在太多——但游戏策划在设计的时候，未必是以此为主要出发点的。简单解释一下，策划设计活动的初衷，一定不仅仅是让两大军团去 PK 消费，而是要刺激更多的用户去活跃，并提供更丰富的玩法。因此，如果仅仅盯着需求强弱，往往是很难实现爆发式增长的。

接下来说传播的底层逻辑。

如果一个品牌想红，遵循什么样的逻辑，才能最快地实现目标？有一句俗语叫"一传十，十传百，百传千千万"。也就是说，如果一个品牌得到的认可很少，那么它能影响的人也很少；但如果一个品牌得到的认可很多，它就可以影响更多的人。

不同的产品在不同的用户规模时期，所面临的增长压力是不同的，而这些压力会直接体现在增长的比例上。

譬如，我今天刚开始做一个公众号，只有我自己关注了，这时读者数量是 1；我写了 5 天文章，收获了 100 个读者，增长了 99 倍；我写了 5 个月文章，收获了 1 000 个读者，增长了 9 倍；我写了 1 年的文章，收获了 10 000 个读者，增长了 9 倍。虽然都涨了 9 倍，但 4 个多月涨 9 倍和 7 个月涨 9 倍相比，显然前者更有资格被称为爆发式增长。但这真的达到爆发的程度了吗？

显然没有，如果 1 年后，经常看你文章的只有 500 个人，那么你实际的用户留存就很惨淡，根本谈不上爆发。

要实现爆发，首先要让雪球滚起来。没有基础，就不存在爆发的可能性。

任何行为、数据，都有其对应的成本。成本有很多种，拿出大额资金做大面积投放是一种；慢慢利用时间换空间，等用户量涨上来，通过人推人做转介绍是另一种；还可以二者兼用。

不同的成本对应的效果不一致。我们需要思考用多长时间让雪球滚起来，雪球滚起来时怎么接住它。

运营其实是力与势的结合，而增长本身就是飞轮效应的体现。

当飞轮不够快的时候，你推动它旋转需要花很大的力气；而当飞轮越转越快，你需要施加的力就越来越小。而如何配合飞轮转动的速度，去做好承接工作，是一个被很多人忽视的问题。

不要太在意需求强弱与增长速度，而要去思考如何通过一个又一个的快速实验推动雪球变大。如果一上来就是一个大雪球，雪崩的概率要远远大于成功的概率。

Q87　没钱没资源但执行力强，如何做增长

有人问过我这样一个问题：

小公司没钱、没资源但有执行力强的团队，如何快速实现用户增长？如何从缓慢增长转变为爆发式增长？

在一个较长的观测周期内，大多数公司的用户规模和收入水平的增长都呈现出 S 型曲线，也就是从低处开始，中间经历一些波动，波动后继续向上攀升。很少有公司或者产品能走出 J 型增长曲线，一路向上爆发。

在我见过的增长曲线里，QQ 的用户量呈 S 型增长，微信更近似 J 型增长，原因是，微信的早期借助了 QQ 的力量。QQ 的用户增长曲线如下：

QQ 月活跃用户（百万）

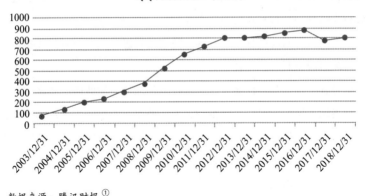

数据来源：腾讯财报 [①]

这个数据是有起落的。

微信的用户增长曲线如下：

微信月活跃用户（百万）

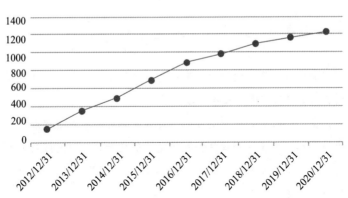

数据来源：腾讯财报

微信在突破了 8 亿月活之后，增速也开始放缓了。

---

① 由于腾讯财报自 2019 年起只统计 QQ 在手机终端上的月活数据，与此前口径发生偏差，因此数据只更新到 2018 年 12 月底。

下面把两边的数据放在一起看：

	QQ 月活跃用户（百万）	微信月活跃用户（百万）
2003/12/31	81.5	
2004/12/31	134.8	
2005/12/31	201.9	
2006/12/31	232.6	
2007/12/31	300.2	
2008/12/31	376.6	
2009/12/31	522.9	
2010/12/31	647.6	
2011/12/31	721	
2012/12/31	798.2	160.8
2013/12/31	808	355
2014/12/31	815.3	500
2015/12/31	853.1	697
2016/12/31	868.5	889.3
2017/12/31	783.4	988.6
2018/12/31	807.1	1 097.6
2019/12/31		1 164.8
2020/12/31		1 225

不难看出，2016 年是 QQ 和微信用户活跃用户数量大小发生变化的分界线，从 2016 年年底开始，微信超越 QQ 继续向上突破。

我无意去复盘微信或者 QQ 数据每一年变化的原因，也无意去推测接下来中国社交用户的增长是否已经进入了长期的平台期，只是想说明，任何公司的发展都要经历一个螺旋上升的过程，所以，追求绝对的爆发式增长是不可取的。

但由于提问者所负责的产品还处于初期阶段，所以，它是有机会实现爆发式增长的。

我们接着看第一个问题，没有钱，也没有资源，单靠执行力能不能实现爆发式增长？我的答案是，有可能，但很艰难。对这个问题，我的看法如下。

第一，抓住你的目标用户的需求，结合你的产品特点，如果策略得当且打法靠谱，可以在很短的时间内实现用户量和收入的爆发。

第二，在爆发的过程中，如果你能让增长速度大于流失速度，把留存工作做好，就可以持续推动爆发式增长。否则，你就要及时停下来，先建立拉新—留存模型。

读者小A通过微信问了我一个关于面试的问题，这个问题涉及增长策略。

小A面试的是一家基因主题的互联网公司，这家公司的业务是在网上售卖基因测序的套餐，该公司想要抓住母婴市场。公司的想法是：通过引发焦虑情绪来吸引母亲群体的注意——每个人的基因不同，因此有些药物会对某些孩子造成不可逆的伤害，了解孩子的基因情况，可以避免因为吃错药而造成终生遗憾。小A问我应该怎么看待这个策略。

我觉得这个切入点很奇怪。人们的心理可能是这样的：我知道吃错药很危险，那些因吃错药而致残的孩子很可怜，但我身边没有这样的案例。所以，虽然这件事很危险，这样的孩子很可怜，但发生在我身上的概率不大。

于是，我和小A说，如果是我，我会利用女性爱美的心理和父母对孩子的爱，通过社群去开展产后减肥比赛、健康宝宝评比、聪明宝宝测验等活动。

女性产后需要恢复身材，可以通过基因测序告诉她们什么运动更适合自己，应该减少哪一类食物的摄入。同时，可以设定一个为期一个月的比赛，每周评选，最后公布结果，过程中可以叠加很多宣传和裂变打法。

正常情况下，父母都爱自己的孩子，那么，他们可能想知道自己孩子的智力水平是否会受到先天的影响，以及孩子的智力发展可以达到怎样的理论值。如果基因测试可以给父母一个开心的结果，父母是愿意去做的。

同样的，如果告诉父母，他们的孩子很健康，但可能会对某些东西过敏，如果能避免对某些食物的摄入和对某些环境的接触，孩子就可以更加健康开心地成长，只要做一下基因测试就可以获得相关建议，大多数父母也不会太排斥。

这些可以带来传播的做法，更加贴近母婴市场。为什么要选择用焦虑这种负面感受来刺激潜在客户呢?

当然，也有可能这家公司过去尝试过正面的激励，但效果不太好，所以选择用负面激励来测试一下，看是否能引发用户的重视，从而带来用户的传播，获得用户增长。

我举这个例子，是想说我们要多从用户的视角去看待问题，这样，我们或许可以发现一些新鲜的角度和创意，从而更好地切入市场。

经过多次测试，你大概率可以找到一个能有效促进用户增长的方法，至于最后的效果，通常不是由资金和资源决定的，而是由执行力和投入度决定的。如果能充分发挥团队中每个人的执行力，让大家进行增长的思考，或许可以找到一条低成本的增长方式。

如果你每周获取的用户中有30%能够留作下一周增长的种子，就可以大胆去做增长。如果每月获取的用户有10%能够留下来，你的留存模型就没有太大的问题。

此外，你要用增速、留存率和转化指标来获得更多资金和资源支持。

Q88 拼多多为什么做砍价免费拿

我相信做运营的人，尤其是做电商的人，或多或少都研究过或者听说过拼多多。

拼多多的增长速度令人惊讶，它创立于2015年，仅用三年时间就完成了上市。2021年年初，拼多多的用户数全面超越了淘宝，它成了中国最大的电商平台。

在创立初期，拼多多是一个做拼团购物的产品，这种形式并不稀奇，因为在拼多多创立 4 年前，"千团大战"刚刚结束时，基于生活服务的团购行业的市场已经稳定下来了。拼多多虽然不是基于生活服务的团购，却是基于实物商品的团购。

拼多多的成功不是因为团购这种形式，而是因为做了大量的游戏化，其中比较成功的做法有三个："砍价免费拿""天天拿现金""多多赚大钱"。

"砍价免费拿"背后的增长逻辑可以运用到其他产品的增长策略上。我们来拆解一下"砍价免费拿"的整个流程：

如果我们按照角色来拆分，会看到这样一个传播流程：

这会变成一个无限扩展下去的裂变流程。

在规则上，拼多多做了以下几个设计。

1. 系统直接给出一个足够低的初始底价。

譬如一台 6 000 元的手机，可能初始底价只有 60 元，以前页面显示的是还剩多少钱就可以拿到，现在显示的是百分比，为什么呢？因为百分比的数字更小，看起来更有希望，这会引发心理上的目标趋近效应（越是接近目标，越是不惜代价），随着 1% 变成 0.7%、0.4% 等更小的值，用户会越来越迫切地希望达成砍到 0 元的目标。

2. 区分不同的用户价值，不同用户砍价效果不同。

拼多多会额外奖励那些为产品带来新用户的帮砍行为，而老用户的帮砍效果则会差一些。这是因为其产品本身设计的底层逻辑是专注于拉新，所以一旦用户通过砍价链接为拼多多带来了新的用户，拼多多就会给出更多的奖励。为了更好地实现拉新，拼多多甚至会告诉你去拉哪位用户可以拿到更多的奖励，如下图所示。

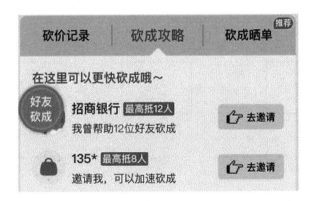

这些可以让你拿到更多奖励的人，有些是新用户，有些是需要激活的老用户。

3. 任务式设计，通过限时完成增强紧迫感，触发损失厌恶心理。

目标趋近效应会激发损失厌恶心理，试想，如果用户把价格砍到了离免费拿仅差 0.1%，而活动还有 1 小时就截止了，你认为用户会因为觉得没希望而放弃，还是会加倍努力，催促好友赶紧帮自己砍价呢？

从理性的角度出发，对一款 6 000 元的商品来说，0.1% 意味着 6 元钱的差价，假设老用户只能砍掉 1 分钱，那么，砍掉 6 元差价需要 600 个老用户的帮助，这基本是个无法完成的任务。但当把"仅剩 1 小时""只差 0.1%"的信息放到用户面前时，还是能激励用户抓紧时间去拉更多的好友。然而，在遮挡砍价历史的情况下，百分比的设计并不一定对应真实比例，但参加这类活动的用户是不太可能拿计算器一笔一笔来计算的。

拼多多这么干，到底值不值呢？

拉新模式就是广告模式，我们可以对比一下获客成本。

差别在于，传统的广告是通过媒介来传播的：

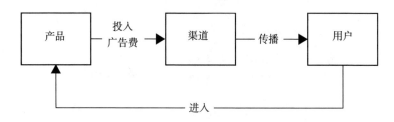

而拼多多的活动是利用用户来传播的：

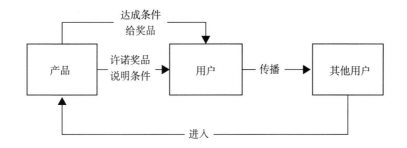

其中最大的不同，就是广告费和奖品支出成本的差别。

不论是按效果付费，还是预付费，广告费都要确确实实地给出去，虽然奖品也要花钱，但它是有条件的——只有带来了足够多的新用户，我才会把奖品送给你。

假设一件标价 1 000 元的商品，其采购成本是 7 折，那么拼多多实际为这款奖品预设了 700 元的成本。

假设张三作为老用户来砍价，从 1% 的底价开始拉人，那么需要达成砍掉 7 元的目标；如果一个新用户可以砍掉 1 元，那么需要 7 位新用户来完成目标，折算下来，每位新用户的获客成本是 100 元。

与电商的获客成本相比，用游戏玩法来获取用户的成本显然更低。

但这里也存在一个问题，即：在产品的早期，依靠这种方法可以带来近乎爆炸式的推广效果，而一旦进入存量运营时代，这种方法就会逐渐失效。

换句话说，如果现在你身边还有朋友邀请你一起参加砍价免费拿，你可以告诉他别白费力气了，因为免费拿到的概率无限趋近于 0。

Q89　如何使用电子邮件营销

有读者在公众号后台问我，面向海外市场做 to B 的跨境电商，如何做电子邮件营销。

电子邮件营销在海外市场是一个比较好用的渠道,就 ROI 而言,电子邮件营销的成本可能是所有付费营销渠道中最低的,而且外国人大多有阅读电子邮件的习惯。

决定电子邮件营销效果的要素有三个。

1. 到达率。邮件不被拒收,能够顺利到达目标用户的邮箱。

2. 打开率。邮件到达邮箱后能够被目标用户打开。

3. 转化率。目标用户打开邮件后会做出后续动作,基于后续动作设计的不同,转化率可能只看一层,也可能需要看多层。

电子邮件营销的整个过程如下:

在准备期,我们需要完成以下工作。

- 整理发送对象的邮箱列表。

- 准备要发送的邮件素材。

- 设计邮件希望用户操作的行为动线。

- 选择发送邮件的工具。

- 对要发送的邮件进行测试。

(1)整理发送对象的邮箱列表。

一般情况下,如果是向已有的客户发送邮件,那么发送对象基本都是已订阅用户,这时发送邮件后被认定为垃圾邮件,或者被服务商拒收的风险很低,即便发生了类似情况,客户也会选择把你加入白名单或主动找寻被误认为垃圾邮件的邮件;但如果是向潜在客户发送邮件,那么这一步就需要做得更加妥当一些,譬如,设计较为妥当的标题和内容素材,做到尽可能不被拒收或被认定为垃圾邮件，同时又可以吸引目标对象打开。

基于已经掌握的信息，明确邮箱对应的接收人的姓名或者头衔，因为在邮件中准确地称呼对方可以增强可信度。

对不同阶段（还未接触、已经接触过一次、已经接触过多次）的潜在客户进行分类，并准备不同的邮件内容：对还未接触过的客户需要做简洁、完整、直击痛点的业务描述，对已经接触过一次的用户需要针对可能存在的问题做进一步说明，对已经接触过多次的用户需要增加促单的动力。

（2）准备要发送的邮件素材。

邮件有三个要素：标题、内容、落款（或签名）。

和所有的内容产品一样，营销电子邮件也遵循标题决定打开率、内容决定转化率的逻辑，所以标题的撰写很重要。

由于邮件是有明确的收信对象的，所以，基于对象的痛点来设计标题，比较容易提升打开率，我整理了一个简单的对照表，在实际操作中，你可以参考这个列表：

对象	痛点	拟用标题
财务负责人	账期长	来（某产品名）卖货，回款0账期，超赞
市场负责人	缺流量	每天有1 000万用户在这里寻找他们想要的商品，欢迎加入
市场负责人	ROI低	1 000美元能做什么？在（某产品名）可能意味着1 000笔订单，邀请你免费体验
已订阅客户	效率低	全新推荐算法，可以节约15%的营销成本，现已全面推出

底层逻辑很简单：客户是谁，客户关注什么方面，你能做到什么效果，直接把这些写进标题，让客户一目了然。

内容方面要紧扣标题，同时要针对不同客群设计不同的营销策略，这些策略体现在邮件正文中的按钮或链接上是不同的，譬如针对财务负责人，除了介绍产品的背景和效用，还要特别突出账期优势，最后可以给出一个

"立即使用"的按钮或链接。针对市场负责人，如果要重点突出流量的情况，可以给出一个"立即分享流量"的按钮或链接；如果要重点突出 ROI 的情况，可以给出一个"立即提升 ROI"的按钮或链接。向已订阅用户推送的更新，可以给出一个"立即体验"的按钮或链接。

至于落款或者签名，要看发送者的身份：如果以公司为主体发送，可以放公司标志和官方联系方式；如果以个人为主体发送，可以放公司标志和个人联系方式。

（3）邮件动线设计。

电子邮件营销发展到现在，很多公司用 HTML 页邮件代替了传统的文字邮件，所以实际发送到用户邮箱的是一个页面，这就需要设计用户体验，电子邮件的用户体验包含以下几个要点。

有用：信息明确、清晰，直击用户痛点，准确覆盖用户使用场景的对应需求。

可用：加载速度快，按钮、链接的跳转准确无误。

易用：把联系方式、社交媒体账号名称放在显眼的位置，让用户可以直接找到你。

亲近：最好以个人身份发送，营造真实感。

可信：可以采用直呼其名、公司背书、统一 VI（视觉识别系统）的方式。

无脑：无需用户思考，直接引导用户进入下一步。

动线设计就是要让邮件符合上述要点中描述的特征，能够说透的地方不要含糊其词，能够下指令的地方不要绕弯子。

（4）选择发送邮件的工具。

发送营销电子邮件可以使用第三方工具，譬如：想提升送达率可以使用邮件服务商白名单备案、邮件质量检测等工具，想进行邮件管理可以使用个性化编辑、批量导入、自动发送等工具，想进行数据统计可以使用用户画像、过程监控、行为统计等工具，想进行售后服务可以使用各种发送报错、拒收的解释与处理、文档完善的程度等工具。当然，使用工具可能是需要付费的。

不同公司的要求不同，所以，尽可能地多体验一些工具，挑选出最合适即可。

（5）发送邮件测试。

完成上述几点之后，要对邮件的送达、打开、阅读体验和跳转逻辑进行一系列的测试，评估邮件质量和用户行为反馈是否能够与预期一致，并在正式发送前对邮件进行优化。准备期结束后，就可以发送了。

进入发送环节后，要基于数据反馈的情况进行调整和优化。

需要说明的是，选择以电子邮件的方式对海外市场做 to B 的营销，虽然投入产出比理论上是比较高的，但需要进行较长时期的实操，并且不断优化。因此，如果初期尝试的效果不好，先不要着急，持续尝试和调优，慢慢就会找到感觉的。

第六章

其他行业思考

Q90　如何看待新零售的线上与线下

有人提出了这样一个问题：

我是一名线下数码生活集合店的运营负责人，对于新零售的落地实施，有一些困惑，详情如下。

一、店面：位置在商场顶层，商场属于中高端水平，同楼层有数码店铺、影院、主流饭店，开业四个月，团队成员都没有做过线下门店业务。

二、负责范围：线上公众号、商城、店内微信运营，线上、线下活动，店内产品陈列。

三、目前已有：会员70名，店内微信好友200名左右。

四、一些困惑：

1.店面觉得运营组织的活动与店面脱节。

2.公众号是不是真的没有微信朋友圈卖货快？

3.活动的拉新和老会员的促活怎么做？

4.用户画像如何生成？

5. 会员俱乐部如何引流？

我们来拆解一下提问者的问题。

1. 店面觉得运营组织的活动与店面脱节——可以进店请教在店面到底做什么。

2. 公众号是不是真的没有微信朋友圈卖货快——如何平衡两者的关系？

3. 活动的拉新和老会员的促活怎么做——目前靠商场会员俱乐部发新品宣传带客流，那么我们自己如何拉新和促活，既让店面积极配合，又能带来客流？

4. 用户画像如何生成——商场客流较固定，大部分人是来看电影和吃饭的。

5. 会员俱乐部怎么引流——如何做自己的用户池？

经过拆解，这5个问题可以转换成3个问题：

1. 线下的门店与线上运营如何联动？

2. 线上有哪些手段和应用可以帮助线下的业态发育？

3. 在 to C 的层面，如何建立和发展会员俱乐部的体系与玩法？

我们先明确一个逻辑：不论线上还是线下，生意的本质都是要赚钱。所以，线上和线下要考虑的问题的维度高度一致。

人：目标用户（消费者）是谁？也就是用户画像是什么样的。

货：目标用户需要的商品或服务是什么？为什么需要，什么时候需要？需要考虑画像与需求结合处可切入的点。

场：目标用户在哪里完成消费？要走什么样的流程？

基于以上的讨论维度，我们继续明确几件事。

1. 只要是消费者需要获得的商品或者服务，不管他是在线上购买还是线下购买，最终都要让他能够获得这个商品或者服务。

2. 只要消费者选择了你的品牌，不管他的选择是在线上还是线下，只

318

要他完成了选择，他就是这个品牌的用户，如果他长期选择你的品牌，那么他就是你的忠实会员。

3. 只要是品牌的消费者，不论他是新客还是老客，都是你的衣食父母，都应该获得其选择品牌后应有的权益和服务保障。

如果以上几点我们达成了共识，就回到问题本身来。

首先，我们要知道，商场里的客流和线上获取的用户有可能重合，也有可能不重合。

那么，我们就需要思考两个问题：如何让商场的客流更多地来到商场里的门店？如何让线上的流量持续提升？

这两个问题需要分别讨论，但讨论完了之后，就会带来第三个问题：线上与线下的用户，是否需要整合到一个盘子里，二者如何协同？

这个时候，你需要和线下的业务负责人达成一个共识：**不管是线下的用户，还是线上的用户，都是产品或服务的用户，都属于这个品牌。**

所以，线下应该想办法去笼络商场的客流，在消费者在商场行走的动线方面与和商场其他店面的跨界合作上想办法，尽可能多地和商场内其他门店共享客流量。

线上要着眼于提升品牌公众号、品牌社群的用户量，保持线上的用户增长，并且在和线下提前沟通确认的情况下，想办法做一些导流动作，把线上和线下的用户群体尽可能都沉淀在你们的品牌公众号或者社群内。

这时候，刚刚提到的三个问题基本都解决了：线上、线下根据自己的特点，各自发展用户和促进消费，线上承接沉淀所有的消费者用户，并实现用户线上入口和线下体验入口的协同（毕竟，用户的消费不会局限在某一端）。

你需要开始思考另外的问题，譬如，会员俱乐部的权益一定要尽早完成统一设计。这些权益可以包括以下几点。

1. 该品牌会员俱乐部会员每月可以按一定的价格去购买商场的停车券，每次可以使用一张券，每张券可以抵扣一小时的停车费——争取使商场的自驾消费者成为品牌的会员。

2. 会员每月享有若干张不同面额的满减券，可以赠予他人使用——增加会员服务的延伸半径，让更多的非品牌消费者体验会员的独特权益，并借此导入新的消费者或创造消费机会。

3. 会员每次消费，根据金额不同可以获赠不同的抽奖次数，可以抽取电影票优惠、饭店的抵用券、品牌消费红包等——与同楼层其他业态分享消费者，哪怕其他商家不跟你互动，你也可以拿出一定的成本自己做这件事，毕竟对品牌来说，成为商场的流量分发中心可以获得额外的好处。

4. 会员可以享有延保或其他与产品相关的高质量服务。

你会发现，线上在以上各个环节都可以帮助线下门店开展业务，具体包括：会员卡的发放与管理、会员权益的兑现使用、会员优惠信息的传递等。

事实上，要形成自己的用户池或者流量池，核心的事情是：思考自己能为用户/流量做些什么，从而将他们沉淀下来，并在沉淀的基础上分发这些流量。

会员俱乐部的本质是锁定自有品牌的忠诚用户，提升其对品牌的忠诚度，忠诚用户的规模越大，品牌的影响力就越大。看一看小米、华为，你就能理解品牌忠诚度发展起来之后能形成什么样的影响了。

同时，由于公司有门店，会员俱乐部还可以进行其他尝试，譬如，每月做一次会员日活动，闭店销售。至于闭店销售卖什么，怎么卖，由会员俱乐部说了算。会员俱乐部里的中高端用户对价格不敏感，可以为他们提供品质更高、服务更好的产品。

综上，不管是线上还是线下，核心都是抓住消费者的需求，让消费者更多地消费。

我从不认为线上和线下是竞争关系，二者的出发点和形态可能不完全一样，但目的是一样的。双方先从各自擅长的事情出发，找到汇合点再做融合就可以了。这里的融合不是说双方要做出妥协，而是要把用户融合在一起，线上线下依然做各自最擅长的事。这一步就是品牌或者公司的老板要考虑的事了。

最后，我要给你一条建议：要避免让线下的同事认为线上想领导线下，这会为你的工作减少很多不必要的阻力。

Q91　如何理解私域流量

关于私域的讨论，我们需要回归商业的本质。

首先要明确一点，一切商业活动都体现为交换，交换的基础是信任，交换的标志是价值转移，也就是我们常说的一手交钱，一手交货。

信任要构建在信息和信用的基础之上，也就是，要做到信息准确与透明，还要有信用背书和传递。所以，商业要解决信息不透明和信用不传递这两个问题。

信息和信用在互联网上的特征是什么？

拿卖货举例子，淘宝的商家上架了货品，在详情页中详细展示了货品的细节，说明了原料的产地，甚至公示了成本价格，这就叫信息透明。有人买了商家的货物，收货后给了好评，并且晒了单，积少成多，就可以完成信用传递。

在线下的交易中，在外卖出现之前，餐厅服务的是半径 3 千米内的人群，餐厅老板要想让生意兴隆，就必须做到以下几点。

1. 菜品好吃不贵，能让食客满意。

2.记住不同食客的特征，下次来了能和他们打招呼，甚至记住他们的喜好和忌口。

3.最好能拿到对方的联系方式，如果研发了新菜式，可以及时通知对方。

以3千米为半径的圆形区域是一个公域；在这个区域内的用户，都是这个餐厅老板的潜在客户。凡是进店消费过并让老板拿到了联系方式的人，就进入了餐厅老板的私域。

说完线上和线下两个例子，我们来看一下"域"的概念。

在传统互联网时期，商家通过搜索引擎被用户发现，用户离搜索引擎的远近（知道多少搜索引擎，掌握多少搜索技巧，是否懂得识别搜索结果的广告），决定了线上的信息对用户来说有多透明。于是，搜索引擎就成了一个巨大的信息广场，流量来到搜索引擎然后被分发到各个站点。所以，搜索引擎是个公共场所，是公域。

但在这个公共场所中，有一些企业允许搜索引擎收录，却拒绝搜索引擎抓取内容，典型的就是淘宝。原因是，淘宝不希望自己的信息被搜索引擎透明化，不希望自己的店家被搜索引擎背书。对使用搜索引擎的用户来说，淘宝很神秘，必须要进入其中才能了解它包含的信息。

淘宝做了一套帮助用户了解自己平台上的店家的信用程度的信用体系，这就是最早的钻冠体系。

用户从搜索引擎搜索到淘宝并进入，这就是流量从公域进入了淘宝的私域。对于淘宝的店家来说，淘宝是个大商场，自己在商场里开店，每家店是每位老板的私域。所以，从淘宝的信息广场将用户引流到自己的店铺，就是从淘宝的公域引流到店铺的私域。

事实上，公和私是相对而言的，并不是绝对的。

对搜索引擎来说，自己是私域，万维网是公域；对淘宝来说，自己是私域，搜索引擎是公域；对淘宝的店家来说，自己是私域，淘宝是公域；对淘宝的店家的客服来说，自己是私域，店家是公域。就此而言，一个人所能掌握和调动的所有客户资源，就是他的私域。

最常见的误解是认为私域是落在一个人身上的所有关系集合。比如，认为拥有足够多的客户关系的微信个人号，就是私域。

所谓的域，就是一个场所，这个场所的规则是由域的主人决定的。你在家砸碎一只碗、弄断一双筷子，小区的物业人员不会管你，但如果你损坏小区的设施，小区的物业人员就会来找你。你要是跑去别人家里打砸，派出所民警就会来找你。因为，你家里的规矩由你自己决定，但小区的相关规定由物业来决定，社会的规则由法律来决定。

为什么会出现私域营销的概念呢？说白了，它是流量竞争白热化的产物。因为，流量不是增量概念，而是存量概念。全国有大约 10 亿网民，每一家互联网企业都希望占据足够多的用户数。但用户是散落的，于是就出现了企业向公域要流量的现象。

在 Web 互联网时代，通过搜索引擎进行流量分发，搜索引擎的商业化是通过售卖这些流量实现的，所以，竞价排名成了每一个搜索引擎的商业模式——"你们都想要流量，而我有流量，你们来出价，谁出的价高我就把流量给谁"。

在 App 互联网时代，信息分散了，搜索引擎不再是 App 的流量分发入口，企业要去有流量的地方实施动作，争夺流量。

流量比你大，且不想吃你碗里的饭的都是你应该去寻求合作、攫取流量的对象，这些就是你的公域。

但如果不能把这些流量固定在自己这里，你就无法让他们成为回头客——这本质上是一种竞争，因为如果产品足够强、用户需求足够强烈，无论你是否固定用户，他们都会留存。

这个时候，有人开始教大家怎么固定流量，于是就产生了私域流量。

2016 年 1 月，逍遥子（张勇）曾在阿里巴巴的管理层内部会议上提出："我们既要鼓励商家去运营他的私域空间，同时我们也应该鼓励所有业务团队去创造在无线上的私域空间。"

在互联网早期就有了溯源的概念，很多网站的统计中都有叫作"用户来源"的字段，用来统计用户是从什么渠道到达网站的。

所谓的来源，就是域的划分。从搜索引擎来的，叫公域流量；直接搜索网址进入、通过收藏夹收藏的某个页面进入、从带有某个用户推荐参数的链接进入的，叫私域流量。

通过搜索引擎来的用户可能要付出一定的成本（直接投了搜索引擎营销，或者以外包的方式付费请人做了搜索引擎优化），但是直接输入网址进入的，从收藏夹页面进入的，被他人推荐来的，可能不需要付出成本，而且大概率可以重复利用。

域是空间，也是渠道。针对域的建设，也是针对渠道的建设。

你不需要去研究什么是公域，什么是私域，但你需要明确，你的用户在哪些渠道，以及通过这些渠道，你要对你的用户做出什么动作。是要通过渠道拉新，还是通过渠道做服务？是要去建立潜在客户的认知，还是反复触达用户追求转化？

目标不同，对渠道的利用方法就不同，对同一渠道在不同时期的做法也不同。

综上，私域＝我可以自行制定规则的接触用户的渠道。

最后需要补充一点，渠道有两层含义，一个是"渠"，一个是"道"，"渠"是可以蓄积流量的，"道"是用来传递流量的。所以，要做渠道，首先要有蓄积流量的"渠"，然后要有传递流量的"道"。

Q92 如何做好私域流量

"私域流量"这个词，这两年很火。有趣的是，有些企业做成了，但从来不会说自己是利用了私域流量，都是局外人在分析，然后把私域流量的标签贴到它们身上；有些企业一心要做私域流量，进行了很多尝试，最终却没有成功。

私域流量是什么？怎样才能把它做好？

私域流量不是新鲜事物，如果你关注 CRM（客户关系管理），就知道它从十多年前就一直秉承这样一个理念——以客户为核心，为客户提供创新式的个性化的客户交互和服务。私域创造了与客户交互并提供服务的一个新场景。

在线下的商店，顾客与售货员进行沟通，在现场进行试穿、试用，体验商品，最终决定是否购买。销售完成后，再由售后去做后续的服务。进步一点的公司，如果顾客常来，可能会请顾客办一张会员卡，通过短信等渠道把新品、折扣消息告知会员。

在线上，消费者通过产品内置的 IM（即时通讯）工具或外部的 IM 工具与售前客服进行沟通、砍价等交互行为，有些产品会提供试穿、试用等服务。消费者付费后，商家把商品寄送到消费者的收货地点，用户如果有问题，再通过 IM 工具去找售后客服沟通。进步一点的公司会设置微信群，或者开展点对点服务，对消费者进行施加关怀、销售信息提醒等动作。

所以，本质上，私域是 CRM 理念的一种实践，它的确利用了新的技术，在方法上有所创新，但它的底层逻辑并没有改变，仍然是：**通过与消费者建立深度联系，与消费者产生围绕交易行为或交易行为以外的连接，从而锁定消费者，排除竞争对手的干扰。**

从这个意义上说，私域流量运作的关键是服务，而不是单纯的营销，或者说，即便是营销，也是构建在服务之上的营销。

市场上被广泛拿出来分析的案例，有李佳琦和完美日记等，承接私域流量的要么是一个一个的个人（完美日记小丸子的个人护肤顾问人设），要么是内容社群或媒体矩阵。

其实，还有很多被忽视掉的私域流量，譬如，刘润老师在他的公众号每一篇文章的结尾都放了"进化岛"的二维码，扫码进入的人就是他的私域流量，这个私域构建在了知识星球上。认可他的能力的读者，有的会去购买刘润的服务——战略咨询、私董会等，有的去会购买刘润的课程和书籍，有的会帮刘润做宣传。

那么针对私域流量的运营到底应该怎么做呢？

1. 要专注于私域，而非流量，流量是私域的附属品。

用户愿意进入企业或产品的私域，是因为他们认可企业或产品。愿意与品牌拥有者发生私域连接的用户，对品牌有一定的忠诚度。只要维护好这群人，他们自然而然会带来流量或交易。

2. 专注忠诚用户的需求，并做好服务。

忠诚用户是有需求的，完美日记的忠诚用户可能觉得产品好用，价廉物美，希望亲近这个品牌，掌握变美的秘诀，所以接受了该品牌的个人护肤顾问的设定；刘润的铁杆读者认可刘润洞察复杂问题的能力，所以，他们认为，进入"进化岛"，了解刘润对事物的更多看法，或许能从中获得启发、发现商机。

3. 不盯着流量的规模效应，而关注私域的服务能力。

既然流量是附属品，那么带来流量的资源就很关键。在私域中，流量是用户带来的，所以，基于用户的需求来构建服务能力并确保服务的交付能让用户产生好感，就是私域流量成功启动的关键。

基于上述三点，我们可以从以下方面去思考私域流量的落地。

1. 定位私域的对象。

私域的起点是小圈子，在《参与感》一书中，黎万强描述了 MIUI（小米公司旗下基于安卓系统深度优化、定制、开发的第三方手机操作系统）早期的小圈子，有一群人真心热爱 MIUI，并且愿意做试用者。MIUI 的迭代节奏是每周出一个测试版，先给这些人用，他们用过以后提出各种问题和建议，然后让开发团队去做修复、迭代；每两周推出一个开发版，让更多的人去使用，收集这些人的反馈，让开发团队再去做修复、迭代；每四周出一个稳定版，让所有用户去更新使用。

MIUI 早期快速进化，保持领先优势的秘诀，就是找到了愿意进入小圈子的用户。连开发这么大的事都允许用户参与，企业显然是让用户进入了自己的私域。而小圈子里的这些人也愿意帮助企业做测试，以企业的进步为荣。正因如此，小米才一步步发展壮大。

所以，当你要做私域流量的时候，一定要思考小圈子是什么和这个小圈子里有什么人。

2. 私域的价值定义。

为什么小米的粉丝愿意帮它做测试，配合开发团队调试不稳定的开发版，并且提出自己的想法、见解和解决方案呢？

其一，这件事小米是第一个做的，这给试用者带来了新鲜感，让人很想知道会发生什么。其二，小米会让他们看到自己提出的建议和意见确实体现在了产品的迭代中，这给试用者带来了成就感。整个过程是不断往复进行的，这给试用者带来了参与感。所有的感受叠加起来，就能转化为认同感。

参与自己认同的品牌或产品的成长过程，是很有趣的经历。

MIUI 把自己的私域价值定义在由参与感带来成就感与认同感的过程中，所以，它的私域可以做起来。

3. 私域的载体。

说到私域，大多数人的第一反应就是微信群，但群组只是私域的载体之一，微信群也仅仅是群组中的一类。

大家的第一反应之所以会是这样，很可能是因为自媒体、培训师频繁向我们灌输这样的认知：微信群是私域流量的最佳实践渠道。很显然，这是错误的。拿群组来说，QQ 群也是一个不错的选择，学习强国的 IM 群组功能也可以作为私域流量的载体，具体选哪个载体，要结合对象与价值一起来看。

除了群组，传统的论坛、社区也可以作为私域的载体，核心在于私域的组织结构。

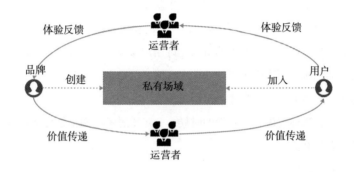

私域不专指某个特定的场域，只要是可以接触并维系用户的场域，都可以成为私域。

私域具备如下特征。

1. 品牌可以接触用户。

2. 品牌的运营者可以维系用户。

3. 在接触与维系用户的过程中，品牌可以传递自己的价值。

4. 用户可以反馈自己对品牌价值的感受。

在整个过程中，突出的是用户的参与感和品牌的服务深度。其中的重中之重，是把人看作人，而不是把人看作流量。

只有让用户参与其中，他们才会对品牌产生认同感与归属感。品牌只有做到了深度服务，才能加速这个过程，最终实现用户为品牌摇旗呐喊，品牌因用户的忠诚而基业长青的目标。

Q93　工具型产品运营的核心是什么

有朋友问我：

> 工具型产品运营的核心是什么？怎么在提高活跃度的同时做增长，具体如何开展呢？

张小龙曾多次提到工具型产品的用户有一个特性：**随需随用，用完即走。**

理论上，一款工具做得越强，用户的停留时间就越短，而用户的活跃条件与工具本身所处的场景密切相关。

譬如，名片全能王是名片扫描产品，其用户的活跃场景如下。

1. 核心场景：交换名片后拍照扫描储存并上传云端。

2. 典型场景：交换名片的对象更新了名片信息，提醒持有该名片者进行同步更新。

除此之外，剩下的都不是该工具产品的核心功能下的活跃场景。

微信是通信工具，其活跃场景如下。

1. 核心场景：用户需要与建立好友关系的对象进行线上沟通。

2. 典型场景：用户打开微信添加新的好友。

除此之外，剩下的都不是微信的核心功能下的活跃场景。

微信做朋友圈，开放公众平台，都是在提供其他非核心功能下的活跃场景。你可以想象一下，如果没有朋友圈和公众平台，用户的活跃场景是不是就减少了？

如果朋友圈里朋友的动态变少，各种活动的海报、各种品牌的广告增多且良莠不齐，就会削弱用户打开朋友圈的动力，因此微信会对类似的营销行为进行严厉打击。

由于聊天的频次高于名片交换的频次，所以名片全能王的用户活跃规模和频次比不上微信，如果要求名片全能王的日活、月活规模达到或超过微信的水平，这在名片全能王未提供其他场景的前提下是难以实现的。

我们来看一下 Web 时代非常厉害的工具型产品——360 安全卫士。我特地去 360 公司的官网看了一下大事记，然后稍微整理了一下。

从 2006 年开始，360 公司进入安全领域，首先用安全卫士积累用户，这是免费的产品。14 个月后，360 安全卫士的用户量超过了瑞星和金山。

2008 年 7 月，360 公司发布了 360 杀毒。17 个月后，用户规模突破 1 亿。又过了 5 个月，用户规模突破 2 亿。

2011 年 3 月，360 公司在纽交所上市。然后，它开始进军游戏、儿童安防以及视频领域。

我们来看几段 360 公司的财报内容：

2011 年第四季度收入为 6 232 万美元，比去年同期的 1 982 万美元增长约 214.5%，比上季度的 4 749 万美元增长约为 31.2%。同比和环比的增长主要来自在线广告业务和互联网增值服务的收入增长。

在线广告业务第四季度收入为 4 481 万美元，同比增长 217.2%，环比增长 27.8%。

公司认为 360 旗下浏览器和 360 个人起始页等产品市场渗透率的显著提高、用户活跃度的持续增加是这一业务同比增长的主要动力。

以网页游戏为主的互联网增值业务收入，本季度收入约为 1 718 万美元，同比增长 227.7%，环比增长 41.8%。公司认为该指标同比和环比的增长主要来自游戏用户基数的增长。

（360 公司 2011 年第 4 季度财报摘要）

360 发布 2018 年财报。报告期内，360 实现营业收入人民币 131.29 亿元，同比增长 7.28%。其中，互联网广告及服务、互联网增值服务、智能硬件业务仍为其主营构成的"三驾马车"，分别实现营业收入 106.58 亿元、11.78 亿元、10.15 亿元。

（360 公司 2018 年年报摘要）

在我看来，360 这家公司是研究工具型产品最好的案例。

首先明确一点，不管负责的是什么样的产品，运营需要做的就两件事：一、用户规模持续增加；二、收入持续增加。

对工具型产品来说，能够满足用户的需求，解决用户的实际问题，就能长期持有用户，这是稳固流量。

流量增长的模式是固定的。

1. 核心功能做得足够强大，能够打消用户的使用顾虑，通过这种方式获得种子用户。

譬如，360 杀毒供用户免费使用，这击中了用户使用传统正版杀毒软件收费高的痛点。

2. 把典型场景的功能的体验做得足够好，把低频使用的体验做强。

譬如，360 安全卫士的核心功能是查杀有害软件，而典型场景是开机测速，它通过开机测速的分值激发用户去使用核心功能。

3. 在做好前两条的情况下，去刺激口碑爆发和指定推荐计划。

360 没做过用户推荐计划，为什么它那么快就能累积大量用户？因为当电脑出问题的时候，大家都会建议你下载 360 的软件，并且说它好用。

所以，在变现之外的部分，工具型产品的用户增长都是靠产品质量去驱动的，这一点和交易、服务都不一样。

如果产品本身的功能不够强大，用户的增长是很难的，这种情况下不该做强运营，而应该维护和关怀已有用户。只有当产品本身足够强，才可以切换到强运营，去推进用户的获取和留存、活跃。

所以，在用户规模的部分，工具型产品运营的核心，就是好好做产品。必须坦然接受一个事实：**当工具型产品本身的工具功能不够强的时候，运营是没有价值的。**

但是，来到变现环节就不一样了。

工具型产品的变现和流量型产品变现的逻辑基本一致：**有流量，因此可以变现。**

比如，女性经期管理工具可以卖女性用品，做电商，切入备孕、育儿领域卖相关产品，还可以接入医美广告。

遥控器类产品可以切入视频点播领域，和视频网站合作卖会员。

信用卡管家类工具可以深度切入金融、借贷领域，和银行合作，成为申卡渠道。

硬件检测类产品可以切入资讯领域做信息流，卖广告。

记账类、比价类工具可以切入交易领域，给电商引流或者自己做电商。

宽带测速类工具可以给游戏做入口导流，可以售卖广告。

……

我列举的都是可能的变现方式，一定有工具型应用在通过这些方式变现，做得好不好先不论，至少方向是值得尝试的。它们选择变现方式的逻辑很简单：**工具对应的用户群的需求就是变现的切入点。**

360 公司的变现就是围绕它的定位来的，360 做安全领域，所以硬件产品可以变现；360 用户规模大，所以做广告变现很快。

工具型产品运营的核心只有一个：**围绕目标用户，从核心需求切入，不断提升用户规模和活跃度，然后围绕非核心需求去拓展边界，实现变现。**

Q94 社群运营的核心是什么

社群随着时间的推移发生了一些变化，早期的社群是非实时的，BBS 提供了社群空间（BBS 本身不是社群，它是社区产品，但 BBS 内的板块是社群），人们聚集在 BBS 里，发帖、回帖、讨论、站队、掐架、打造红人，这是异步交流的社群。

QQ 群组和微信群组出现后，同步交流的社群获得了越来越多的关注。

虽然社群从异步交流演化成了同步交流，但并不意味着同步交流比异步交流更高级，同步交流在提升了交流效率的同时，也加速了社群衰亡的节奏。

虽然交流方式改变了，但社群运营的本质和核心没有变。

一个产品做社群运营的目的有很多。

目的 1：希望获得具有忠诚度的用户，而将忠诚用户集合到一个特定的社群中，实现集中运营，就可以进行更多的互动，拿到更直接的反馈，从而获得更好的商业结果。比如，各种粉丝群。

目的 2：借助社群展开裂变，提升增长的精度，此时社群承担的更多是分发、拉新的职责。比如，进入各种训练营的社群后会要求分享海报到朋友圈，保留 N 个小时，不要屏蔽联系人，不要分组，到时间截图提交审核，审核通过后可以加入其他利益相关的群组或兑现价值。

目的 3：在某些产品的运营中，承担蓄水池、售后、用户关系自维系等工作。比如，内测用户群、客户服务群、售后群等。

社群之所以存在，是因为里面的成员有共同的目的、利益驱使、兴趣、爱好或者偶像。

社群中的人虽然是陌生的，但由于存在共通点，所以有时候彼此之间会产生极大的黏性。而且，社群的管理者和参与者之间是比较容易产生信任的。

综上，社群运营的本质是管理用户的一种手段和渠道，而核心则是管理用户的预期。

要做好一个社群的运营工作，标准动作如下。

1. 明确社群建立的目的。

2. 理清社群运营的目标。

3. 弄清楚预算与成本。

4. 搞明白产出并寻求闭环后产出。

任何社群的建立，都有其目的。不同目的下的社群，运营方法是不一样的，举个例子：社群 A 的建立是为了做好舆情监控，社群 B 的建立是为了从中找到种子用户。

那么，对社群 A 来说，群主最重要的工作，就是记录社群里与舆情相关的话题，譬如今天服务器宕机了，群里有多少人讨论，总体情况是正面言论多还是负面言论多，是否会对公司产品和品牌造成影响之类的。

而对社群 B 来说，群主最重要的工作，则是想办法让社群内的用户保持尝鲜的激情，并且让他们贡献出足以成为种子用户的价值，然后从中找到合适的备选种子用户，并传递到后续的工作中去，最终形成闭环，获得种子用户。

你要明确你的社群运营目标，确认好预算并且去执行。

譬如说，一个做优惠券发放的社群，在定义目标时，不要过度考虑用户的自然复购，因为这个社群的用户就是来领券的，所以，你做其他的话题引导或者组织活动，基本起不到什么作用。

事实上，社群运营做久了，你就会发现：社群的用户运营方法，往往和社群用户进入的原因存在强关联。

用内容吸引来的用户，做交易转化并不容易；用便宜的价格吸引来的用户，对优惠之外的信息都不太感兴趣。

人是具有多面性的。社群运营里很重要的话题就是规则和管理。

规则是保障一个社群基本运转的必要前提。规则重在执行而不是起草。管理则是核心。规则再多，如果管理不去执行，也没用。

我做过一段时间的社群运营，在我们的团队中，有人专门负责做社群的管理，社群管理要做的事情包括以下几点。

1. 审查社群内容，将违反社群规定的用户移出去。

2. 引导社群讨论，通过提出话题、加入讨论、组织活动，让社群活跃起来。

3. 传递信息与分享福利，参与社群内话题讨论的同时，也要时不时地传递一些群友关心的信息，并分享自己拥有的福利，提升群内用户的黏性。

4. 尝试与业务建立闭环，这是最重要的一项工作。

当前的社群运营大多在微信内展开，换句话说，大多数社群是脱离业务本体的。那么，社群如何帮助提升业务呢？

常见的社群有以下几种类型。

1. 学习型社群：通常是教育、知识类产品的标配。通过引导用户打卡、分享海报等方式形成传播，带来裂变。

2. 活动型社群：适用于任何种类的产品，通过活动引导用户入群，在群内完成转发、激励，带来转化或者裂变。

3. 兴趣型社群：通常是自发产生的用户社群，群内用户的关系较为紧密，组织方式以群内关键意见领袖为核心，结合前面两种社群，可以进行裂变、转化。

某些场景或者业务不在意业务是否形式闭环，因为社群只是他们引流的工具，这种情况下社群的核心任务就是实现用户的传播和引流，最终把用户沉淀到公众号或者 App。

但对另外一些场景或者业务来说，社群是其业务在微信端的一个前置工具，是一个配置，这个时候就需要考虑从社群到业务的闭环。

譬如说，某业务希望获取低龄用户，于是做了几个公众号，形成了矩阵，不停地做活动，通过活动组建了多个妈妈群，期待通过社群增强用户黏性，让妈妈用户们在朋友圈等场景下传播其招生海报。

由于这些妈妈是冲着活动奖品来的，所以需要让她们建立对主营业务的认知。当社群建立之后，如何在群内建立认知，并进行海报的分配与传播效力和效果的校验，就是业务闭环需要去思考的问题。

业务闭环既可以从数据上去思考，也可以从动作上去思考。从数据上思考就是要考虑用什么标识来区分用户来源，从而判断闭环是否建立。从数据上思考是必须要做的。而从动作上思考，不是必须要做的。

在上面的例子中，妈妈群的管理员需要适时引入关于主营业务的介绍和设计规则，让妈妈们更加愿意去做转发海报的动作，经过多次尝试与优化之后，固定下来，形成套路。

所有的社群运营到最后都应该形成闭环。以上就是我所理解的社群运营的核心内容。

Q95　餐厅的会员计划怎么做

有位朋友提出了一个很有趣的问题：

> 我目前是某连锁餐饮日式烤肉品牌的用户运营，门店位于一二线城市大型商圈，目标用户低频高消，日常新旧会员消费比例约为7∶3。目前做过到店拉新赠当餐可用券活动，到店会员转化率大约为15%。当天流失率高达30%，1~7天流失率为17%，8~14天流失率为10%。其中进行0次消费后流失的有58%，1次消费后流失的有40%，留存率只有2%。怎样提高新客会员转化率及会员的留存率呢？
>
> 为拉动新客二次消费或转化新会员首次消费，设置了完善资料赠多张下次可用券活动，券使用率非常低，仅有1%。转化成二次消费的占13%，转化成三次消费的占29%，转化四次消费的占39%。怎样才能更有效地将新会员转化为消费会员呢？怎样刺激老会员持续消费呢？已逐渐完善会员特权与福利，例如消费赠积分、积分可换菜品、生日有礼、消费评价赠券等。怎样辨别活跃、沉寂、将流失会员呢？多久做一次赠券唤醒活动比较合适呢？

这个问题我之所以想拿出来讲，是因为我觉得这家店的运营走偏了。

回到餐饮行业的本质，餐饮门店要活下来，首先要做到：月门店收入－月门店开支＞0。

换句话说，餐厅如果收益不足，是活不下去的。说得更直接一点，如果餐厅还没有赚钱，就不要去做会员体系这类归属于成本中心的设计，因为它可能会让餐厅更快地倒闭。

明确了上面这个算式，下面展开来看门店收入。

餐厅的收入包含以下几项。

1. 餐费收入。这个通常是门店的大头收入，算法是：桌均消费金额×桌数×用餐时间平均翻台次数。假设你有100张桌子，高峰期间每张桌子能翻1.5次，桌均消费100元，那么你一个时段的收入就是：100×1.5×100=15 000元，一天2个高峰时段，就是30 000元，一个月就是90万元。当然，这是一个平均的算法，一般不会这么理想。

2. 其他收入。如果你把桌子上的台卡当广告资源卖给别人，一张台卡1块钱1天，你有100张桌子，那么台卡每月可以给你带来：1×100×30=3 000元的收入；如果非用餐时间你把场地租给别人搞活动，假设2 000元每小时包场，你每周能卖出去2场各2个小时的外租，那么这部分收入每个月就会有：2 000×2×2×4=32 000元。

餐费收入是餐厅收入里最大的一部分，因此，提高桌均消费金额、减少食客的用餐时间，提升翻台率，才是让餐厅活下去的关键。

如果再讨论得细一点，就会涉及100张桌子应该安排成能容纳多少人的吧台、多少2人座、多少4人座、多少8人座这样的门店布局问题了，因为布局会直接影响桌面的利用率，它和翻台率密切相关。

但是，短时间内不需要讨论食客的构成和会员计划。

我明白餐厅做会员计划，是想从食客管理的角度出发，开展精细化运营，譬如给老客户更多的关怀，降低新客户尝试的门槛，让他们尽快了解这个品牌。但精细化运营是实现规模化之后才需要考虑的事情，从提问者拿出的数据来看，还远远没有实现规模化，因此，有很多动作其实是多余的。

假设我们确实需要让用户加入我们的会员计划，那么就要设身处地地从食客的角度出发来看待这个问题。

首先，食客在商圈里的用餐行为，是一个随机事件。就是说，如果用餐时间食客在商圈中，他大概率会选择商圈里的某一家餐厅来用餐，但他选择哪一家餐厅，其实是随机的。在实际的用餐场景中，很少有食客是因为他要吃日料、西餐或中餐，而选择某一家餐厅，即便在某些场景下（譬如商务会谈，但我很少见到有人在商圈吃商务餐），出现了固定的菜系选择，也基本上是在已经有了明确的餐厅选项后才会行动的。因此，大多数商圈里的餐厅接待的都是过路客，过路客不会因为餐厅有会员体系就留下来。

所以，餐厅更常见的做法是，在用餐开始前或结束后，给用户一张积点卡，一次消费积一点，满一定次数（譬如 10 次），就可以免费吃一顿，或者免服务费。你去吃肯德基，可能是因为儿童套餐有玩具很有趣，可能是因为你喜欢某种食品的口味，可能是因为出餐快省时间，但很少是因为你要去积攒肯德基的 K 金积分。

其次，食客对餐厅的偏好是非常主观的。如果某家餐厅的口味让食客很满意，或者装修布局让食客觉得很舒服，或者服务无可挑剔，又或者物美价廉，那么食客就会常来。我过去在餐饮行业工作的时候，一般会从以下几个维度去评价餐厅。

口味：这家餐厅的食物的口味是怎样的，什么样的人可能会喜爱这种口味？

环境：这家餐厅的环境如何，吵不吵，有没有包厢，卫生间里的设施是否足够新，装修风格满足哪类用户的喜好？

服务：这家餐厅的服务质量如何，有没有什么独特的服务，譬如说，用餐免停车费、生日额外赠送蛋糕之类的？

价格：这家餐厅的价格在什么区间，人均或者桌均消费金额是多少，来吃饭的客人大多是为了满足什么场景要求？

位置：这家餐厅好找吗，周围停车方便吗，公共交通的情况如何？

大众点评和订餐小秘书给出的都是这些信息。因为食客关心的就是这些。

那么，你的会员计划是否在这些方面提供了支持？

会员来吃饭，帮他们免掉商圈的停车费了吗？——抢那些想要免费停车的消费者。

会员来吃饭，你的食材新鲜到可以打败方圆 5 千米内的所有日料店了吗？——抢那些要求口味新鲜的食客。

会员来吃饭，向高级会员提供跪式服务了吗？——满足高级会员的虚荣心。

会员吃完饭，送伴手礼了吗，哪怕是日本常见的那种寿司小模型？——彰显你的独特，顺便刺激一下有收集癖的食客。

有很多种方法可以让你把餐厅做得和别人不一样，简单地推出新客优惠，老客关怀，太没有创意了。就餐饮这样倒闭率极高，食客见多识广的业态而言，你不求新求变，很难吸引消费者。

当然，你要是能通过营销，打造出一个中国版的小野二郎（日本寿司之神），也是一条出路。

就算会员计划再好，别人加入了不消费，那也没用，所以，消费的非会员比不消费的会员更有价值。

怎么让大家来消费呢？上面说的有特色的会员计划是一种玩法，如果与餐厅的特点相结合，还有其他可以玩的花样。

1. 每个月或每两三个月进行一次蓝鳍金枪鱼的现场拍卖。

2. 围绕日料主题，请家长带小朋友一起来做一两次蜡制寿司模型。

3. 请艺伎来表演歌舞。

4. 把食物做得漂亮、有特色一些，让食客边吃边拍，鼓励发朋友圈加个定位。

5. 买几个当地美食公众号的广告推一推，或者上一上当地电视台的美食节目。

先做好餐厅的主营业务，再去考虑精细化，这样才能让你活下来，并且活得比较好。

Q96　冷冻食品如何通过公众号运营

有读者问到冷冻食品例如冰激凌、速冻饺子类怎么用公众号运营。

其实，和生活密切相关的衣食住行领域是很适合做新媒体运营的。为什么呢？

直观：所见基本可以等于所得。

易代入：与自身关系紧密，容易引发共情。

成本低：不需要触达，不需要亲自体验就可以完成基本认知。

对于这一类商品，不仅通过公众号运营有用，通过短视频平台运营也能提升销量。

涉及"吃"，我们要思考的就是：谁是来消费内容，并可能因为内容而买单的消费者，这类商品的典型用户是什么样子的。

冰激凌是季节性的食品，主要消费者是年轻人和孩子；速冻饺子之类的速食产品则主要针对上班族家庭，讲求的是快速地完成一份主食。

如果要通过公众号去运营，可以采取以下做法。

1. 基于食品本身的特点去准备内容。

内容不仅仅指文章，还包括生动的漫画、短视频。

如果是冰激凌，要突出的是原料新鲜、口感丰富、清凉解暑，还是颜值很高？如果是速冻水饺，要突出的是原材料的品质、味道、便捷，还是特别？

这就要思考冰激凌和水饺针对的是什么样的客群了。

以冰激凌为例，对没有特定要求的人来说，可能清凉解暑最重要；对爱发朋友圈的人来说，可能颜值最重要；对要给孩子吃的人来说，可能原料最重要；对爱吃甜食的孩子来说，可能口感最重要。

以速冻水饺为例，对上班族来说，可能便捷最重要；对有孩子的中产家庭来说，可能馅料的品质最重要；对思乡念旧的人来说，可能原汁原味最重要；对喜欢尝鲜的食客来说，可能食材独特最重要。

你想吸引谁来消费，在内容生产上就要针对谁去设计和准备。

你可以列这样一个表：

对象	关注点	内容应对点
白领上班族	方便快捷	×分钟做好一顿饭
有孩子的中产家庭	营养健康	有机馅料，非转基因
思乡人群	家乡的味道	正宗家乡味
喜欢尝鲜的食客	新奇有趣	各种有趣的组合

有了这张表，在内容生产上，你就能更有针对性。说白了，就是要把"无命题作文"变成"命题作文"，明确核心，为内容生产节约时间。

2. 强调互动的价值。

有一次和一个读者聊天，聊到社群运营的时候，我提出了一个问题：群里的用户是否能感受到你的群、群管理员还有产品的温度？

公众号运营也是同样的道理，读者是把你的品牌当成一个有距离的品牌，还是可以感受到它背后的温度，有很大差别。互动就是提升品牌温度的动作。在做公众号运营时，你要时时刻刻记住，你是想完成KPI，把货卖出去，你面对的消费者也未必想要和你保持长久的关系，但人是具有感性的动物。你想想为什么你经常去家门口的饭店，除了好吃、便宜，是不是老板或者老板娘对你说"今天不上班啊"也让你觉得心里有点温暖呢？

如果是，你大概就能理解互动的价值了。我推荐你看一下支付宝的微信公众号，虽然风格有些无厘头，但互动做得很不错，这个号会让你明白，互动并不等于回复留言。

3. 妥善利用首关、自动回复、菜单做出一些有特色的东西。

当用户首次关注你的时候，你怎么和他打招呼？当用户给你留言的时候，你的自动回复怎么设置？怎么让菜单变得符合目标用户的口味，或者让别人记住你的账号？

这三个问题都是做公众号运营需要思考的，不局限在食品运营这个领域。

之前很多人问我，如何统计关注者的数量。其实我没做过统计，我就是看看有没有到整数位，定期填个即将达到的整数位放在那里。如果你的号已经接入了开发平台，就可以去读取用户的昵称和他打招呼，也可以看到真实的关注人数，品尝过你家食品的人数，给了好评的用户数等。

譬如可以给用户推送一些这样的信息：

"钢铁侠（用户昵称），你来啦~"

"听说夏天和冰激凌很配哦~"

"已经有 387 989 人吃了我们的（品牌名）冰激凌，你想不想做第 387 990 个吃冰的人呢？点这里，立即吃冰。"

类似的小技巧对一些用户是很有效的，你可以试一试。用户关注账号后的 48 小时内，你可以通过客服消息（聊天）的方式触达用户，这里隐藏了很大的运营空间（不同的品类对这个空间的利用是不能一概而论的）。

如果你发了上一条之后，用户没动静，过两个小时，可以再发一条：

"不就吃个冰吗？来，我请你！点这里，免费吃冰 >>"

针对一个对你的商品感兴趣的潜在消费者，你需要利用公众号允许的所有规则，在一个较短的时间（48 小时）内激活这个用户，强化他对你的品牌的认知，引导他完成一次下单。

就算用户当时没有完成下单动作，也要大力刺激他的购买欲，在这个过程中，你需要结合产品的技术能力与消费者的需求和认知不断试错、调整优化。

Q97 银行 App 如何提升留存

如果你是银行 App 的运营人员，老板希望 App 的留存率得到提升，你会如何思考这个问题呢？

我们先从横向角度来思考。

不管是什么样的 App，按照活跃程度，用户大致都可以分为以下几种。

每日活跃用户，即 App 上每一天的活跃用户。其中包含两类用户：当日新注册登录并使用的用户和之前就已经注册过但在当日活跃的用户。

次日留存用户，即前一天注册，第二天还在活跃的用户。

7 日留存用户，即一周前注册，一周后还在活跃的用户。

月活跃用户，即 App 上每个月的活跃用户，其中包含这个月活跃过的新用户和老用户。

如果希望提升日活用户和月活用户数量，需要满足：在统计时间范围内，有足够多的用户。

继续往下拆解，想达到这个目标要满足下列条件之一。

1. 在统计时间范围内，拉到足够多的新用户。

2. 在统计时间范围内，老用户的活跃度足够高。

如果希望持续提升月活用户数量：要么能够持续扩大拉新规模，要么能够维持足够稳定的用户留存率。

如果研究过数据，或者读过、学过关于用户运营获客和留存成本的书籍或者课程，你就会发现，维护一个老用户的成本大概是获得一个新用户的成本的 1/5。

所以，把精力花在留存上，或者说，花在刺激老用户活跃上，要比花在拉新获客上经济得多。

343

通过横向思考，我们已经把提升留存递归到了刺激活跃，如果继续延伸，就会从如何刺激活跃来到用户为什么会活跃这样一个终极问题。

接下来，我们从纵向去拆解这个问题。

思考"用户为什么会活跃"这个问题，需要结合三个要素。

1. 用户画像，也就是拆解用户使用 App 的场景、频次，回到需求本身。

2. 业务画像，也就是针对用户的 profile，思考业务为用户提供了什么，这些东西有什么价值。

3. 运营画像，也就是明确了业务和用户的 profile 之后，运营的切入点是什么，如何去展开。

这是一个层层拆解，同时也相互结合的过程。

我们不直接讨论银行，先来说说支付宝。新闻说支付宝的月活用户超过了 6 亿，支付宝声称自己有 10 亿用户，那么它的月活跃率已经超过了 60%，银行 App 的月活的比例有这么高吗？如果没有，为什么？

另一个新闻说，支付宝小程序的月活用户超过了 4 亿，也就是说，6 亿月活用户里有 60% 以上的人，打开支付宝是为了使用小程序。当你打开支付宝小程序的热门排序会发现，支付宝虽然是一个金融服务 App，它的热门小程序却很少有金融服务类的，这是产品设计导致的——金融功能是基础功能，通过小程序加入非金融功能，但也说明：如果以金融服务来构建类似 App 的活跃基础，受制于金融服务低频的特性，很难提升用户活跃度。

对银行 App 来说，和用户连接的关键点是什么呢？答案是，钱。

信用卡持有者和借记卡持有者的需求是一致的吗？似乎不太一致。那么，二者可以转化为一致的吗？

对大众来说，银行业务可能主要是信用卡和借记卡两种，大众用户在银行 App 里的使用场景和行为通常是这样的：

借记卡	信用卡
■ 查余额 ■ 转账 ■ 理财	■ 查账单 ■ 查积分 ■ 还款 ■ 分期 ■ 积分兑换 ■ 权益使用

这些场景和行为围绕的都是钱的管理，但都不够高频，因为正常情况下，用户不会每天都来完成上述动作。所以，要提升用户的活跃度，显然不能立足于上述场景和行为。必须挖掘钱以外的场景与行为。

什么叫钱以外的场景与行为？看看支付宝就知道了。

蚂蚁森林就是典型的钱以外的场景，用户通过用支付宝完成指定的消费动作来获取能量，积攒了足够多的能量就可以去种树、认领自然保护区，获得环保证书，能量有时效性，在有效期内收取可以让树长大，过期了就会消失，蚂蚁森林在第三方支付这样一个低活跃产品中创建了高活跃行为。

银行同样可以用这种方法来促进 App 的用户活跃度。譬如，你可以设计一个机制，当用户在任意支付平台消费或者在银行的 App 中发生了存款、转账、贷款、理财等行为，只要是对应的银行卡内发生了动账行为，银行App 就可以向用户赠送活力值（非动账也可以赠送，根据银行 App 内的功能设计灵活配置），活力值可以用来种菜，成熟了可以收取，找几家农场开展定点合作。先试点几个城市，看看与没有做活动的城市相比，这些城市用户的活跃度是否有明显提升，如果有，就可以推广到更多的城市。

当然，也可以与其他类型的合作伙伴一起做活动，譬如找汽车品牌一起做活动，积累活力值送宝马；找出版社一起做活动，积累活力值换书；找航空公司一起做活动，积累活力值换机票……玩法其实有很多，最重要的是把银行 App 的用户活跃行为和低频场景做一些切分，把高频的行为提上去，这样才能提升 App 的用户活跃度。

Q98　高价低频产品如何利用用户生命周期

有朋友问过我这样一个问题：

> B2B 或者是 B2C 中单价高、购买频次低（如汽车、家装等）的产品该如何利用生命周期呢？感觉这跟购买频次高、不会带来巨大沉没成本的 B2C 很不一样，是否从运营重点到具体操作方法都要有所区别？

购买频次低和购买频次高的商品的运营玩法很不一样。
其实传统的汽车行业已经给出了答案。

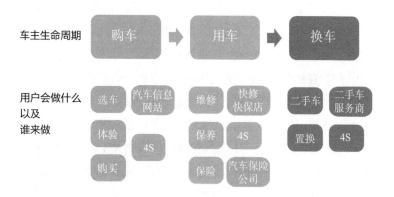

如图所示，车主的生命周期是购车、用车、换车。

购车阶段，用户主要是选车、看车以及到店体验最后完成购买。

选车、看车这个阶段，准车主的一个痛点是信息不对称，不知道应该买什么车，因此，需要获得各种信息。汽车信息网站集中为用户提供信息（车信息、价格信息、经销商信息、用车经验等），这是从准车主到车主的阶段，也是进入车主生命周期的必要条件。

在汽车信息网出现之前，人们都是直接前往自己感兴趣的品牌的 4S

店或者去朋友推荐的品牌的 4S 店。到今天为止，4S 店依然具有不可替代性，因为车和房一样，单价高，不到现场去体验，用户不放心下单。在体验环节中会有销售人员去接待，他们会提供现场看车、试乘试驾的服务。

当用户付钱买车之后，就进入了用车环节，车辆都需要上保险，比如交强险、商业险，于是，保险公司就参与进来了。车辆需要定期的保养，出了故障还需要专业的维修，于是，4S 自己的售后服务，以及快修快保店就有了立足之地。因为开车难免发生违章，而且是需要处理的，到交警队现场排队很麻烦，通过对应的 App、小程序或者网页来解决就很方便，于是，像官方的 12123、上海交警这样的应用，也有了生存空间。

一辆车开了几年之后，很多车主就会进入换车的阶段，这个时候，买二手车和置换购车就进入了车主的需求列表，要么找车商、二手车服务商，要么找 4S 店把自己原有的车辆去折价置换。

在整个过程中，各经销商在各个环节里都可以出现，但他们在不同阶段对车主的影响力和作用各不相同，这样一来，就分配出了不同的服务内容。

购车阶段：经销商提供折扣，增加用户对车辆的认知和感受，尽可能地让用户把车买下来，此时提供的是信息服务以及体验服务。

用车阶段：经销商提供维修保养服务，希望用户不要去快修快保店，而是尽可能在 4S 店进行维修保养，此时提供的是维修服务、保养服务以及延保服务。当然，保险服务也在他们提供的服务范围内，只是很少有车主会通过 4S 店买保险。

换车阶段：经销商提供置换服务，希望用户把旧车交给自己，以换取购买新车的优惠，并节省时间，所以提供的是与换车效率相关的服务。

进入换车阶段，汽车信息平台就有了用武之地，因为这类商品的信息很难实现对称，所以，信息平台始终有存在的价值。

汽车这种行业，售前的竞争很激烈，所以大多数的营收并不发生在车辆售出的阶段，而是会发生在后续的维修保养上，这也是很多车主认为4S店收费高的原因。但并不是所有的车主都会选择过保后找路边店而不找4S店做保养，尤其是希望二手车残值高一些的车主，因为对接收旧车的新车主来说，4S店虽然价格不便宜，但与路边的快修快保店相比，品质上会更有保障一些。

在汽车行业，经销商更多的情况下是利用已有车辆的车主，通过售后服务去挣钱（某款车卖得特别好需要加钱和等待提车的情况除外）。

接下来说说家装行业，它和汽车行业不一样，因为汽车这种SKU是标准品，但家装存在大量的非标准品，尤其是全屋定制，你很难说它的SKU是不是标准品。

但有一点家装行业与汽车行业是一样的，那就是存在严重的信息不对称，所以，信息类产品始终有存在的必要性。

同时，家装比汽车要复杂，因为它实施的过程包含多个阶段的工序，且工序之间是有关系的，上一道工序没有做好会影响下一道工序。而对用户来说，这些工序除了要付出金钱，还要付出时间。

在北京、上海、广州的一些地方，出现了全包服务商，以及全屋定制商，从设计开始覆盖用户的装修流程。

你可能很少听说在装修完成之后，装修公司还为用户提供服务的，实际上用户在某些场景下是需要服务的，譬如，后期改造，希望在洗手池下方加装可以插电的净水器，需要开槽加装插座；地板进水，受潮拱起，需要拆除重新拼装；更换家具、家电等。

汽车行业和家装行业，虽然商品本身的销售是低频的，但依然存在相对高频的需求，这些需求就是围绕那个低频高价商品的服务。

所以，对于这个问题，我的看法是：对于商品本身没什么可以做的，但围绕商品的服务可以做。

譬如，可以成立车主俱乐部，在新车上市时组织品鉴会，允许车主带领准车主参加，推荐完成后，为车主提供新的服务，或者服务上的优惠等，让车主变成自己的品牌宣传员。

譬如，可以联合一些自驾游产品或者机场停车服务甚至洗车服务类产品，针对车主做一系列的动作，包括引流给这些产品，开展联合活动之类的。

譬如，做全屋定制的如果有足够多的低价小件软装产品，也可以创建品牌俱乐部，用户买东西就送积分，积分可以兑换家里的摆件、软装之类的。

譬如，汽车经销商向带朋友购车的老车主赠送延保服务；保险公司送机场停车服务，为自己引流等。

如果商品属于高价低频的类别，那么聚焦商品本身并不是一个好的选择，但聚焦到商品周边的服务上就有可能把低频切换成高频，从而创造价值。

在利用用户生命周期时，对购买频率和价格不同的商品需要做不同的处理，不能看别人做什么自己就做什么。

不同的行业，用户生命周期中的需求并不相同，围绕自己所处行业的用户的习惯和行为特征及场景需求，具体问题具体分析，才能形成更加适用的用户生命周期内的运营逻辑。

Q99　如何看待"粉丝经济"

之前有人问我：

> 关于核心粉丝运营，你有没有什么建议或者技巧？我们公司是做视频内容的，用户数量比较大，现在想集中运营核心粉丝，在群内用激励制度让粉丝转发内容或者写评论，让核心粉丝有产出，目前还没有具体的KPI目标。请问有什么好的方法吗？

一切利用粉丝来挖掘利益的产品设计和运营手段，都属于"粉丝经济"。

粉丝经济中有三个角色：平台方、流量主、粉丝团。

我们来回顾一下内容供应链。

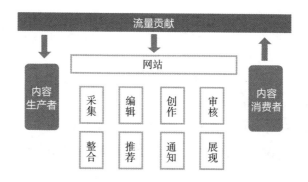

流量主拥有自己的流量（粉丝团），而平台和流量主共享流量主的流量，平台和流量主都可以因为流量而获利。

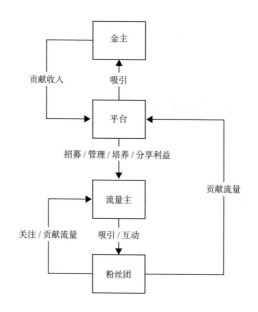

几乎所有的内容平台，都按照类似的结构运行。

符合一定条件的微信公众号运营者可自愿将公众号内指定位置分享给广告主做广告展示，成为微信公众号广告流量主，按月获得广告收入。

为什么广告主愿意向微信投入广告费用？因为微信是一个日活用户数与月活用户数之比接近1、活跃度高得可怕、体量巨大的流量大户。

为什么微信愿意把广告费用分给流量主？因为公众号上的流量是微信自有流量外的私域流量，由于订阅者和写作者之间存在信任关系，所以公众号广告的平均效果不会太差，并且会成为对微信体系内广告效果的良好补充。

为什么流量主有资格去申请这些能力？因为他有一定数量的追随者。

符合一定条件的知乎用户可以自愿签署经纪协议，领取相关的任务，获得广告收入；也可以申请知乎直播，或者受邀制作私家课进行变现。

符合一定条件的得到讲师，可以获得书籍出版等各种服务，平台也会和讲师一起执行各种曝光动作，创造课程收入、版税收入等。

本质上，能产生头部用户并带来粉丝的平台，都自觉或不自觉地涉足了粉丝经济。

当粉丝量极大的时候，流量主就可以成为单独的流量入口，譬如：得到与罗振宇、樊登读书会与樊登、吴晓波频道与吴晓波等。但这属于极少数情况。

大多数时候，粉丝经济依托于平台，而不是一个巨型流量主，接下来我们回到关于核心粉丝运营有什么建议或者技巧的问题。

要回答这个问题，必须回到问题的本质：平台有一套管理所有流量的运营机制，流量主是否需要建立一套运营机制来管理自己的流量，如果需要，如何去做？

我思考问题的方式如下。

1.问题是什么？

2.解决这个问题是否要满足某个前提条件？

3. 在前提条件满足和不满足的两种状态下，如何解决问题？

这个问题是有前提条件的，即流量主自身要有沉淀粉丝的平台和场景。

按照提问者的描述，这个前提条件是满足的，满足的方式是粉丝群。

要解决这个问题，可以采取两种思维方式。

1. 增量思维：如何获得更多的粉丝沉淀？沉淀到哪里？是否有更高效的方案？

2. 存量思维：如何让目前已经沉淀的粉丝执行流量主期望的动作？

我认为，单纯依靠社群远远不够。如果想切实做好核心粉丝运营，从增量上可以考虑以下做法。

1. 对用户进行分层并分配运营矩阵。

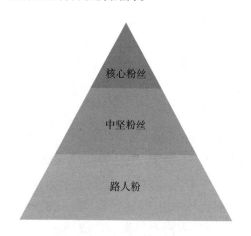

如果选择在群里运营核心粉丝，那么可以考虑在微博上运营中坚粉丝、路人粉，也可以把全体粉丝放入自建社区。

2. 权益圈层。

不同层级的用户可以享有不同的权益，用户通过完成指定行为获得成长，换取权益。

事实上，只要这套规则设计得当，就没有问题。

小米早期的粉丝运营做得非常好，下面几张图是两年前我对小米粉丝文化的分析，你可以把它所运用的方法迁移到自己的工作中。

1. 米粉运营的发展路径。

• 围绕用户建立媒体矩阵。

• 把多渠道流量沉淀到小米论坛。

• 使小米论坛成为最核心的米粉运营基地。

• 早期小米主营微博与论坛，后来利用微信公众号和QQ空间开展服务与针对性营销。

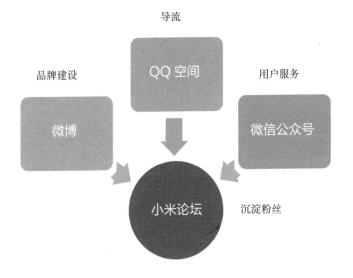

渠道	作用
论坛	米粉大本营，沉淀粉丝并进行用户运营的重要渠道，小米将其定位为用户俱乐部
微博	刷存在感的好地方，通过活动、品牌、预热，为产品造势，高层积极互动，吸引人群广泛关注
QQ空间	定位90后，红米品牌造势、预热及发售的试验战场，同时为小米官网导流
微信公众号	服务用户的平台

2. 小米论坛的运营策略。

具体做法 1：用户参与产品

周一	周二	周三	周四	周五
开发	开发 / 体验报告	开发 / 升级预告	内测	发包

日升级：内部测试版，面向荣誉用户（指定对象，灰度发布）

周升级：开发版，面向尝鲜用户（开放下载，用户选择）

月升级：稳定版，面向全体用户（开放下载，用户选择）

具体做法 2：用户参与开发

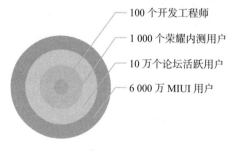

- 100 个开发工程师
- 1 000 个荣耀内测用户
- 10 万个论坛活跃用户
- 6 000 万 MIUI 用户

- 遴选用户，只有达到极强专业水准的用户才能进入核心圈层，每天通过一阶灰度发布让荣耀内测用户体验新版本，并提出建议与意见。
- 用户投票，开发版实际是二阶灰度发布，只有得到了中间圈层的用户认可，才会走向最终发布。
- 口碑扩散，稳定版才是最终面对真正终端用户的版本。
- 按优先级分布用户的意见和建议，确保具有极强专业水准的用户与核心产品用户的意见和建议实现了有效传达。

*数据来源为 2014 年的公开数据

最终形成的金字塔社区用户结构如下。

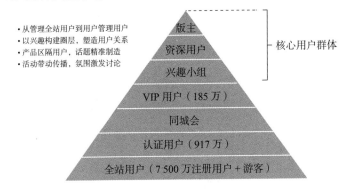

核心用户群体的运营如下。

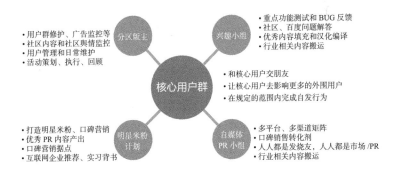

Q100　如何看待社群

社群其实是人群基于某个共同点的集合，这个共同点可以是人，可以是事。社群内有统一的社群文化。社群分为很多类型，譬如说：微信群、QQ群、知识星球、企业微信、微博群组、微博话题、闲鱼的鱼塘、豆瓣的小组……

社群在10多年前就已经出现了，但当时它并不是一个单独的值得去大力投入的领域，因为它只是用户运营中的一个可用的渠道。而现在，很多人在讨论社群的时候，聚焦的只是微信群。

可以说，今天的社群，不论是从类型还是范围来看，都被窄化了，这导致了一种现象：很多社群运营的工作者会感觉自己是个客服，只要用户有需要，就得跟进服务。

如果你要从事社群运营，首先要明确一点：**社群运营的本质是管理 C 端用户的一种手段和渠道，其核心是管理用户的预期。**

管理用户的预期，并不是要满足用户的一切需求，而是让用户知道你可以为他提供的服务的边界。

譬如，你可以制定以下群规。

- 本群工作时间为每日 8 时至 21 时，非工作时间回复可能不及时。
- 群内禁止推销，禁止讨论违法违规内容。
- 每周会有一次线上分享，请大家根据自己的需要参加。

这样可以比较明确地表述你为群友所做的工作。

《人类简史》中提到，人类的社交技巧是出于生存的需要，通过形成强大的社会关系，共同抵御外部风险。社会关系依靠共同想象来缔结。

要形成社群关系，还需要有共同的精神，这会使规则更具凝聚力，而规则的制定与执行，需要由一个公认的领袖来完成，从而使社群中的参与者开展长期的互动，并参与共同事件。

抛开具体的展现形式，社群的特点如下。

1. 有稳定的人群。

2. 公认的共同想象。

3. 有分工，且互动频繁，行动一致。

这些特点解释了以下几个问题。

1. 为什么社群会有群管理？

2. 为什么社群有群规？

3. 为什么一个良性的社群中会存在各种不同的角色？

4. 为什么社群的进入是有门槛的？

梁山好汉就是一个社群，想要成为梁山好汉并不容易，所以林冲想入伙时，王伦对他说："与你三日限。若三日内有投名状来，便容你入伙；若三日内没时，只得休怪。"

为什么要交投名状？因为作为群主，王伦需要验证林冲是不是和梁山一条心，投名状就是加入梁山的门槛，有了投名状就证明林冲愿意（其实也不得不）和梁山共进退了。

入了梁山，就有酒同喝，有肉同吃，有仗同打，有难同当——不管最后有没有喝到酒、有没有吃到肉、有没有打赢仗、有没有共患难，至少这些是这群人的共同想象。

说到这里，做社群运营的人可以反思一下：你的社群符合以上典型特征吗？如果不符合，可能你的社群并不是真正的社群，而仅仅是一个拉新工具。

当然，把社群做成拉新工具也不是不行，社群本来就是用户运营的一个渠道，渠道负责拉新，再正常不过。

对拉新工具来说，共同想象不重要，可以只把社群门槛设定成分享到朋友圈，只让分工涉及运营者和流量池。在这种情况下，社群应该遵从拉新工具的本质，持续带来流量，至于它能否持续活跃，是否有后续价值，并不重要。但你不能指望一个拉新工具可以成为长期的运营阵地。

同样做微信群，有的微信群只能维持三天热度，有的却能坚持三年，每天聊天记录多得看不过来。造成这种差别的原因就在于有没有形成共同的社群文化。

微信已经禁止了朋友圈的利诱分享，所以，如果你想把下一个流量池定位在社群中，需要思考一下，你的社群文化是什么，它是否已经形成了。如果你的回答是否定的，就要赶紧想办法，因为接下来微信可能要清理垃圾社群了。

那么，如何建立社群文化呢？

如果你是社群管理者的管理者，你要确保社群管理者们已经达成了共识，也就是要去建立各自管理的社群的共同想象，即社群文化。

如果你是社群的管理者，你需要：

我之前负责一款线上讲座产品，一年多的时间里做了近200场免费直播，最后，用户认为这个产品很专业，很实用。

做社群也是同样的道理。

譬如说，你要做一个针对宝妈的福利群，可以选择的形式包括：提供育儿经验、提供优惠信息、提供家庭关系课程、提供心理咨询。

不管选择哪一个，你接下来都要持续输出对应的内容。

- 提供育儿经验——输出育儿小窍门和教育方法，让宝妈认为你很懂育儿这件事。
- 提供优惠信息——每日派发优惠券，推荐好物，让宝妈认为你这里可以薅到羊毛。
- 提供家庭关系课程——开展家庭关系小测试，输出说话技巧，让宝妈认为你可以帮她调解家庭矛盾。
- 提供心理咨询——开展心理小测试，倾听并给出建议，让宝妈认为你是值得信赖的倾听者，可以给予她指导。

基于用户的反馈，持续优化之后，你就可以沉淀出不同的社群文化：

- 提供育儿经验——降低育儿难度的社群。
- 提供优惠信息——买东西之前先看看社群里是否有优惠的社群。

- 提供家庭关系课程——帮助和家人高质量相处的社群。

- 提供心理咨询——缓解心理压力的社群。

如果你这么做了，相关付费产品的转化率可能会完全不同。

社群永远在和人打交道，而和人打交道最重要的就是信任问题。形成共同想象和制定规则可以最大程度地加速信任的产生，所以，必须要先做这两件事。

社群运营未来是否有价值呢？我的看法是：我们在做运营工作时，应该明白一个基本道理：所有的运营事项都是为了推动核心的数据指标实现增长。如果你负责的模块对核心数据指标有影响，就要全力以赴；而如果没有影响，或者无法判定是否有影响，就要谨慎一些。

希望你在社群运营里的每一个动作，都能和核心指标产生关联。

后　记

　　在创作这本书的过程中，我一直在纠结，是要写得足够简单，还是要写得足够详细。

　　足够简单，就是仅仅针对问题本身来回答问题；足够详细，就是以单个问题为起点，尽可能触及问题背后的底层逻辑。

　　2019 年 11 月，《从零开始做运营 2》出版，很多人误以为《从零开始做运营 2》是《从零开始做运营》的升级版，事实上这两本书毫无关系，只是共用了一个 IP。因此，在给这本书起名字的时候，我没有沿用和《从零开始做运营》有关系的名字，我希望它是一本有自己个性的书。

　　从 2017 年到 2020 年，我用 2 年多的时间完成了 100 个问题的收集，2020 年年初新冠肺炎疫情封闭了 3 个月，那时我开始慢慢地梳理这些问题。很多问题由于时效性的缘故，没有被收录；还有很多问题，因为当时的答案太有针对性，而被推翻重写。我花了很多时间，想要平衡"足够简单"与"足够详细"。

　　说实话，直到现在，我还是常常觉得自己没有把这对矛盾处理好。

　　在成稿的过程中，我曾经递上了完稿，又撤销了重新提交，给我的编辑们带来了很大的负担，在此要感谢编辑的支持。我们都觉得应该给读者更好的阅读体验，以及更加有用处的答案。

最后，我要感谢中信出版社，感谢我的编辑们，更加感谢本书的读者们，希望大家在工作中顺顺利利，可以从这本书中有所收获。

如果你读完本书觉得还有一些问题没有得到解决，欢迎向我提问。

公众号：张记杂货铺　　　　　　个人微信：张亮